本书为教育部人文社会科学研究规划基金项目（17XJA820001）阶段性成果，并受西南大学中央高校基本科研业务费专项资金项目（SWU1709624）资助。

声　明　1. 版权所有，侵权必究。

　　　　2. 如有缺页、倒装问题，由出版社负责退换。

图书在版编目（CIP）数据

民事诉讼部分请求研究/黄毅著.—北京：中国政法大学出版社，2020.10
ISBN 978-7-5620-5678-2

Ⅰ.①民… Ⅱ.①黄… Ⅲ.①民事诉讼法－研究－中国 Ⅳ.①D925.104

中国版本图书馆 CIP 数据核字(2020)第 070779 号

出 版 者	中国政法大学出版社
地　　址	北京市海淀区西土城路 25 号
邮寄地址	北京 100088 信箱 8034 分箱　邮编 100088
网　　址	http://www.cuplpress.com（网络实名：中国政法大学出版社）
电　　话	010-58908285(总编室) 58908433（编辑部） 58908334(邮购部)
承　　印	北京九州迅驰传媒文化有限公司
开　　本	880mm×1230mm　1/32
印　　张	8.25
字　　数	180 千字
版　　次	2020 年 10 月第 1 版
印　　次	2020 年 10 月第 1 次印刷
定　　价	36.00 元

民事诉讼部分请求研究

黄 毅 ◎ 著

MINSHI SUSONG
BUFEN QINGQIU

YANJIU

中国政法大学出版社

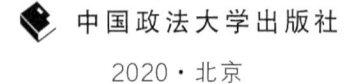

2020·北京

内容提要 ABSTRACT

部分请求可谓是大陆法系民事诉讼法学界和实务界一直被困扰而又不得不直面的疑难问题。因其夹杂诉讼标的、既判力等盘根错节的理论纠葛,使得部分请求之争变得扑朔迷离。随着部分请求问题在我国实务中不断涌现,我们必须在理论和实务上做出恰当回应。从回应司法实践需求、降低当事人诉讼成本、缓解执行难、实现个案实质公平等角度出发,我国有必要确立部分请求制度,在前诉明示为部分请求且前诉胜诉的情况下,允许部分请求。本书将首次系统地对部分请求理论和实践进行全景式研究,并在澄清部分请求概念内涵和外延的基础上,剥离出各学说的论争焦点予以再检讨,着眼于剖析在我国是否应该允许提起部分请求,在我国应该如何提起部分请求,以及如何将可能出现的制度风险纳入可控范围等问题,并在此基础上搭建起完整的民事部分请求的程序框架。本书结构可概括如下:

绪论,本书的写作缘于由比较法引起的思考。日本学者对部分请求问题的研究热情从20世纪50年代一直持续到21世纪10年代,更有学者以"三部曲"甚至"四部曲"的系列论文形式对该问题进行了长达数十年的跟踪研究,可见其堪称为一个日久弥新的论题。相比之下，我国大陆地区对部分请求的研究却反应较"冷"。这"一热一冷"的差别背后可能隐藏着域外与我国在民事诉讼法解释论上不同的价值追求。在我国，日益增多的部分请求案件是不容忽视的实务问题，经合理设计的部分请求是一种实现个案公平的方法，这也符合当前司法改革的主体精神。本书的研究方法主要采用比较研究法和历史考察法。

第一章，部分请求的涵义。对于部分请求的概念，目前有"一部请求""残部请求""部分请求"等多种称谓。"一部请求"和"残部请求"是日本法对部分请求的称谓，我国台湾地区沿袭"一部请求"，我国大陆采"部分请求"的称谓。其实根据处分权主义，"一部请求"本无问题，争论焦点在于"残部请求"。对于部分请求的外延，可采用两种方式予以明晰：一为相关概念辨析，部分请求与重复起诉、增加诉讼请求、部分判决、中间判决、定期金赔偿等概念容易混淆，对此应予以甄别；二为厘清部分请求的原因以寻求部分请求的清晰边界，当事人提起部分请求的原因分为：试验诉讼型、总额不明型、（被告）资力考虑型、抵销考虑型、特定费用项目限定型、主观遗漏型、客观不能型、恶意诉讼型、基于连带之债型、附有部分担保债权型等。通过对部分请求进行如此解构，可以发现部分请求并不是想象中的小问题，其适用范围非常广，兹事体大，有必要专门予以研究。

第二章，部分请求的论争。部分请求在德国、日本和我国台湾地区的发展并不一致。德国对部分请求持最为开放的态度，这和第一次世界大战后，德国陷入通货膨胀，导致货币贬值的经济情况不无关系。日本对部分请求采取较为谨慎的态度，这可能与日本人的性格不无关系，在理论情结这一点上日本人并不逊于德国人，甚至过犹不及。从学说论争的整理中可以看出，日本的学说之争主要纠结于诉讼标的、既判力等理论。由于这些理论自身的不完美性，并且因为这些理论是从德国引入，毕竟不是日本自身演化的东西，日本国内在运用时可能害怕弄错，因"效颦"而格外小心，却忽略了德国对部分请求采取的是极为宽容的态度，德国在部分请求问题上都未因诉讼标的、既判力等理论而如此犹豫不决、踌躇不前。我国台湾地区的部分请求的学说论争比起德日二国来说较为缓和，基本上沿袭了日本的既有研究成果。

第三章，现实语境下的部分请求思考。鉴于诉讼标的理论的自我矛盾，诉讼标的各学说均难以诠释部分请求，与其继续沉醉于"以子之矛，陷子之盾"的相互攻伐而无法自拔，不如跳出诉讼标的之理论乱象，在实践中去另寻出路。通过对反对理由之"原告每次请求1元伤害被告""部分请求增加法院负担""部分请求导致诉讼不经济"等的驳斥，可以从逆向思维中找到肯定部分请求的证据。人们所担忧的恶意诉讼和重复诉讼在实践中并不存在或并非想象的那样严重。在现实语境下，至少还可发掘出如下允许部分请求的理由：诉讼标的额的算定应与当事人承担的风险成正比例、从诉的合并原理可反推部分请求的正当性、部分请求不是"哀的美敦书"。部分请求折衷说学者大多将原告"明示"作为允许其提起后诉请求剩余部分债权的条件之一，但为何"明示"可以成为允许的"潜台词"？这是因为"明示"具有向被告传达信息和分断诉讼标的的作用。在当事人提起部分请求的原因中，基于诉讼成本的考虑无疑是众多原因中最为重要也是最为普遍的一种因素。通过分析美、德、日的诉讼成本，可以发现部分请求问题出现较多的国家存在诉讼收费偏高的问题，我国的诉讼收费也偏高，随着经济的发达，涉案诉讼标的额越来越大，诉讼成本耗费越来越多，利用部分请求可以缓解这一问题。其实，原本不必担忧允许部分请求而可能带来的审判压力，数十年来德国、日本等并未因为允许部分请求而出现反常诉讼压力即为明证。

第四章，我国部分请求之程序设计。处于社会转型期的我国对诉讼效率有着不同于其他国家和地区的别样需求，如何从实施程序设计上量体裁衣，以贴切于我国现实是必须考量的问题。在我国有必要采纳明示加胜诉说，附条件地允许部分请求。但在社会转型期的当下，在推行一项改革措施的同时，不仅要考虑到这项改革措施所能带来的积极一面，更须设想到这项措施可能被滥用的情形，故应设计对提起部分请求的过滤程序：提起部分请求时须明示；败诉后不能再诉剩余债权；原告再诉剩余债权须有次数限制；应确定适用部分请求案件的债权数额；前诉与后诉的当事人须为同一；提起部分请求须有正当理由。法院也应以积极姿态消解部分请求：法官应积极运用释明权、宽待原告的增加诉讼请求、小额诉讼程序不得适用部分请求。在这样的程序安排下，以实现保护各方利益和纠纷一次解决之间的平衡。部分请求的时效和抵销问题是因部分请求而衍生出来的特殊问题。关于部分请求的时效问题，实体法说认为，时效中断的根据为权利人的权利主张，权利人以一定诉讼上的形式把你不是"权利上的睡眠者"这一事实明确地表达了出来，因此，只要与此类似的权利主张都应当为扩张的范围，时效中断效果及于剩余部分债权。诉讼法说认为，时效中断的根据是当事人为了得到诉讼系属的效果及谋求既判力的确定，故时效中断效果不及于剩余部分债权。可以认为这两种观点之争的前提均为允许部分请求，但诉讼法说存在一种"左手予右手夺"的矛盾思维逻辑，因此应采实体法说。我国司法解释也采实体法说。关于部分请求的抵销问题，存在外侧说、内侧说和按份说三种见解。外侧说和按份说由于其逻辑基础在于肯定部分请求，即支持原告提出剩余部分请求，所以法院只要采用此二说之一即可明确判断其为部分请求肯定论者，而法院若采内侧说则难以判定其是否支持部分请求肯定说。但是，如果采用外侧说，则将使原告扩大证明范围，也会使法院扩大审理范围。同理，按份说同样也会使法院的审理范围扩大。基于此点，处理部分请求抵销问题时，宜采用内侧说。

目录 CONTENTS

绪　论 / 1

　　一、问题的缘起 / 1

　　二、文献综述 / 9

　　三、研究方法 / 26

第一章　部分请求的涵义 / 28

　第一节　部分请求概念素描 / 28

　　一、部分请求的概念 / 28

　　二、部分请求与相关概念辨析 / 32

　第二节　部分请求的原因 / 60

　　一、试验诉讼型部分请求 / 61

　　二、总额不明型部分请求 / 64

　　三、（被告）资力考虑型 / 65

　　四、抵销考虑型部分请求 / 69

　　五、特定费用项目限定型部分请求 / 71

六、主观遗漏型部分请求 / 72

七、客观不能型部分请求 / 75

八、恶意诉讼型部分请求 / 76

九、基于连带之债型部分请求 / 76

十、附有部分担保债权型部分请求 / 77

十一、规避级别管辖型部分请求 / 78

第二章 部分请求的论争 / 82

第一节 部分请求肯定说 / 83

第二节 部分请求否定说 / 97

一、我国实践中的部分请求否定说判例 / 97

二、日本部分请求否定说 / 101

三、我国台湾地区部分请求否定说 / 105

四、德国部分请求否定说 / 106

第三节 部分请求折衷说 / 107

一、日本部分请求折衷说 / 107

二、我国台湾地区部分请求折衷说 / 112

三、德国部分请求折衷说 / 119

第四节 美国部分请求理论与实践 / 131

一、《美国联邦民事诉讼规则》第 54 条 C 项与禁止分割请求原则 / 132

二、判例考察：禁止分割请求原则之例外 / 133

三、对我国的启示 / 136

第五节 部分请求论争的整理 / 138

一、不同的发展轨迹 / 138

二、部分请求主要反对理由的提炼 / 144

第三章 现实语境下的部分请求思考 / 145

第一节 部分请求与诉讼标的、既判力客观范围 / 145
一、诉讼标的之争的理论乱象 / 145
二、诉讼标的理论乱象中的部分请求 / 148
三、诉讼标的理论不能否定部分请求 / 151
四、既判力客观范围与部分请求 / 152
五、不必囿于理论困境 / 154

第二节 部分请求与诉讼成本 / 158
一、诉讼成本的构成 / 159
二、诉讼成本与部分请求 / 160
三、对"诉讼不经济"的反思 / 170
四、关于原告每次请求1元伤害被告之检讨 / 171
五、部分请求增加法院负担之检讨 / 172
六、标的额的算定应与当事人风险成正比例 / 174

第三节 明示加胜诉说的采纳 / 176
一、部分请求"明示"的作用 / 176
二、胜诉后才能再诉剩余债权 / 185

第四节 其他理由 / 188
一、殊途同归：从诉的合并原理反推部分请求的正当性 / 188
二、部分请求不是"哀的美敦书" / 189

第四章　我国部分请求之程序设计 / 191

第一节　对（原告）提起部分请求的过滤 / 192
一、提起部分请求时须明示 / 192
二、败诉后不能再诉剩余债权 / 193
三、原告再诉剩余债权的次数限制 / 195
四、确定适用部分请求案件的债权数额 / 195
五、前诉与后诉的当事人须为同一 / 196
六、提起部分请求须有正当理由 / 197

第二节　法院对部分请求的应对 / 202
一、法官应积极运用释明权 / 202
二、宽待增加诉讼请求消解请求剩余部分的后诉提起 / 206
三、小额诉讼程序不得适用部分请求 / 209
四、法院提示被告及时异议或反诉 / 211

第三节　部分请求衍生问题的处理 / 212
一、时效问题的处理 / 212
二、抵销问题的处理 / 228

结　语 / 231

参考文献 / 233

后　记 / 246

绪 论

一、问题的缘起

(一) 由比较法引起的思索

在民事诉讼中,对于以数量上可分的金钱或代替物为给付内容的债权,能否允许当事人先行请求债权的一部分,待判决确定后,再以另行起诉的方式请求债权剩余部分?这是大陆法系德国、日本及我国台湾地区民事诉讼法理论界及实务界在学术和判例上长期争论不休的部分请求问题。从日本国立情报研究所的数据库检索发现,日本学者对部分请求问题的研究热情从20世纪50年代一直持续到21世纪10年代,更有学者以系列论文的形式对该问题进行了长达数十年的跟踪。[1]相对来说,我国大陆地区对部分请求的研究却反应较"冷"。[2]这"一热一冷"的差别背后可能隐藏着其他国家和地区与我国在民事诉

---

[1] 福冨哲也教授曾于1982年、1983年、1984年连续发表论文"一部請求訴訟""一部請求訴訟2""一部請求訴訟3(完)",之后,福冨教授对部分请求研究仍感意犹未尽,时隔24年后,又于2006年发表"再考·一部請求訴訟論"。谷口知平教授也曾于1959年发表"一部請求の訴提起と時効の中断",时隔12年后,又于1971年发表"一部請求の趣旨が明示されていない場合の訴え提起による時効中断の範囲"。中野贞一郎教授也曾连续发表"一部請求論の展開(上)"和"一部請求論の展開(下)"两篇论文。

[2] 关于我国大陆对部分请求问题的研究状况在本书文献综述部分有详细阐述。

讼法解释论上不同的价值追求，兹事体大，有必要专门撰文研究。

学者们为表述上的简单明了，习惯将典型的部分请求设例如下：原告对被告有100万元债权，原告分割出其中的20万元先行提起诉讼，之后，再就债权剩余部分80万元提起诉讼，问：原告可否以分割债权的方式针对同一债权提起数次诉讼？[1]但，正是这种掐头去尾式的描述，使读者对部分请求方式极易采取排斥态度，认为这有悖纠纷一次性解决原则，将招致法院重复审理之累并陷被告于重复应诉之困境。实际上，引起部分请求的原因很多也很复杂，日本民事诉讼法学者三木浩一教授曾将当事人提起部分请求的动机归纳为试验诉讼型、总额不明型、（被告）资力考虑型、抵销考虑型、特定费用项目限定型及一律部分请求型六大类型。如果简单地否定部分请求，恐有草率之虞。[2]对于部分请求问题，有日本学者做过如下形象比喻：犹如将一块肉用菜刀切开，先烹调其一部分，剩余部分再放入冰箱冷冻，待日后烹调。其中，肉为实体权利，烹调为审理，先行烹调后端上餐桌的菜肴为判决，放回冰箱冷冻的部分为剩余债权。但从既判力的角度来看，剩余部分是否可以解冻（是否与既判力抵触）？解冻后该如何烹调（审理）？烹调（审理）应受怎样限制？[3]这些都是民事诉讼部分请求理论与实践无法回避且必须解答的问题。部分请求问题因各个诉讼法律关系主体之间所涉及的利益不同，各主体可能会从各自不同

---

[1] 参见蒲菊花："部分请求理论的理性分析"，载《现代法学》2005年第1期。
[2] 参见［日］三木浩一：「一部請求論について——手続運営論の視点から」,『民事訴訟法雑誌』(47)，2001年，第1～29頁。
[3] 参见［日］勅使川原和彦：「一部請求と隠れた訴訟対象」,『早稲田法学』75 (3)，2000年，第25頁。

绪　论

立场加以考虑之。譬如，原告会从法律尊重当事人意思自治的角度，谋求分割起诉；被告可能会从减轻应诉负担的角度期待纠纷一次解决；法院从纠纷解决的效率性、重复审理等角度考虑是否会损害诉讼经济原则以及是否会产生矛盾判决。[1]当然，这个问题的结论最终会落脚于前诉判决既判力是否会遮断剩余部分请求。由于部分请求与判决遮断效的根据及范围密切关联，所以可以将此问题定位于既判力论的一个方面。基于此般考虑，在德日等国及我国台湾地区，部分请求理论历来有肯定论、否定论和折衷论三大阵营。

（二）部分请求研究在我国的意义

习近平总书记在中共中央政治局2013年2月23日下午《就全面推进依法治国进行第四次集体学习》中指出："要努力让人民群众在每一个司法案件中都感受到公平正义。"这标志着我国第五代中央领导人开始对实现个案的司法公平给予高度重视。[2]确实，中国人民就是由包括你我他在内的一个一个的中国人组成的，个案公平是人民的最小单位（个人）最容易感受到的，也是最为真实的，因为个案公平就是发生在人民群众身边的公平，是老百姓的公平，也是一种最朴素的公平。如果将一个国家的司法公平比喻为一座大厦，那么个案公平正是建起这座大厦的每一块基石。在实现个案公平时，"不同事物应有不

---

[1] 参见［日］上田徹一郎：『判決効の範囲』，有斐閣1985年版，第288页。［日］上田徹一郎：「一部請求」，林屋小島編『民事訴訟法ゼミナール』，有斐閣1985年版，第211页。

[2] 其后，最高人民法院院长周强更是将个案公平提高到了提升司法公信力的高度。参见周强在2013年4月26日在最高人民法院举办提升司法公信力专家学者座谈会上的讲话：要让人民群众在每一个司法案件中都感受到公平正义，推进公正司法，不断提升司法公信力，需要全社会形成合力，共同努力。公正司法是人民法院工作永恒的主题、任务和价值追求。

同对待",〔1〕或"不同事物应为不同的处理"。〔2〕具体就部分请求诉讼而言,如果原告与被告之间的债权债务关系是真实的,那么由于被告有错在先,此时法院应着重考虑如何对作为受损一方的原告(债权人)给予充分、便利的救济,而不必过多考虑被告(债务人)所谓的应诉之累,因为这种应诉之累实际上正是其自己造成的,如果其在债务发生后能够主动履行,原告自然不必起诉,更加不须分次部分请求,〔3〕这才是"不同事物应有不同对待"的应有之义,方能"让人民群众在每一个司法案件中都感受到公平正义"。

过去,在我国民事诉讼实务中,法院习惯于从"一事不再理"的角度来考虑部分请求问题,并基于纠纷应当一次性解决、确定判决的债权应受既判力拘束、受理部分请求会因重复审理而增加法院负担、认可部分请求会增加被告应诉之累等原因,大都对部分请求持否定态度。但近年来,随着学界和实务界对诉讼标的原理的再认识、对既判力理论的再检讨,实务中肯定部分请求的案例越来越多,一些地区的法院开始对部分请求持宽容态度。例如,浙江省金华市的法官曾对两个中级法院和七个基层法院做过关于部分请求的调查,结果显示,作为调查对象的法院中有67%的法院受理过部分请求案件。〔4〕毕竟,处分权主义是民事诉讼法的一项基本原则,民事实体法也规定债权

---

〔1〕[德]考夫曼:《法律哲学》,刘幸义等译,法律出版社2004年版,第228页。

〔2〕[德]卡尔·拉伦茨:《法学方法论》,陈爱娥译,商务印书馆2003年版,第54页。

〔3〕参见严仁群:"部分请求之本土路径",载《中国法学》2010年第2期。

〔4〕被调查的法院中,一个法院明确不予受理,一个法院没有发现此问题,一个法院情况不详,其余六个法院均受理过部分请求案件。具体详情请参见,浙江省金华市中级人民法院网站:http://www.jhcourt.cn/NewsShow.aspx?id=2925,最后访问日期:2019年8月26日。

人可以自由分割自己的债权,并可部分让与债权,若不允许部分请求则有悖于法理之嫌。基于实务需要,有必要将其他国家和地区的部分请求理论结合我国的实际情况,进行再检讨。

(三) 不容小觑的部分请求实务问题

相较于德国、日本等国家和地区的民事诉讼法理论界和实务界对部分请求问题的论争,历经百年而至今依然不衰的学术研究之"热",我们对该问题的研究却反应较"冷"。[1]是我们民事司法实践中没有或较少出现部分请求问题吗? 答案是否定的,我们司法实践中存在相当数量的部分请求实例。

案例 1. 借款合同纠纷案

原告中国长城资产管理公司乌鲁木齐办事处因借款合同纠纷,向新疆维吾尔自治区高级人民法院起诉被告新疆华电工贸有限责任公司、新疆华电红雁池发电有限意任公司、新疆华电苇湖梁发电有限责任公司、新疆华电哈密发电有限责任公司、新疆喀什发电有限责任公司、新疆华电昌吉热电有限责任公司、乌鲁木齐红能物业管理有限责任公司、新疆金马物业管理有限责任公司、新疆苇湖梁发电厂华源电力安装公司,请求判令: (1) 新疆华电工贸有限责任公司给付借款本金 48 526 500 元。

---

[1] 德国学者汉斯-约阿希姆·穆泽拉克、罗森贝克等,日本学者三ヶ月章、兼子一、小室直人、中野贞一郎、新堂幸司、高橋宏志、山本克彦、伊藤真、竹下守夫、福富哲也、三木浩一、勅使川原和彦等对部分请求问题展开了相当研究。特别是福富哲也曾于 1982 年、1983 年、1984 年连续发表论文"一部請求訴訟""一部請求訴訟 2""一部請求訴訟 3 完",之后,福富教授对部分请求研究仍感意犹未尽,又于 2006 年发表"再考·一部請求訴訟論",研究时间跨度长达 24 年之久,表现出极大研究热情。勅使川原和彦也在 2012 年以"一部請求におけるいわゆる「明示説」の判例理論",再次对部分请求问题表现了关注。与域外学者对该问题的持续关注不同的是,我国学者对此关注较少,仅有十数篇研究部分请求的论文,其中,严仁群教授的论文"部分请求之本土路径"无疑最有份量。关于这方面的情况,本书将在文献综述部分详细叙述。

(2) 被告新疆华电红雁池发电有限责任公司、新疆华电苇湖梁发电有限责任公司、新疆华电哈密发电有限责任公司、新疆喀什发电有限责任公司、新疆华电昌吉热电有限责任公司、乌鲁木齐红能物业管理有限责任公司、新疆金马物业管理有限责任公司、新疆苇湖梁发电厂华源电力安装公司承担连带清偿责任。
(3) 诉讼费由被告承担。

新疆高级人民法院认为，《流动资金借款合同》（2004年北字第0456号）与《债权转让协议》（300200000115号）系基于各方当事人真实意思表示签订的有效合同。被告新疆华电工贸有限责任公司对原告受让本案债权并无异议，应该依照《流动资金借款合同》向原告偿还借款并支付利息。被告新疆华电工贸有限责任公司业已偿还借款1 473 500元，尚余48 526 500元未偿还。被告新疆华电工贸有限责任公司对利息7 508 803元亦无异议。但是，由于原告中国长城资产管理公司乌鲁木齐办事处只就利息中的5 808 622元向法院交纳了案件受理费，故而，对原告未交纳案件受理费部分的1 700 181元，法院不予受理，不过，法院告知原告可就剩余部分利息另案起诉。[1]最高人民法院在本案的二审程序中支持了一审法院这种对剩余部分利息的处理方式。[2]

案例2. 对同一笔合同项下的债权金额的拆分起诉

2007年原最高人民法院民二庭审判长吴庆宝曾列举了这样

---

[1] 参见新疆维吾尔自治区高级人民法院（2007）新民二初字第25号民事判决书。
[2] 参见最高人民法院（2008）民二终字第79号民事判决。详情请参见最高人民法院网站"裁判文书集萃"：http://www.court.gov.cn/qwfb/cpws/cpwsjc/201002/t20100221_1371.htm，最后访问日期：2019年9月18日。

的部分请求案例:"原告金融资产管理公司对同一笔合同项下的债权,可否先行部分起诉,比如先只起诉部分本金或利息,待发现被告债务人另有资产后再行起诉,若可以先行部分起诉,那么是否违背一事不再理原则?"对于该案例,吴庆宝高级法官解答道:"在实践中,金融资产管理公司常常需要以起诉的方式来向债务人追偿,但由于接受的大多为不良债权,往往债务人鲜有足够资金完全偿还,有鉴于此,金融资产管理公司若就一笔合同项下的债权提起全部诉讼,将花费相当高昂的诉讼成本,但最后收回来的债权可能与诉讼标的额相去甚远,有时甚至得不偿失,故为降低诉讼成本和提高处置效益计,许多金融资产管理公司采取了对同一笔合同项下的债权金额拆分起诉的方式,比如对所发现的债务人部分资产,仅就同一合同项下的部分本金或利息先行提起诉讼,以期先通过目前所发现的债务人的部分财产获得部分受偿,待发现债务人另有资产后再行起诉剩余部分债权。但是,金融资产管理公司在不同时期的诉讼之当事人为同一,法律关系也是基于同一合同所产生的借贷法律关系,对于是否违背一事不再理,我国各地法院的理解各不相同:有的法院认为,这属于不同的诉讼请求;有的法院认为,由于实际上是基于同一合同项下的欠款,所以不能视为不同的诉讼请求。基于这样的理解,各地法院的处理各不相同,有的法院允许金融资产管理公司的起诉方式;有的法院则对金融资产管理公司在前诉中未提出的剩余部分债权不予承认。这个问题在实践中仍然是悬而未决。"不过,吴庆宝对这个部分请求案例提出了自己的见解:"其一,仅起诉部分本金或利息,并未明确表示放弃其他部分的,原告可另行提起诉讼,并不能因此剥夺其民事权利;其二,由于前诉并不能导致其剩余部分债权的时效中断,另行起诉剩余部分债权应当在诉讼时效之内,所以应当重视及时在诉讼时效之内起诉。"[1]

案例 3. 建筑工程合同违约案

建筑工程合同纠纷中,原被告双方对工程逾期的责任分配发生纠纷,原告发包方向法院起诉请求判令被告施工方给付违约金并且继续履行合同。法院经审理后,判决原告胜诉。但被告在败诉后仍旧拒不履行合同,为避免损失扩大,原告发包方无奈另寻其他施工单位继续完成建筑工程。竣工后,原告再次起诉,请求法院判令被告赔偿因其而造成的损失。[2]

案例 4. 交通事故赔偿案

交通事故诉讼的原告请求被告支付医疗费、残疾赔偿费、交通费等共计 49 000 余元,法院判决原告胜诉。判决生效后,原告以前诉遗漏诉讼请求为由,起诉被告再行支付医疗费、住院期间伙食补助费共计 2800 余元。[3]

案例 5. 物业费持续违约案

小区某业主因物业管理服务与物业公司发生纠纷,小区某业主明言永不交物业费。在逾期三个月未收到物业费后,原告物业公司起诉被告小区某业主,法院判决原告胜诉。其后,小区某业主仍继续拒交物业费,物业公司再次以违反物业服务合

---

[1] 值得注意的是,虽然该案属于部分请求的典型案例无疑,但是吴庆宝法官并未在其对该案例的阐释中明确使用部分请求一词,这或许是实务界对部分请求理论的一种滞后反应。吴庆宝:《最高人民法院专家法官阐释民商裁判疑难问题》,人民法院出版社 2007 年版,第 244~245 页。

[2] 参见(2008)甬民一终字第 56 号民事判决。转引自严仁群:"部分请求之本土路径",载《中国法学》2010 年第 2 期。

[3] 参见(2006)佛中法民一终字第 334 号民事判决。转引自严仁群:"部分请求之本土路径",载《中国法学》2010 年第 2 期。

同法律关系为由起诉。[1]

案例1和案例2是合同违约型的部分请求诉讼，案例4是侵权型的部分请求诉讼，属于典型意义的部分请求。案例3和案例5的这类持续违约（或侵权）诉讼的诉讼标的，按旧诉讼标的说的解释，为同一法律关系下的同一诉讼标的，也可视为部分请求诉讼，但若按新诉讼标的说的解释，则因原因事实或诉之声明的不同，而不被视为部分请求诉讼，亦即，根据解释工具的不同，这类诉讼是否划入部分请求存在争议，但新旧诉讼标的学说至今仍无定论，因此，也可将这类诉讼放入部分请求论中予以讨论。通过揭示我国现实中存在的部分请求实例，可知并非因为该问题在其他国家和地区研究很"热"，而是我国研究开展较"冷"，所以我们就要研究，而是因为该问题确有研究的必要。

二、文献综述

文献综述是对前人心灵的倾听，是穿行前人心灵与现实问题的桥梁，是文本分析、逻辑演绎的基础，本书的文献综述较全面地归纳了德国、日本、我国台湾地区和我国大陆的文献资料，并对重要文献做了逐篇评述。

（一）德日部分请求研究状况

德国和日本对部分请求诉讼问题的研究和实践进行的最为透彻与广泛，部分请求这一起诉方式发端于德国判例，德国民事诉讼法学者随之对此展开研究。日本理论界和实务界在德国部分请求判例和理论的基础上，进行了深入研究并付诸实践，研究成果可谓汗牛充栋。日本学者对德国判例和理论的研究主

---

[1] 重庆市某区基层人民法院在审案件。

要有：坂本惠三教授著有"一部請求について一主としてドイツの判例・学説を手がかりとして"一文，该文对德国部分请求的判例和学说做了非常详尽的梳理，在整理德国从帝国法院以来所审理的经典判例的基础上，清晰了部分请求在德国的发展脉络——在第一次世界大战之前，德国对部分请求的态度存有分歧，但由于一战后的通货膨胀导致为节约诉讼成本的部分请求增多，转而对部分请求持肯定态度，并逐步成为德国的通说。在对待明示的部分请求和默示的部分请求时，法院对此所持的态度——对明示的部分请求无异议，且对默示的部分请求也基本承认，学界对此也基本持赞成态度，只是对联邦最高法院关于诉讼请求和判决内容的具体解释存有疑问。坂本惠三教授的这篇论文在资料性上堪称日本学者研究德国部分请求问题的经典之作。[1]相对于坂本论文对德国部分请求问题的总纲式的评述，曾获得过德国功劳十字勋章的前日本民事诉讼法学会理事长木川统一郎教授著有"一部請求の訴えにおける過失相殺の取扱について"一文，该文将研究范围集中在部分请求论中的过失抵销问题上，亦即，部分请求诉讼中应当适用抵销时，抵销的债权部分到底是从先行提起部分请求的债权部分，还是从剩余部分中予以扣除？对此，德国存在外侧说、内侧说与按份说三种见解，德国判例和学说采用的通说为外侧说。[2]福富哲也教授在其部分请求研究的系列论文"一部請求訴訟"一文中，也分析了德国部分请求论的另一独特产生背景，第一次世界大战后德国马克大幅贬值（通货膨胀），出现大量的增额请求

---

〔1〕 参见［日］坂本惠三：「一部請求について一主としてドイツの判例・学説を手がかりとして」，『早稲田法学会誌』第 31 卷 1980 年，第 161~187 頁。

〔2〕 参见［日］木川統一郎：「一部請求の訴えにおける過失相殺の取扱について」，『判例タイムズ』第 47 卷第 21 号 1996 年，第 49~56 頁。

绪 论

诉讼（Aufwertungsprozess），这种增额请求诉讼是请求法院对以前的债权总额进行修正评价的诉讼，是为应对货币贬值而以维持债权的实质经济价值为目的的诉讼，虽然与典型的以请求剩余部分债权为特征的部分请求诉讼存在一定区别，但增额请求诉讼却可以为默示的部分请求之肯定论提供相应理论支撑。[1]日本学者对部分请求诉讼的比较研究并不局限于德国法，小松和正教授著有"アメリカの民事訴訟における一部請求をめぐる判例の展開—近時の判例を中心として"，该文在整理美国相关经典判例基础上指出，在美国，原告基于同一诉讼原因而为分割请求时，一般情况下后诉提起的剩余部分请求应被遮断，但对于分割请求不能归责于原告且被告不存在权利保护的必要性时，不适用禁止分割请求原则。判例也对存在一定特殊情形的案件，否定了禁止分割请求原则的适用。[2]坂本惠三教授也在"一部請求について"中提出了类似观点。[3]与部分请求的比较研究相比，日本学者更注重将研究立足于日本国内，针对日本国内司法实践中出现的为数不少的部分请求判例，日本民事诉讼法理论界和实务界倾注了极大的研究热情。部分请求看起来仅是民事诉讼中的一个小问题，但因其涉及民事诉讼目的、诉权、诉讼标的及既判力等重大基础理论，还与时效、抵销等实体法问题有牵连，可谓是用部分请求这一条线串起了整个民

---

[1] 参见［日］福富哲也：「一部請求訴訟」，『东北福祉大学研究纪要』第7卷第1号1982年，第37~54页。

[2] 参见［日］小松良正：「アメリカの民事訴訟における一部請求をめぐる判例の展開—近時の判例を中心として」，『早稻田法学』第72卷第4号1997年，第119~168页。

[3] 参见［日］坂本恵三：「一部請求について—主としてドイツの判例・学説を手がかりとして」，『早稻田法学会誌』第31卷1980年，第161~187页。

事诉讼,〔1〕因此几乎所有日本知名民事诉讼法学者都对部分请求诉讼进行过研究。对部分请求诉讼进行总论式研究的成果主要有:松本博之教授的"一部請求の趣旨",该文从司法政策、尊重原告意思的处分权主义等角度出发,检讨了承认剩余部分债权请求的理由;〔2〕山本和彦教授著有"一部請求",〔3〕该文认为,从《日本人事诉讼程序法》(现已废止)第9条和《民事执行法》第34条第2项关于强制合并起诉的类推适用来看,部分请求诉讼应该不被允许,但是,诉讼收费采用诉讼标的额比例制度的现实条件下,原告为回避诉讼费用而采取部分请求方式又存在一定合理性,因此部分请求诉讼作为诉讼费用制度的一种矫正策略,可以将其限定在公益性较强的诉讼、诉讼救助申请困难等场合适用;小林秀之教授著有"訴訟物と一部請求"一文,该文认为,明示的部分请求合法,但默示的部分请求违反信义原则而不合法,为减少司法实践中的部分请求诉讼,应提倡法官积极释明。〔4〕三木浩一教授著有"一部請求論について——手続運営論の視点から"一文,他在整理日本公开刊行的判例集基础上,从原告基于何种利益或动机选择部分请求这一起诉形式的角度,归纳出六种部分请求类型,即特定费用项目限定型部分请求、抵销考虑型部分请求、(被告)资力考虑型部分请求、总额不明型部分请求、试验诉讼型部分请求、一

---

〔1〕 参见〔日〕三ヶ月章:「一部請求判決の既判力論争の背景——訴訟理論における解釈論」,『判例タイムズ』第14卷第13号1966年,第2293頁。

〔2〕 参见〔日〕松本博之:「一部請求の趣旨」,『民事訴訟雑誌』第47卷2001年,第1~29頁。

〔3〕 〔日〕山本和彦:「一部請求」,『民事訴訟雑誌』第45卷1999年,第25~49頁。

〔4〕 参见〔日〕小林秀之:「訴訟物と一部請求」,『法学セミナー』(515),1997年,第82~86頁。

绪　论

律请求型部分请求，这是首次全面地从原告动机的角度对部分请求进行的类型化研究，对部分请求研究的深入化和细致化具有重要意义，这种分类方法对我国台湾地区和大陆的部分请求研究产生了深远影响。[1]中西正教授著有"一部請求"一文，该文承认诉讼标的在部分请求的场合也及于全体债权，但由于日本诉讼收费采用随标的额浮动增大的计算方法，因此应该允许原告先以小额的试验诉讼提起部分请求作为试探。[2]三月章教授的"一部請求判決の既判力論争の背景——訴訟理論における解釈論";[3]井上正三教授的"一部請求と残部請求";[4]中野贞一郎教授的"一部請求論の展開（上）（下）";[5][6]石川明教授的"一個の債権の数量的な一部請求についての判決の既判力";[7]另外，还有两部被翻译成中文并曾对我国大陆民事诉讼法产生较大影响的教材中也提到过部分请求问题，这两部教材就是新堂幸司教授的《新民事诉讼法》[8]和高桥宏志

---

〔1〕参见［日］三木浩一：「一部請求論について——手続運営論の視点から」，『民事訴訟法雑誌』（47），2001年，第1~29頁。

〔2〕参见［日］中西正：「一部請求」，『法学セミナー』45（1），2000年，第109頁。

〔3〕［日］三ヶ月章：「一部請求判決の既判力論争の背景——訴訟理論における解釈論」，『判例タイムズ』第14巻第13号1966年，第2293~2301頁。

〔4〕［日］井上正三：「一部請求と残部請求」，『立命館法学』第61巻1965年，第268~280頁。

〔5〕［日］中野貞一郎：「一部請求論の展開（上）」，『判例タイムズ』第50巻第21号1999年，第4~14頁。

〔6〕［日］中野貞一郎：「一部請求論の展開（下）」，『判例タイムズ』第50巻第23号1999年，第48~56頁。

〔7〕［日］石川明：「一個の債権の数量的な一部請求についての判決の既判力」，『法学研究』第36巻第11号1963年，第109~112頁。

〔8〕参见［日］新堂幸司：《新民事诉讼法（第三版补正版）》，林剑锋译，法律出版社2008年版，第233~238页。

教授的《民事诉讼法：制度与理论的深层分析》。[1]新堂幸司教授在《新民事诉讼法》中侧重于对部分请求各学说判例的介绍，着墨论证自己观点稍显不够，不过这也可能是由于该书的教材性质所决定，新堂教授认为"本应在一次诉讼中获得解决的纠纷，却因原告恣意而不得不分为数次来解决，这不仅对于被告而言是不公平的，相对于法院所消耗的精力来说，纠纷的解决显然也缺乏实效性"，否定了部分请求，但是对于"原告在前诉时基于一般注意也无法预见到的后遗症损害赔偿诉讼请求，纵使原告在前诉中未明示其请求为部分请求，也应当允许当事人就该剩余部分提出第二个诉讼"，换言之，新堂教授对于后遗症这种损害赔偿诉讼又承认部分请求。因此，新堂教授并不是部分请求全面否定论者。高桥宏志教授是新堂教授的学生，在非常注重师承关系的日本学术界，高桥教授对部分请求问题的见解显然是继承了其老师新堂教授的观点，[2]高桥教授在其所著《民事诉讼法：制度与理论的深层分析》中认为："采用部分请求全面否定说还是比较妥当"，其观点的理由几乎为新堂教授的翻版。[3]这两部教材的作者均采用部分请求否定说，由于这两部教材被翻译为中文在我国大陆出版，且对我国民事诉讼法学影响颇大，许多学术论文或著作均以其作为参考文献，引证

---

[1] 参见［日］高桥宏志：《民事诉讼法：制度与理论的深层分析》，林剑锋译，法律出版社2003年版，第84~101页。

[2] 更有意思的是，兼子一教授又是新堂幸司教授的老师，而兼子教授也是部分请求否定论者。参见［日］田中诚人：「一部請求論考察」，『三重大学法経論叢』第23卷（2），2006年，第132页。

[3] 针对兼子一教授、三月章教授等主张的"当存在法律上的特定标识（附有担保、履行期不同、存在对等给付）时，原告提起剩余请求具有相当的合理性"观点，新堂教授认为：这种合理性不过是一种"认为在前诉中提出部分请求"的合理性而已，而不是"原告通过再诉来提出剩余请求"的合理性。高桥教授是其师新堂教授观点的支持者。

频率非常高，所以这可能也是部分请求否定说观点为我国大陆学者所接受的原因所在。而处于转型期的社会，即使在学术研究领域也常常容易表现出功利主义的特点，从而对否定说往往不太给予重视，这可能也是对部分请求这个虽然在德日等引起长时期学术热议的问题，我国大陆却未给予足够关注的原因。

日本的法学研究以精致和严密著称，这种精细往往表现在对细节的研究上。[1]日本学者的这种研究传统同样体现在对部分请求的研究上，他们对部分请求的精细化研究主要集中在部分请求与诉讼时效、抵销、侵权行为、定期金赔偿、诉讼费用和是否明示等问题的连接点上，他们对部分请求的精细化研究甚至超过了对其总论式的研究。

在部分请求的诉讼时效问题方面，比较早期的研究学者有我国民事诉讼法学界所熟知的谷口安平教授的父亲谷口知平教授。谷口知平教授自身为民法学家，所以他研究本属于实体法范畴的诉讼时效显得游刃有余，他于1959年就著有"一部請求の訴提起と時効の中断"一文，[2]该文系对昭和34年的一个明示的部分请求判例[3]的评析，谷口知平教授指出："法院认为'因原告的明示，故诉讼标的仅为债权的一部而非全部，因此诉讼时效中断效力也仅及于部分债权而非全部债权'。从形式上看，这样的判断有一定逻辑根据，但是原告在明示了全部损害数额后以试验诉讼的方式请求其中部分债权，这是基于节约诉讼费用的考虑，现在法院反过来使用原告的逻辑做出诉讼时效中断效力不及于全部债权的判断，这样的结果未免对原告过于

---

〔1〕 参见张卫平、陈刚编著：《法国民事诉讼法导论》（序言），中国政法大学出版社1997年版，第Ⅱ页。

〔2〕 参见［日］谷口知平：「一部請求の訴提起と時効の中断」，『判例時報』182（别本），1959年，第10~16頁。

〔3〕 参见昭和34·2·20二小法廷判决，日本最高裁昭和三一（才）三八八号。

严苛。"时隔12年后，1971年谷口知平教授又以部分请求的时效问题撰文"一部請求の趣旨が明示されていない場合の訴え提起による時効中断の範囲"，[1]这篇论文又是对昭和45年的一个默示的部分请求判例[2]的评析，谷口知平教授指出："本案为原告因损害赔偿而提起了默示的部分请求诉讼之请求剩余部分债权的后诉，如果否定了时效中断对剩余部分债权的效力，那么实际上也等于否定了因果关系的存在，对于那些审理期间需要跨越长年累月的公害诉讼而言，若强制原告从诉讼开始就提出全部请求，则意味着需要承担高昂的诉讼费用，这无疑是对作为被害者的原告之实质权利的非难。"从这两篇论文可以看出，谷口知平教授是彻底地持有部分请求的诉讼时效中断效力及于全部债权的见解。相对于谷口知平教授关于明示部分请求时诉讼时效中断的观点，斋藤秀夫教授从利益均衡的角度，1959年撰写"債権の一部請求訴訟提起と消滅時効中断の範囲"[3]一文认为："原告出于节约诉讼费用的目的，明示仅请求部分债权，允许其提起剩余部分请求就已尽到对原告权利的保护，如果再确定中断时效效力及于剩余部分债权，则将造成对原告和被告之间权利保护之不均衡，有对原告过度保护之嫌。并且，根据《日本民法》第149条之规定（中断效力不及于撤回请求部分），如果原告扩张请求后旋又撤回扩张，则中断效力不及于撤回请求部分，那么这与未曾扩张请求（却产生中断效力）的情形相比，又会造成利益保护的不均衡，因此中断效力不能及于剩余部分。"相对于谷口知平教授关于默示部分请求时

---

[1] [日]谷口知平：「一部請求の趣旨が明示されていない場合の訴え提起による時効中断の範囲」，『民商法雑誌』64（5），1971年，第152~164頁。

[2] 参见昭和45·7·24 二小法廷判决，日本最高裁民集24卷7号1177頁。

[3] 参见[日]斋藤秀夫：「債権の一部請求訴訟提起と消滅時効中断の範囲」，『民商法雑誌』41（2），1959年，第133~145頁。

诉讼时效中断的见解，坂原正夫教授固守既判力传统理论的阵地，1972 年撰写"一部請求の趣旨が明示されていない場合の訴え提起による"一文，采旧诉讼标的说，认为昭和 45 年的默示的部分请求判例的前诉既判力及于全部债权，不能提起剩余部分债权请求，皮之不存毛将焉附，诉讼时效中断问题失去了得以延续的逻辑基础。[1] 由此可以看出，日本对时效中断效力是否及于剩余部分存在相当的争议，但这种争议基本是建立在肯定部分请求诉讼的基础上的。奥田昌道教授所著"一部請求の訴え提起と時効中断の範囲"[2]，也是比较早期检讨部分请求诉讼时效问题的论文。除此之外，高桥宏志教授所著《民事诉讼法——制度与理论的深层分析》的中译版也有一定分析，高桥教授认为如果不允许时效中断效力及于剩余部分，犹如是"右手给与的东西又被左手夺走"，从这一点来看他是赞成中断效力及于剩余部分。但由于高桥教授是部分请求否定论的支持者，所以他的这一见解又被其所持的否定论立场所否定，正如其所说"不过，作为一种更为根本的解决之道，则应当采用完全抛弃'可以进行再诉'之幻想的部分请求全面否定论"。[3] 上田竹志教授在其所著"一部請求訴訟における残部債権の催告"一文中，将明示的部分请求视同为《日本民法》第 153 条的催告行为，因《日本民法》第 153 条规定"催告，除非其六个月内为裁判上的请求、和解或参与破产程序、申请扣押……行为，不发生时效中断效力"，所以上田教授主张应将明示的部

---

〔1〕 参见 [日] 坂原正夫：「一部請求の趣旨が明示されていない場合の訴え提起による」，『法学研究』45（1），1972 年，第 137～142 页。

〔2〕 [日] 奥田昌道：「一部請求の訴え提起と時効中断の範囲」，『法学論叢』67（4），1960 年，第 91～100 页。

〔3〕 [日] 高桥宏志：《民事诉讼法：制度与理论的深层分析》，林剑锋译，法律出版社 2003 年版，第 98～99 页。

分请求视同为催告，亦即诉讼时效中断的效力不及于剩余部分债权。但这样的观点在我国应该是不符合司法实际情况的，因为 2008 年我国最高人民法院《关于审理民事案件适用诉讼时效制度若干问题的规定》第 11 条规定："权利人对同一债权中的部分债权主张权利，诉讼时效中断的效力及于剩余债权，但权利人明确表示放弃剩余债权的情形除外。"所以我国诉讼时效中断的效力是及于剩余部分债权的，这也是我国司法实务界承认部分请求诉讼的重要证据。

日本学者对部分请求的抵销问题，显然比时效问题倾注了更多研究热情，这可能是因为后者毕竟为一个将来问题或者说是发生在后诉请求剩余部分时才会产生的问题，而前者是发生在前诉涉及债权计算的问题。日本学者对部分请求诉讼抵销问题的研究主要集中在对外侧说、内侧说及按份说的争论上。学者们早期的研究常常喜欢以系列论文的形式出现。例如，小室直人教授的"三部曲"〔1〕和五十部丰久教授的"三部曲"〔2〕。小室教授认为损害赔偿诉讼中如果出现抵销，则会造成损害赔偿额的计算困难，过错本来是无法用金钱评价的，但无奈之下只能采用金钱为拟制评价，因此宜采部分请求否定论兼内侧说。八田卓也教授著有"明示的一部請求訴訟に対する相殺の抗弁

---

〔1〕 [日] 小室直人：「一部請求と過失相殺」，『ジュリスト』（363），1967 年，第 21~29 頁。[日] 小室直人：「一部請求と過失相殺 2」，『ジュリスト』（381），1967 年第 97~108 頁。[日] 小室直人：「一部請求と過失相殺 3」，『ジュリスト』（431），1969 年，第 171~179 頁。

〔2〕 [日] 五十部豊久：「一部請求と過失相殺」，『法学セミナー』（144），1968 年，第 62~66 頁。[日] 五十部豊久：「一部請求と過失相殺 2」，『法学セミナー』（145），1968 年，第 83~89 頁。[日] 五十部豊久：「一部請求と過失相殺 3」，『法学セミナー』（151），1968 年，第 64~69 頁。

绪　论

と控訴",[1]在评析日本最高裁判所平成"6·11·22"判例的基础上，认为部分请求应当明示，并且对抵销的计算应采用外侧说。日本学者们将部分请求诉讼抵销问题又细分为两种类型来讨论，其一为债务抵销，债务抵销就是诸如合同之诉中出现的单纯金钱债务抵销。[2]其二为过失抵销，过失抵销其实就是责任抵销，常出现于侵权之诉中，因为在存在后遗症等因素的侵权之诉中的原告往往不能像合同之诉那样事先确定债权总额，易言之，此种场合如果采用外侧说，则将使原告扩大证明范围，也会使法院扩大审理范围。正是由于在部分请求诉讼中，过失抵销远比债务抵销复杂，所以日本学者对此问题的研究成果也较多。[3]

---

〔1〕　[日] 八田卓也：「明示的一部請求訴訟に対する相殺の抗弁と控訴」，『神戸法学雑誌』第60卷第2号，2010年，第288~302頁。

〔2〕　部分请求诉讼的债务抵销中比较有代表性的研究成果有：[日] 木川统一郎、北川友子：「金銭債権の一部請求と相殺の抗弁」，『法学セミナー』46 (31)，1995年，第22~29頁。[日] 中野贞一郎：「金銭債権の一部請求と相殺」，『民商法雑誌』120 (6)，1999年，第1025~1049頁。[日] 八田卓也：「別訴で一部請求をしている債権の残部を自動債権とする相殺の抗弁」，『法学セミナー』549，2000年，第109~106頁。[日] 坂田宏：「別訴において一部請求をしている債権の残部を自動債権をする」，『民商法雑誌』121 (1)，1999年，第62~85頁。[日] 小林学：「別訴において一部請求をしている債権の残部を自動債権をする相殺の抗弁の許否」，『法学新報』106 (11/12)，2000年，第283~312頁。

〔3〕　部分请求诉讼的过失抵销中比较有代表性的研究成果有：[日] 小室直人：「一部請求と過失相殺」，『ジュリスト』(363)，1967年，第21~29頁。[日] 小室直人：「一部請求と過失相殺2」，『ジュリスト』(381)，1967年第97~108頁。[日] 小室直人：「一部請求と過失相殺3」，《ジュリスト》(431)，1969年，第171~179頁。[日] 五十部豊久：「一部請求と過失相殺」，『法学セミナー』(144)，1968年，第62~66頁。[日] 五十部豊久：「一部請求と過失相殺2」，『法学セミナー』(145)，1968年，第83~89頁。[日] 五十部豊久：「一部請求と過失相殺3」，『法学セミナー』(151)，1968年，第64~69頁。[日] 木川统一郎：「一部請求の訴えにおける過失相殺の取扱について」，『判例タイムズ』第47卷第21号1996年，第49~50頁。

虽然大多数部分请求论文都会涉及部分请求的前诉败诉后，是否可以提起请求剩余部分的后诉的问题，但也有日本学者专门撰文就此问题展开研究，[1]一般认为剩余部分请求只能在前诉胜诉的情形下提起，亦即应采胜诉说。

与德国部分请求诉讼研究不同的是，日本理论界和实务界对部分请求是否需要明示曾展开过激烈讨论，[2]其中以勅使川原和彦教授所著"一部請求におけるいわゆる「明示説」の判例理論"一文最具代表性，因为原告的"明示"可以实现两个作用：一为向被告传达信息作用；二为分断诉讼标的（限定请求范围＝限定既判力范围）作用。所以对于部分请求诉讼应当采用明示说。

针对侵权之诉中原告可能面临的证明困难，特别是后遗症证明困难问题，日本一些学者专门对侵权行为的部分请求进行了研究。例如，松村和德教授所著"不法行為と一部請求論"，[3]仓田卓次教授所著"身体傷害による財産上および精神上の損害

---

[1] 参见［日］山本和彦：「一部請求訴訟で敗訴した原告が残部請求の訴えを提起することの許否」，『民商法雑誌』121（1），1999年，第62~85頁。［日］文字浩：「金銭再建の数量的一部請求訴訟で敗訴した原告が残部請求の提起について」，『南山法学』24（4），2000年，第105~130頁。

[2] 关于部分请求是否需要明示的比较有代表性的研究成果有：［日］勅使川原和彦：「一部請求におけるいわゆる「明示説」の判例理論」，『早稲田法学』第87卷第4号，2012年，第63頁~79頁。［日］上野泰男：「明示的一部請求訴訟の訴訟物と判決効」，《ジュリスト》（1157），1999年，第122~134頁。［日］上野泰男：「明示の一部請求訴訟棄却判決の既判力」，『大阪市立大学法学雑誌』55（3/4），2009年，第691~715頁。［日］川嶋四郎：「解釈による明示的一部請求」，《法学セミナー》54（6），2009年，第130頁。［日］斋藤哲：「明示的一部請求に当たらないとして後訴における残部請求を棄却した事例」，『法学セミナー』46（11），2001年，第108頁。

[3] 参见［日］松村和德：「不法行為と一部請求論」，『东北学院法学』71，2011年，第119~149頁。

の賠償請求における一部請求"，[1]一般认为至少在原告存在证明困难情形的诉讼中应当承认部分请求。

日本对部分请求诉讼的细分化研究还表现在诉讼费用与部分请求的关系上，虽然多数部分请求论文都涉及该问题，但小林秀之教授所著"一部請求と訴訟費用"一文，在分析日本诉讼费用实际状况后指出："部分请求虽然表面上看起来是理论问题，但实际上与法律政策关系极深，并且与表面上看起来关系不大的诉讼费用及律师费用也有很深联系。必须反省日本司法救济手段的贫乏，例如，不幸遭遇事故的原告却要负担高额的诉讼费用及律师费用。但是，部分请求能够一定程度上缓解这种由诉讼制度带来的不公平。"[2]

另外，上田彻一郎教授以其所著"将来損害の分割払い請求——定期金賠償論と一部請求論の接点"一文，将部分请求研究的视野扩展到定期金赔偿领域，指出："部分请求方式并不能完全替代定期金赔偿方式的作用。只不过，在保障定期金赔偿方式的担保提供制度及变更判决之诉制度尚未健全的现状下，限定于一定期间的将来损害部分请求方式的存在价值不可低估。"[3]

(二) 我国台湾地区部分请求研究状况

众所周知，我国台湾地区民事诉讼法的理论与实践深受德国和日本的影响，尤其是受日本影响颇深。对部分请求诉讼的研究也主要是在德国和日本既有研究成果上进行的，我国台湾

---

[1] [日] 仓田卓次：「身体傷害による財産上および精神上の損害の賠償請求における一部請求」，『判例タイムズ』25 (3)，1974年，第74~80頁。

[2] [日] 小林秀之：「一部請求と訴訟費用」，『法学セミナー』(515)，1997年，第82~86頁。

[3] [日] 上田徹一郎：「将来損害の分割払い請求——定期金賠償論と一部請求論の接点」，『判例タイムズ』40 (7)，1989年，第12~17頁。

地区将部分请求诉讼称为一部请求诉讼，这是非常明显的日本痕迹。比较有代表性的成果主要有：骆永家教授所著"一部请求诉讼"一文，该文主张："笔者以为肯定说容许原告得无限制的提起一部请求诉讼，而使被告不胜其烦及增加法院之负担，固有未妥，但否定说一律（除例外情形外）不承认一部请求诉讼，亦有未当。"由此可以看出，骆永家教授的立场实际上是趋于部分请求肯定说的折衷主义。他更进一步指出："盖以如前所述在请求损害赔偿诉讼一部请求有其必要性，处此社会越发达损害赔偿事件越多之时，至少对于请求损害赔偿应承认明示的一部请求诉讼，方能与社会之实情相配合，庶几得以保护'被害人'之利益，方符国家制度之理想。""一部请求诉讼之问题与诉讼标的之新旧理论并无必然之关系"，但对于一部请求诉讼的学说对立，归根结底，无非是因对民事诉讼制度运行目的应采取何种政策之观点不同而产生。新旧诉讼标的理论之对立，其原因可以溯及至对民事诉讼制度运行目的之不同见解，赞成新诉讼标的之学者强调纠纷一次性解决与一事不再理，故而采用否定说，旧诉讼标的论者则容易采用肯定说。[1]骆永家教授的观点无疑深受日本一部分学者的影响（例如，新堂幸司教授即持该观点），该论文的参考文献多为引用小室直人、五十部丰久、樱井孝一、兼子一等的论文，文中的举例也多为日本判例，该文对部分请求学说的归纳颇为翔实和清晰，但与我国台湾地区情况结合较少。骆永家教授的论文对黄国昌教授影响较大，黄国昌教授在其所著《民事诉讼理论之新开展》中认为：对原告证明困难的后遗症等损害赔偿，"应允许法院仅就可以经由鉴定估算之部分允许原告之请求，而将未能估算之部分予以驳回

---

[1] 参见骆永家："一部请求诉讼"，载《既判力之研究》，三民书局1999年版，第89~100页。

但保留原告日后于损害确实发生时再行起诉请求之权利"。[1]陈荣宗教授所著论文"一部请求之判决与既判力客观范围"也是我国台湾地区部分请求研究的经典之作,陈荣宗教授在整理德国与日本部分请求判例学说的基础上,认为:"'民事诉讼法'采取审判有偿主义,原告如非确有真正必要之情形,不至于一再将债权分割起诉"(这实际上是陈荣宗教授对部分请求否定说之原告可能恶意诉讼的观点的反驳)、"由于分割起诉之结果,其剩余债权由于不生起诉中断时效之效果,将有罹时效之虞,对被告立场言有利,所以原告之一部请求,非全部对被告不利之事"(这实际上是陈荣宗教授对部分请求否定说的部分请求仅对原告有利的见解的反驳)、"立法者不能为节省法院就同一事由少一次审理之利益,因而制定不利于原告之法律也"(这实际上是陈荣宗教授对部分请求否定说关于法院审理之累的观点的反驳)、"窃认为无论就现行法之解释,或就立法论之立场,均无强将原告一部请求之判决既判力客观范围,解释为应及于剩余部分之理由",[2]由此可以看出,陈荣宗教授支持部分请求肯定说。王甲乙教授1992年在台湾民诉法研究会第四十一次研讨上做《请求损害赔偿之诉讼标的》的报告时,在参考日本学者小山升、平井宜雄的研究基础上,认为:"一部请求为规避前诉确定判决既判力所生不当结果,采取过分技巧之见解,似欠法理依据。"[3]邱联恭教授在其《口述民事诉讼法讲义》中表示:"关于一部诉(请)求可否允许,要认识到其并非系采取旧诉讼

---

[1] 黄国昌:《民事诉讼理论之新开展》,北京大学出版社2008年版,第364页。

[2] 参见陈荣宗:《民事程序法与诉讼标的理论》,台湾大学法律学系法学丛书编辑委员会1984年版,第305~325页。

[3] 张特生等:《民事诉讼法之研讨(四)》,民事诉讼法研究会1990年版,第319页。

标的或采取新诉讼标的理论即可直截了当加以解决之问题,亦即并非单纯以新诉讼标的理论之赞成或反对即可解决之问题""有关一部诉求应不应该允许此一问题,与诉讼标的理论到底有无呼应之关系,相当错综曲折,非单纯之诉讼标的理论而已。何以言之?盖是否允许一部请求,除考虑纷争解决一次性之原则以外,尚须考虑其它因素",[1] 邱联恭教授认为各诉讼标的学说均不能彻底解决部分请求问题,应根据具体情况分别对待该问题。这一点与骆永家教授的见解是一致的,不过对于应当如何具体对待,邱联恭教授在该文中未予以阐述。

(三) 我国大陆部分请求研究状况

虽然我国大陆的司法实践中部分请求问题并不鲜见,但是研究部分请求的学术期刊论文却并不多,这与德、日等长达百年的研究历史相比,可能会让人有些许错愕之感,这或许与我国法院历来强调"案多人少"有关,但笔者认为,"案多人少"是当下司法改革中需要解决的司法权力和司法资源的配置问题,这并不能成为忽视个案公平的理由。在有限的部分请求学术期刊论义中,最为深入最为全面的无疑当推严仁群教授所著"部分请求之本土路径"一文,严仁群教授站在折衷说立场上契合我国现实的见解,给人以强烈推背感,在我国沉寂的部分请求研究领域熠熠生辉。对于部分请求这一有着丰富学说论争积淀的主题,严仁群教授未沿袭先归纳整理学说异同的老套路,而是紧扣如何在我国本土实施部分请求这一主线,将学说论争的各自利弊融化于本土路径的实践逻辑之中,旁征博引、思维灵动,其论证中的一些观点虽可见于日本、我国台湾地区的文献,

---

[1] 邱联恭:《口述民事诉讼法讲义 (二) 笔记版》,邱联恭讲述许士宦整理,1997 年版 (自行出版),第 444~449 页。

但因所用论证方法贴切我国本土实践,故颇感新颖,[1]论证之深入、视野之开阔即使相比德、日学者亦可谓有过之而无不及,具有鲜明的"严氏风格"。严仁群教授在折衷说基础上,提出:"我国本土部分请求的诱因多是被告无足够的偿还能力,准许合理的部分请求是维护正义之需,此时一次性解决纠纷原则应该退后""部分请求肯定论在当下就是可以实施的,不必等待立法做统一、明确的规定,现行法中并无与之抵触的一般性规范"。[2]我国大陆最早研究部分请求问题且又较有份量的期刊论文应该是蒲一苇[3]教授所著"部分请求理论的理性分析",该文基本立场为部分请求否定论,主张:"应该采用部分请求否定论,原则上不允许当事人以分割债权的方式进行诉讼,在原告仅就部分债权提出请求时,其诉讼标的和判决既判力的范围应当及于包括剩余债权的全部债权",但正如严仁群教授所指出的那样,这篇论文主要从比较法角度做了一些介绍,对本土问题关注较少。段文波教授著有论文"日本民事诉讼法上部分请求学说与判例评说",段文波教授基本赞成部分请求否定说,但又主张:"从保护被害人、基于侵权行为引发的损害赔偿请求的非讼性以及诉讼标的构成的特殊性等角度来看,还是应当赞成一些判例理论的观点,可认可当事人提出的部分请求。"[4]还值得一提的是,张力毅的"类型化基础上的部分请求规制路径选择——能

---

[1] 严仁群教授的"诉讼标的之本土路径""释明的理论逻辑""宽待诉的变更"等论文亦有这样的特点。严仁群:"诉讼标的之本土路径",载《法学研究》2013年第3期。严仁群:"释明的理论逻辑",载《法学研究》2012年第4期。严仁群:"宽待诉的变更",载《江苏行政学院学报》2010年第4期。

[2] 严仁群:"部分请求之本土路径",载《中国法学》2010年第2期。

[3] 蒲一苇教授原名蒲菊花,在其2005年撰写该文时使用的还是其原名,参见蒲菊花:"部分请求理论的理性分析",载《现代法学》2005年第1期。

[4] 段文波:"日本民事诉讼法上部分请求学说与判例评说",载《环球法律评论》2010年第4期。

动司法下的利益衡量",该文虽非重要学术期刊论文,但以类型化为切入,对我国部分请求的形态做出了较全面的归纳,并提出:"在当下中国解决部分请求问题的路径为,将利益衡量与能动司法结合起来,初审法官应当积极探知可能产生部分请求的情形,充分释明,宽待诉之变更;对于原告提起请求剩余部分的后诉,法院应基于利益衡量,谨慎判断是否允许后诉。"[1]除学术期刊论文外,林剑锋博士在其学术专著《民事判决既判力客观范围研究》一书的第八章"部分请求问题——既判力客观范围的扩张或缩小"[2]也论述了部分请求诉讼。林剑锋博士基于诉讼经济及可能产生的恶意诉讼考虑,基本持全面否定说立场,但对于后遗症等"客观上无法提起全部损害赔偿的请求",允许再次请求剩余部分,从这一点看,林剑锋博士又不是彻底的部分请求全面否定说论者。

三、研究方法

鉴于国内目前对部分请求研究尚较为薄弱,缺乏系统性、全面性的研究,借鉴其他国家和地区理论与实践十分必要,本书主要采取如下研究方法:

第一,比较研究法。我国部分请求的实践与研究是近年的事情,而其他国家和地区对部分请求诉讼的理论和实践已有逾百年的历史,在理论研究、判例实践上都积累了丰富的经验,对此需要借鉴分析。本书比较分析法的运用主要体现在两个方面:一是通过比较分析,提出问题。这是从其他国家和地区类

---

[1] 张力毅:"类型化基础上的部分请求规则路径选择——能动司法下的利益衡量",载《公民与法(法学版)》2011年第8期。
[2] 林剑锋:《民事判决既判力客观范围研究》,厦门大学出版社2006年版,第197~219页。

似情形提供的制度供给的比较研究中得到启发,从中发现我国部分请求理论和实践中存在的问题。二是通过比较研究,借鉴并解决问题。尽管比较法研究的解释力不可能做到尽善尽美,但不可否认的是,通过对其他国家和地区部分请求诉讼理论、实践和背景的研究,从中探讨其制度设计的合理性,可为我国制度移植或者制度的自主创新提供参照和样本。对此,本书主要对德国、日本以及我国台湾地区的理论和实践进行考察分析,并尽力寻找到最新的资料,力图真实反映上述国家和地区当下理论和实践状况。

第二,历史分析法。部分请求这一起诉方式产生于第一次世界大战结束后,德国作为战败国,经济陷入通货膨胀,货币价值一落千丈,出现大量的增额请求诉讼(Aufwertungsprozess),这种增额请求诉讼是请求法院对以前的债权总额进行修正评价的诉讼,是为应对货币贬值而以维持债权的实质经济价值为目的的诉讼,虽然与典型的以请求剩余部分债权为特征的部分请求诉讼存在相当区别,但增额请求诉讼却可以为默示的部分请求之肯定论提供相应理论支撑。后来,节约诉讼成本的部分请求增多,德国法院对部分请求持肯定态度,并逐步成为德国的通说。而我国近年也出现对部分请求持肯定态度的判例,这也与随着经济的发达,涉案诉讼标的额越来越大,诉讼成本耗费越来越多,执行难问题越来越深刻化有关。对此,历史分析法,既可以展现出部分请求诉讼的历史演变的过程,也可以探寻到变化背后的社会因素,从而发现历史变迁的规律,以此使得制度构建能够满足当下社会需求及具有一定前瞻性。

第一章 部分请求的涵义

第一节 部分请求概念素描

法律概念是法律思维的重要工具,它的科学性与完备性系考察法律文明发达程度的重要标志之一。法律概念是由人发明并用文字表述的,其内涵和外延往往又存在模糊边界,需要解释和界定。[1]虽然概念是研究之结果,而非研究的开始。[2]但对于我等后来者来说,概念却常常是研究的起点。部分请求这一民事诉讼法概念自司法实践衍生以来,其涵义也随着学术界和实务界的解释发生着变化。因此,对部分请求理论和实践的阐述理应从部分请求概念的界定展开。

一、部分请求的概念

部分请求是指在民事诉讼中,对于数量上可分的金钱或代替物为给付内容的债权,当事人先行请求债权的一部分,待判决确定后,再以另行起诉的方式请求债权剩余部分的一种民事

---

〔1〕 参见梁慧星:《法学学位论文写作方法》,法律出版社2006年版,第142~145页。

〔2〕 参见李心鉴:《刑事诉讼构造论》,中国政法大学出版社1992年版,第1页。

诉讼请求方式。部分请求这一请求方式发端于德国判例,后为日本的判例和学说所承继、发展。[1]这种部分请求方式区别于传统的民事诉讼请求方式,在日本民事诉讼法中,部分请求被称为"一部請求",但也有学者称其为"残部請求",意为"剩余部分请求",如日本学者中野贞一郎教授认为,根据民事诉讼法的处分权原则,当事人将债权分割,在前诉中提出部分请求是适法的,也应该是没有争议的,学界争论的焦点是当事人能否在后诉中请求债权剩余部分的问题,因此,与其将这种请求方式称为部分请求,倒不如将其称为剩余部分请求,更为妥帖。[2]中野教授的观点无疑极有见地,不过,为保持法律概念的统一,本书还是采用部分请求这一约定俗成的惯用表述方式。

众所周知,我国台湾地区借鉴德、日(特别是日本)的民事诉讼法理论颇多,部分请求研究也不例外。我国台湾地区沿

---

〔1〕 参见[日]坂本惠三:「一部請求について——主としてドイツの判例8を手がかりとして」,『早稲田法学会誌』第31卷,1980年,第162頁。

〔2〕 参见[日]中野貞一郎:「一部請求論について」,『民事手続の現在問題』,判例タイムズ社1989年版,第86頁。程序法上的处分权原则也称为处分权主义,是指当事人对自己的实体权利和诉讼权利的处分有时源于对自己实体权利义务关系等涉及利益的考量,也可能出于某种诉讼策略或技巧。而允许当事人在诉讼程序中进行这样的选择则是民商事实体法上有关意思自治的原则在程序法领域的反映。我国《民事诉讼法》第13条第2款"当事人有权在法律规定的范围内处分自己的民事权利与诉讼权利",即体现了这一原则。参见王亚新:"诉讼程序中的实体形成",载《当代法学》2014年第6期。在现代德系大陆法系民事诉讼中,处分权主义已经具有了相对稳定和缜密的内容,是指当事人对诉讼标的享有处分权的原则。一般而言,处分权主义赋予当事人处分的事项包括:诉讼程序的开始与终结、审判的对象和范围。例如,在德国民事诉讼法中,处分原则体现为:当事人通过请求决定着法官审查的范围;法官不应超出当事人的请求。原告、上诉人可以撤回自己的起诉及上诉,或者放弃之。原告可以通过舍弃,被告可以通过认诺来决定判决的内容。双方当事人可以通过缔结和解,无需判断就终止诉讼。双方当事人可以宣告本案纠纷已经解决。各方当事人可以通过不在场让自己承受缺席审判。参见吴俊:"处分权主义与审判监督程序的结构——最高人民法院指导案例7号研究",载《法制与社会发展》2013年第6期。

袭日本民事诉讼法用语,称部分请求为"一部请求",不过也有学者称之为"分割请求"或"一部诉求"。邱联恭教授认为,假如在实体法上甲对乙有享有 50 万元债权,甲在诉讼外向乙请求先行偿还其中的 30 万元,此并无问题,但在诉讼法上会成为问题,以此推之将其称为"一部诉求"比较不容易混淆。[1]但是,我国台湾地区"民事诉讼法"在立法用语上采用"一部请求"。[2]

我国台湾地区学者在总结日本学说的基础上认为,部分请求应从概念上区分为,请求返还借款(或给付买卖价款的部分请求)与请求损害赔偿的部分请求。[3]这两种部分请求存在性质上的差异,是否允许部分请求应区别对待。部分请求各学说之争是由于各自所采诉讼司法政策之观点的不同,而对原告的处分权、被告的防御权以及法院所代表的纠纷一次性解决的要求等利益间的采取侧重点不同而已。后来有学者舍弃将诉讼标的之纯概念性演绎作为部分请求问题的研究方法,从社会现实和司法现实的角度分析研究部分请求问题,认识到损害赔偿诉讼中证明困难的问题应作为是否承认部分请求的重要判断基础。[4]在请求返还借款或给付买卖价款诉讼中原告能够请求的数额,

---

[1] 参见邱联恭:《口述民事诉讼法讲义(二)笔记版》,邱联恭讲述许士宦整理,1997 年版(自行出版),第 444 页。当然,也有日本学者将部分请求称为"一部诉求",参见[日]兼子一原著:松浦馨ほか《条解民事訴訟法(第 2 版)》,弘文堂 2011 年版,第 531 页。

[2] 我国台湾地区"民事诉讼法"虽然没有专门的部分请求立法,但在关于小额诉讼程序的立法中使用了"一部请求"的用语,参见该法第 436-16 条规定:"当事人不得为适用小额程序而为一部请求。但已向法院陈明,就其余额不另起诉请求者,不在此限。"

[3] 参见骆永家:"一部请求诉讼",载《既判力之研究》,三民书局 1999 年版,第 92 页。

[4] 参见骆永家:"一部请求诉讼",载《既判力之研究》,三民书局 1999 年版,第 89~99 页。

第一章　部分请求的涵义

大多已为合同本身所确定，当事人所争议的主要是合同之成立或效力之有无，即使在数额上有争议，也不如损害赔偿诉讼时的争议大。反之，在请求损害赔偿诉讼中，损害赔偿额的大小常常是双方争议焦点，原告记载于诉状上的数额仅是其对法院判断的预测，这种预测与法院最终实际确定的损害赔偿额有所出入纯属正常之事。而能否准确预测判决确定债权数额是当事人是否采取部分请求方式的重要动机，当事人常因为无法准确预测判决确定债权数额，而又不愿多承担诉讼费用，才选择部分请求方式以试探法院的判断。因此，虽然同为部分请求，但二者之间有性质上的差异，前者缺乏部分请求的必要性，后者则具有其必要性。

那么，部分请求这种起诉方式具有哪些特征？首先，部分请求所能分割的债权范围非常广泛，凡是能够以金钱或其他代替物计算的债权均可称为分割对象，换言之，除不可分的特定物之债外，其他债权类型都可成为部分请求的对象。具体而言，分为以金钱本身为给付请求对象的债权和以回复受损利益或返还受害利益为对象的代替性债权。前者可称为"客观金额"，当事人的债权数额一般已在合同中确定；后者称为"主观金额"，这种债权数额并不预先确定，而是事后以金钱评价的。其次，部分请求是指对同一债权提起两次以上请求的起诉方式，部分请求的关键在于对剩余债权的请求是否成立，各种学说也是围绕于此而展开的，无后诉请求剩余债权的部分请求并非真正意义上的部分请求。最后，部分请求是为回应当事人的实际需要，在实践中发展起来的、异于传统的一种起诉方式，其正当性与诉权、诉讼标的、既判力、程序保障、诉讼经济等理论息息相关。

二、部分请求与相关概念辨析

(一) 部分请求与重复起诉

重复起诉在日本及我国台湾地区又被称为二重起诉,是指在诉讼系属中,原告不得以同一案件对同一被告提起二次起诉,否则法院就会以后诉不合法为由裁定不予受理或驳回起诉,后诉相对于前诉即为重复起诉。德国、日本的民事诉讼法中明确确立了禁止重复起诉规则。如,《德国民事诉讼法》第261条第3款规定:"诉讼系属期间内,双方当事人均不得使该诉案件另行发生系属关系。"[1]《日本民事诉讼法》第142条规定:"当事人不得对尚处于诉讼系属中诉讼,另行提出相同的起诉。"[2]重复起诉行为会引起诸多弊端,譬如,被告可能因重复应诉而承担过重诉讼负担,法院可能因重复审理而浪费司法资源,并且不同法院可能因对相同诉讼请求作出矛盾判决而致司法秩序混乱等。有鉴于此,各国和地区法律大都禁止重复起诉。在中国法的语境中,重复诉讼是指就同一事项前诉尚处于诉讼系属之中,或者前诉判决已经产生既判力,一方当事人提起后诉。在最高人民法院2015年《关于适用〈中华人民共和国民事诉讼法〉的解释》(以下简称《民事诉讼法司法解释》)颁布之前,根据学术通说,在上述两种情况中都至少要求前、后两个诉讼中的当事人与诉讼标的一致。在2015年《民事诉讼法司法解释》颁布后,重复诉讼的识别标准增加了一项,即把前诉、后诉的诉讼请求之间的关系一并列入考察范围。根据2015年《民

---

[1] 谢怀栻译:《德意志联邦共和国民事诉讼法》,中国法制出版社2001年版,第63页。
[2] 该条的日文原文为:"(重複する訴えの提起の禁止)裁判所に係属する事件については、当事者は、更に訴えを提起することができない。"

事诉讼法司法解释》第 247 条的规定,"当事人就已经提起诉讼的事项在诉讼过程中或者裁判生效后再次起诉,同时符合下列条件的,构成重复起诉:(一)后诉与前诉的当事人相同;(二)后诉与前诉的诉讼标的相同;(三)后诉与前诉的诉讼请求相同,或者后诉的诉讼请求实质上否定前诉裁判结果。当事人重复起诉的,裁定不予受理;已经受理的,裁定驳回起诉,但法律、司法解释另有规定的除外。"〔1〕

从形式上看,部分请求也存在前诉部分请求和后诉剩余部分请求的复数起诉,这与重复起诉有些形似。但从实质上看,部分请求与重复起诉又明显不同,属于两个概念。部分请求与重复起诉发生的时间不同。部分请求的后诉发生于前诉判决确定之后,前诉与后诉相互独立。由于部分请求的后诉发生于前诉结束以后,所以不存在将两诉合并的可能性。如果法院不认可部分请求的后诉,则可采用驳回起诉的方式作出裁判。而重复起诉的后诉发生于前诉的诉讼系属中,前诉与后诉之间不存在独立性。日本学者三月章教授界定重复起诉为:"已系属于法院之事件,当事人不得再次起诉,此即为重复起诉的禁止。所谓系属于法院的案件即乃诉讼,系指由一定法院将原告申请裁判的权利主张(法律上的主张)作为裁判对象的一种状态。"〔2〕从这个定义可以看出,三月章教授明确将重复起诉的后诉限定于前诉的诉讼系属之中。高桥宏志教授分两种情形讨论对于重复起诉的处理,"一旦形成重复起诉之情形,如系狭义重复起诉,则法院会以后诉不合法而驳回,在此场合,无论前诉系属于哪个

---

〔1〕 卜元石:"重复诉讼禁止及其在知识产权民事纠纷中的应用——基本概念解析、重塑与案例群形成",载《法学研究》2017 年第 3 期。

〔2〕 [日]三月章:《日本民事诉讼法》,汪一凡译,五南图书出版有限公司 1997 年版,第 137 页。

法院（哪怕是上告审法院）皆会被驳回……。如系广义重复起诉，若前诉与后诉之强制合并有可能造成不妥当，在前诉判决确定之前法院就应当暂时中止后诉程序……"。[1] 由此推知，高桥教授也认为重复起诉的后诉应当限定于前诉的诉讼系属之中。从立法论上看，《德国民事诉讼法》第 261 条第 3 款、《日本民事诉讼法》第 142 条也明确规定重复起诉的发生限于前诉系属中。因此，部分请求与重复起诉虽然形似却实异。

2015 年新疆昌吉回族自治州中级人民法院的一个判例可以说明部分请求与重复起诉的区别，该案中法院认定原告在后诉中对剩余债权的请求不属于重复起诉。其判决主要内容为："……原审法院查明：2008 年 10 月 3 日，原、被告双方签订《工程施工协议书》，约定被告将相关工程承包给原告施工，承包方式为：包工包料。原告按照协议约定施工完毕，被告又将部分工程交由原告施工。因被告未按约定向原告支付工程款，原告于 2013 年 4 月 25 日将被告诉至法院，呼图壁县人民法院经审理认定被告拖欠原告工程款为 1 158 853.45 元，并于 2013 年 6 月 11 日作出（2013）呼民初字第 567 号民事判决，对原告诉讼请求的标的额为 940 178 元的工程款予以支持。被告不服该判决，提起上诉。昌吉回族自治州中级人民法院于 2013 年 10 月 23 日作出（2013）昌中民一终字第 780 号民事判决，判决：驳回上诉，维持原判。在（2013）呼民初字第 567 号案件中，原告对 1 158 853.45 元工程款与诉讼请求标的额 940 178 元之间的差额保留诉讼权利。（2013）昌中民一终字第 780 号民事判决书已经于 2014 年 1 月 16 日向原告送达，于 2014 年 1 月 20 日向被告送达。上述事实，有原告提供的（2013）呼民初字第 567

---

[1] [日] 高桥宏志：《民事诉讼法：制度与理论的深层分析》，林剑锋译，法律出版社 2003 年版，第 105 页。

民事判决书、(2013)昌中民一终字第780号民事判决书、法院审查执行依据生效时间确认卡各一份载卷佐证,该组证据系人民法院作出的具有法律效力的文书,且已经双方当事人当庭举证、质证,真实有效,具有证明效力,原审法院予以采信。"

"原审法院认为:当事人应当按照约定全面履行自己的义务,一方不履行或未完全履行合同义务的,应当承担继续履行或者赔偿损失等违约责任。原、被告之间签订建设工程施工合同,被告将相关建设工程交由原告进行施工。该工程经验收合格后,已由原告交付被告使用,被告应当向原告支付工程款,对原告主张被告支付工程款218 675.45元的诉讼请求,本院予以支持;关于原告主张被告支付218 675.45元工程款的利息50 149.57元的诉讼请求,因双方对欠付工程款利息计付标准没有约定,且原、被告双方均未举证证明建设工程的交付或结算时间,本院按中国人民银行发布的同期同类贷款利率6.15%/年计算,自原告起诉之日即2014年9月4日计算至2014年12月1日,予以支持3279.23元(218 675.45元×6.15%/年÷365日×89日);关于被告主张原告起诉已经超过诉讼时效的意见,因在(2013)呼民初字第567号案件中,原告对被告所拖欠1 158 853.45元工程款中的940 178元提起诉讼,对1 158 853.45元工程款与诉讼请求标的额940 178元之间的差额保留诉讼权利,故对该意见,原审法院不予支持。遂判决:被告呼图壁县小西沟煤炭有限责任公司于本判决生效之日起十日内向原告赵书春给付工程款218 675.45元、利息3279.23元,合计221 954.68元。"

"宣判后,上诉人呼图壁县小西沟煤炭有限责任公司(以下简称小西沟煤炭公司)不服上述判决上诉称:上诉人与被上诉人的工程款已经全部结清。被上诉人原审诉讼请求违反一事不再理原则。综上,请求二审法院撤销原审判决,改判驳回原审原告的诉讼请求。……本院认为：当事人对自己提出的诉讼请求所依据的事实或者反驳对方诉讼请求所依据的事实，应当提供证据加以证明，但法律另有规定的除外。根据（2013）昌中民一终字第780号生效判决可以确认，就双方讼争工程，上诉人小西沟煤炭公司欠付被上诉人赵书春工程款的数额为1 158 853.45元。上诉人小西沟煤炭公司认为工程款其已全部结清，对此并未提交相应的证据予以证实，故本院对该上诉理由不予支持。《最高人民法院关于适用〈中华人民共和国民事诉讼法〉的解释》第二百四十七条第一款规定：'当事人就已经提起诉讼的事项在诉讼过程中或者裁判生效后再次起诉，同时符合下列条件的，构成重复起诉：（一）后诉与前诉的当事人相同；（二）后诉与前诉的诉讼标的相同；（三）后诉与前诉的诉讼请求相同，或者后诉的诉讼请求实质上否定前诉裁判结果。'就双方讼争工程上诉人共计欠付被上诉人工程款1 158 853.45元，被上诉人赵书春在（2013）呼民初字第567号案件中，仅就欠付工程款中940 178元提起诉讼，现被上诉人赵书春就剩余218 675.45元起诉要求上诉人支付，不符合上述法律规定中'后诉与前诉的诉讼请求相同，或者后诉的诉讼请求实质上否定前诉裁判结果'的条件，故不构成重复起诉。诉讼时效期间从知道或者应当知道权利被侵害时起计算。由于双方当事人对工程总造价及已付工程款存在争议，且其中多项工程并未签订书面合同，故诉讼时效应当从工程款确定之日起计算。故被上诉人原审诉讼请求并未超过两年诉讼时效期间。"[1]

（二）部分请求与增加诉讼请求

增加诉讼请求是诉的变更中的一种情形，又称为诉讼请求的

---

[1] 新疆昌吉回族自治州中级人民法院（2015）昌中民一终字第587号民事判决书。

量上变更或请求趣旨的变更，是指同一个诉讼程序之中，在不损害诉讼关系同一性的前提条件下进行诉讼请求上的扩张。[1]从形式上看，部分请求与增加诉讼请求有一定形似之处，二者均是在原来的诉讼请求之基础上附加扩张新的诉讼请求。虽然理论界和实务界对诉讼请求的质上变更存有争议，但对诉讼请求的量上变更（诉讼请求的扩张）一般都认同。根据我国民事诉讼法和相关司法解释，法院受理案件以后法庭辩论终结前，原告可以增加诉讼请求，并且法院必须合并审理。[2]二者之间存在实质上的重要区别。第一，部分请求与增加诉讼请求的发生时间不同。部分请求的后诉发生于前诉判决确定且已经生效之后。而增加诉讼请求发生于法院受理案件后法庭辩论终结之前。第二，诉讼程序的数量不同。部分请求的后诉剩余部分请求是以另行起诉方式提起的独立之诉，因此诉讼程序从数量上来说有两个或两个以上。[3]而增加诉讼请求是发生在一个诉讼程序中，增加诉讼请求的结果是诉讼请求合并为一个。

---

[1] 参见［日］中村英郎：《新民事诉讼法讲义》，陈刚、林剑锋、郭美松译，法律出版社2001年版，第128页；张卫平、李浩编：《新民事诉讼法原理与适用》，人民法院出版社2012年版，第242页。

[2] 《中华人民共和国民事诉讼法》第140条规定：原告增加诉讼请求，被告提出反诉，第三人提出与本案有关的诉讼请求，可以合并审理。司法解释作出了更进一步地规定：《最高人民法院关于适用〈中华人民共和国民事诉讼法〉若干问题的意见》第156条规定，在案件受理后，法庭辩论结束前，原告增加诉讼请求，被告提出反诉，第三人提出与本案有关的诉讼请求，可以合并审理的，人民法院应当合并审理。另外，虽然《最高人民法院关于民事诉讼证据的若干规定》第34条第3款规定，当事人增加、变更诉讼请求或者提起反诉的，应当在举证期限届满前提出。该条从期限上对诉讼请求的扩张构成了一定限制，但是学界的一般观点认为，此处的"应当"应理解为"可以"，是一种鼓励性规定，即当事人最好在举证期限届满前提出，从当事人防御角度考虑，这样做有利于提高诉讼效率。参见张卫平、李浩编：《新民事诉讼法原理与适用》，人民法院出版社2012年版，第244页。

[3] 当然，笔者主张部分请求诉讼应有次数限制，详细论述将在后文展开。

(三) 部分请求与部分判决

部分请求与部分判决这两个概念，从字面上看有些相似，容易导致混淆，因此需要做一定概念上的甄别。

部分判决也称为一部终局判决，[1]是全部终局判决的对称，是指在诉讼系属中，法院认为该案的诉讼标的之一部分或者一诉主张之数项标的的其中之一经审理达到可以裁判的程度时，法院以终结该部分诉讼在该审级的系属为目的的判决。[2]较为常见的部分判决主要适用于交通事故损害赔偿之诉，法院对原告全部请求中已经发生且事实清楚的部分先行判决，对事实还不能确定之部分，如后期治疗康复费用、长期护理费用等留待原告病情稳定或者治疗结束后再做处理。[3]《中华人民共和国民事诉讼法》（以下简称《民事诉讼法》）第153条规定："人民法院审理案件，其中一部分事实已经清楚，可以就该部分先行判决。"此为我国司法实践中作出部分判决的法律依据，但是由于该规定过于笼统，在理论上和实践上还存在着对于部分判决界限的认定、剩余部分在程序上如何处理、部分判决的上诉、部分判决的既判力客观范围等诸多问题难以明确。

笔者认为，部分请求与部分判决的相同之处在：第一，二者均是以前诉判决解决部分债权问题，用后诉判决解决剩余部分债权问题，当然，部分判决在许多国家的立法上已被确立，而部分请求仅是在实践中被运用。第二，二者均在一定程度上

---

[1] 我国台湾地区立法用语称部分判决为一部终局判决，如其"民事诉讼法"第382条：诉讼标的之一部或以一诉主张之数项标的，其一达于可为裁决之程度者，法院得为一部之终局判决；本诉或反诉达于可为裁判之程度者亦同。

[2] 参见范光群：《民事程序法之问题及发展》，新学林出版股份有限公司2007年版，第117页。

[3] 参见杜睿哲："论民事诉讼中的部分判决"，载《甘肃政法学院学报》2006年第5期。

体现了对诉讼效率价值的追求。部分请求与部分判决的区别主要是：第一，当事人提起诉讼的目的不同。部分请求可以分为明示的部分请求和默示的部分请求，在明示的部分请求之情形，原告提起诉讼时的目的很明确——解决部分债权问题；而部分判决的原告提起诉讼时，其并未预料到会发生部分判决，所以提出的是全部请求，因为是否采用部分判决是由法院判断的。第二，启动程序的主动权不同。部分请求是由当事人自行提出，决定是否采用部分请求方式的主动权掌握在当事人手中，当然，决定是否认可部分请求的权力掌握在法院手中。而部分判决是由法院判断是否采用这种判决方式，无需依据当事人的申请，当然当事人也无权申请。因此，二者的不同主要在于程序的启动方式以及程序决定权的不同。第三，部分请求判决与部分判决的既判力客观范围不同。部分请求的核心问题是前诉部分请求判决既判力能否及于后诉剩余部分请求，部分请求各学说的争论也围绕于此而展开，否定说主张前诉既判力客观范围及于后诉，肯定说主张不及于，莫衷一是。相对于此，由于部分判决在立法上已经明确可以另行提起后诉解决剩余部分问题，所以在部分判决的情形，虽然是针对同一个诉讼标的（例如，人身损害赔偿诉讼中对已查明的医疗费用先行部分判决，后续治疗费用待治疗结束后再行判决，此两个诉讼的诉讼标的应为同一），但前诉部分判决的既判力不及于剩余部分。

（四）部分请求与中间判决

中间判决也是一个容易与部分请求相混淆的概念。部分请求有两次或两次以上的诉讼，但复次的诉讼不是目的，而是为解决一个纠纷而采用的手段。从这个角度来说，中间判决也是为解决一个纠纷而在终局判决前采取的手段。中间判决是指法院在民事诉讼审理过程中，当独立的攻击防御方法、程序上的争点及请求原因达到裁判程度，但此时法律争议本身尚未达到可为终局裁判程度，为给终局判决做准备，法院依职权对案件先决性问题作出的判决。中间判决制度源自于德国，《德意志帝国民事诉讼法》规定："中间争点达到可以裁判时，可用中间判决作出裁判。"[1]中间判决并不能终结审理程序，当事人也不能对其独立提起上诉，仅可在以终局判决为对象的上诉中一并主张。部分请求与中间判决的相同之处在于，它们均是为使纠纷得到公平地解决而采取的一个手段，毕竟，从应然角度上讲，在纠纷解决中公平价值和效率价值应当是统一的，当事人大多数的时候是心里觉得不平，才将纠纷拿到法院来请求解决，这是出于对公权力的信赖，那么此时法院就不应该快刀斩乱麻，因为公平才应该是纠纷解决的终极目的，唯如此，才能实现"案结事了"。

由上观之，部分请求前诉判决与中间判决的区别在于：第一，独立性的不同。部分请求肯定说和否定说的分歧在于前诉判决既判力是否及于后诉剩余部分请求，但对于前诉判决的独立性并无异议，而中间判决的既判力只能拘束作出该判决的法院，当事人也不能对该判决独立上诉，因此与部分请求前诉判决相比，中间判决缺乏独立性。第二，启动程序的主动权不同。是否采用部分请求方式由原告自行决定（后发后遗症等非意志因素除外），主动权掌握在原告手中；而中间判决则和部分判决一样，[2]程序启动权掌握在法院手中。

---

[1] 傅郁林："修订我国民事诉讼法的基本思路"，载《东吴法学》2004年第1期。

[2] 当然，中间判决又严格区别于部分判决，如前所述，部分判决是法院在终局判决（本审级判决）作出前对部分请求权的终局判决。虽然从终结部分事实庭审和整顿审理的角度来看，部分判决和中间判决存在相似之处，但中间判决仅为在该审级限度内整顿审理，当事人也不能上诉，而当事人对于部分判决则可以上诉。参见段文波："构建我国民事诉讼中间判决制度论——对德国和日本民事中间判决制度的借鉴"，载《政治与法律》2009年第10期。

(五) 部分请求与定期金赔偿论

部分请求这一起诉方式的主旨是要分割债权,这有些类似将来给付赔偿中的定期金赔偿,本部分拟揭示部分请求与定期金赔偿之间的异同。

1. 定期金赔偿论

日本传统实务上采用的是一次性给付赔偿方式。例如,对于丧失劳动力的将来损害赔偿,采用的是依据平均余命表、劳动可能年限、平均薪金表等计算出来的一次性给付的全部损害赔偿数额。但是,人身损害带来的逸失利益、护理费等费用在将来还可能持续发生,而且数额在多次期间持续都无法确定。定期金赔偿方式对这种人身损害的将来赔偿,无疑具有一次性给付赔偿方式不能替代的优势。从前,日本法院对定期金赔偿方式曾有如下见解:①对于逸失利益的赔偿,"因侵权行为给他人造成劳动能力上的缺陷,为填补该缺陷,采用定期金赔偿系最恰当的方式"。[1]②因交通事故失去父亲的未成年子女起诉请求给付抚养费的判例中,法院认为"采用一次性给付方式还是定期金给付方式,属于权利人的选择权利。就抚养费赔偿而言,定期金给付方式无疑对权利人更为有利。本案中,权利人虽然未做出选择,但也看不出其拒绝定期金给付方式的理由。故,判决采用定期金给付方式"。[2]③相对于上述两个判例,日本札幌法院在原告利用平均余命表计算护理费用并以一次性给付金方式请求损害赔偿金的诉讼中认为,"从经验法则来看,脑重损伤的植物人不可能活过平均余命,本案采用定期金给付方式更为合理。原告固执坚持一次性给付赔偿方式,违背衡平原则。

---

[1] 大判昭和 3 年 3 月 10 日民集第 7 卷第 152 页。
[2] 神户地裁尼崎支部判昭和 36 年 3 月 26 日交通事故下民集第 164 页。

因此，不能支持原告要求的赔偿方式"。[1]为克服将来损害赔偿的损害额认定的虚构性，定期金赔偿方式之外，还有赔偿额定额化及赔偿额基准化。[2]由于定期金赔偿的时间跨度长，为克服债务人不履行、破产、死亡等风险，不可欠缺担保制度。另外，还需要借鉴德国法建立应对情势变更的变更判决制度。[3]判例上，对于重症患者的护理费请求，认为不能以平均余命计算的是：④原告请求一次性赔偿金的场合，不能判令定期金赔偿。[4]⑤被告上告理由主张，"一次性赔偿金中护理费的主要依据为以平均余命表计算的生存可能年数，在患者短时间内死亡的场合，应认定为不当得利。"对此，日本最高法院认为，"损害赔偿请求权者请求一次性赔偿金的场合，不能判令以定期金方式支付"。[5]

定期金赔偿与一次性赔偿金只是支付方式上的差异。一次性赔偿金系根据请求者的意思把将来债权现在化。不过，在定期金赔偿担保制度及变更判决之诉制度还未健全的情况下，判决采用定期金赔偿方式将可能产生前述风险。因此，只有在原告请求定期金赔偿方式的情况下，才能判令定期金赔偿。原告

---

[1] 札幌地判昭和48年1月23日判夕第289号第163页。
[2] 参见［日］西原道雄：「損害賠償額の法理」，『ジュリスト』（381），第148页。
[3] 定期金赔偿的重要根据是，为权利人克服通货膨胀的风险。不过，由于将来的通货膨胀率难以计算及原告通常希望一次性赔偿金等因素，其论据性又嫌不足。另外，有观点认为，通货膨胀问题也应当是一次性赔偿金计算时的重要考虑要素，从而在一定程度上消解了定期金赔偿上的通货膨胀算入论问题。肯定通货膨胀算入的判例：东京高判昭和57年5月11日判夕466号65页。否定通货膨胀算入的判例：东京地判昭和62年5月18日判时1231号3页。
[4] 参见名古屋高判昭和49年8月30日判时769号53页；东京地判昭和50年4月24日判时795号62页。
[5] 最判昭和62年2月6日判时1232号100页。

请求一次性赔偿金时，不能判令定期金赔偿，这也是处分权主义的要求。[1]同样，原告请求定期金赔偿的场合，虽然担保提供制度及变更判决之诉制度尚不健全，但在原告信任被告将来的支付能力的前提下，基于处分权主义应该判决定期金赔偿，而不能判令一次性赔偿。

2. 将来损害的部分请求

众所周知，作为分割给付请求的形态之一的部分请求是否被承认，在学说上存在较大分歧。但是，以下日本判例的态度较鲜明：①将来损害的场合，只要是明示的部分请求就承认前诉判决既判力不及于剩余部分请求。[2]②前诉口头辩论终结后，发生前诉当时未预想到的后遗症时，前诉判决既判力不及于后诉后遗症损害的剩余部分请求。[3]③由于情势变更，导致前诉认定的将来给付损害赔偿额与现实情况不相当，而情势变更后的事实在前诉中不可能主张及举证，则承认后诉剩余部分请求。[4]

日本的一些判例学说的主要问题集中在将来损害的部分请求之场合，基本上是以将来损害金一次性赔偿为前提，对是否承认后诉剩余部分请求存在分歧。例如，死亡事故的情形中，基于平均余命表、平均薪金表、劳动可能年数等要素计算的损害赔偿总额，其中不特定比例的部分赔偿请求为部分请求，剩余比例为剩余部分请求的对象。不过，在后遗症等后发损害赔偿请求的场合，不论是否于前诉请求了将来损害赔偿全额，由于基准时后基于同一加害行为而产生的另外损害，在前诉中没有提起请求的机会，所以后诉谋求后发损害赔偿的剩余部分请

---

[1] 在请求一次性赔偿金的场合，法院也有考虑到被告支付能力，而判令定期金赔偿。参见［日］吉村德重：「判例批評」，『判例タイムズ』(298)，第4页。

[2] 参见最判昭和37年8月10日民集第16卷第8号1720页。

[3] 参见最判昭和42年7月18日民集第21卷第6号1559页。

[4] 参见最判昭和61年7月17日民集第40卷第5号941页。

求应该是合法的。此种情形，判例上将这种对不能预见的将来损害的请求评价为"在具体化时间点上将前诉变更为回顾式的明示部分请求",[1]后发损害赔偿的剩余部分请求被肯定。并且，也没有理由强要原告提起前诉系属中虽然预见但未发生的后遗症损害赔偿请求，若非如此，对提起诉讼前发生的损害也不能用部分请求予以调和。换言之，原告虽然在前诉当时，已经预测了损害的发生，但是否真会发生、损害数额或损害持续期间不确定的场合，则极难处理（例如，上述判例植物人情形的将来逸失利益、护理费用）。与之类似的还有，即使能确定损害的持续发生，但因通货膨胀的关系，在现在时点不能确定损害赔偿的将来数额等情形。有鉴于此，应该允许原告对将来损害在特定时期内可以确定的事实及数额，以部分请求先行起诉，其他的损害事实及数额待将来明确化之后，另行起诉请求剩余部分。因此，在考虑处分权主义、对方当事人的程序保障及法院的利益的基础上，应当承认部分请求对于定期金赔偿的补充作用。[2]

承认限定于一定期间的部分请求，可以实现定期金赔偿在实务上不能实现的作用，这种形式的部分请求，除了可以实现部分请求本来的作用——试验诉讼作用与安定原告（被害者或家属）作用，还能弥补定期金赔偿不能实现的细分化作用，在通货膨胀对策及浮动人身损害对应方面的被害者保护作用也具

---

〔1〕 ［日］上田徹一郎：「判決効の範囲決定と実体関係の基準性——当事者権保障と代替の手続き保障充足の判断基準」,『民商法雑誌』93（3），1985年，第317頁以下。

〔2〕 这个部分请求方式的分割给付请求的细分化，在与纠纷一次性解决原则的关系上存在一定矛盾，与诉权滥用问题也有一定关联。在这一点上，定期金赔偿方式的分割给付请求即使谋求长期每月按期给付，但与诉讼标的只有一个的将来给付之诉还是有区别的。

有一定意义。

3. 分割给付请求的形态

分割给付请求有两种形态,一种是部分请求,另一种是在一定期间内要求每期末给付一定数额的定期金赔偿请求。无论定期金赔偿还是部分请求,在医疗事故、公害、药品安全、交通事故等人身损害赔偿领域都有较大争议。[1]在此领域,由于侵害的持续性与变动性,在口头辩论终结时较难认定将来损害项目的逸失利益及时间跨度较长的护理费等,故定期金赔偿比一次性赔偿更具优越性。对因人身损害断绝收入而陷入穷途的被害者及家属来说,早点拿到哪怕是部分赔偿金,也极具现实意义,因此,部分请求也是人身损害赔偿诉讼的典型问题。

不过,将来损害项目赔偿的根本问题乃是赔偿方式问题。也就是,到底采用哪种方式更合理的问题。部分请求论在损害赔偿请求的场合,是以一次性赔偿金为前提而展开讨论的。这里主要讨论人身损害赔偿的情形,是否可以限定在一定期间内采用部分请求以及定期金赔偿与部分请求之间的关系。[2]

4. 部分请求的作用

部分请求论在分割给付请求问题上可以期待的作用主要有:第一,试验诉讼的作用。人身损害赔偿诉讼案件中,常存在要件事实的主张及举证困难、因难以预测法院认可多少赔偿额而导致枉费诉讼费用、诉讼的长期化等问题,部分请求方式可以

---

[1] 这些损害赔偿诉讼在诉讼标的、过错、因果关系等方面的个性迥异,但在赔偿的分割给付请求方面却存在共通点。例如,日本医疗事故诉讼的胜诉率仅有20%左右,存在利用试验诉讼进行部分请求的必要性。参见[日]上田徹一郎:「将来損害の分割払い請求——定期金賠償論と一部請求論の接点」,『判例タイムズ』40(7),1989年,第16頁。

[2] 前诉时未发生的将来损害(后发损害),将后发损害问题放在部分请求论范围内讨论。

让原告通过试验诉讼，推测是否提起剩余部分请求诉讼。第二，及时救济的作用。常有遭遇人身损害的被害者或其家属，因人身损害而陷入穷困境地，而复杂的人身损害赔偿耗费时间较长。部分请求方式能实现及时经济地暂时救济部分权利，并且还能保留请求剩余部分的机会。[1]与传统实务的一次性赔偿金方式相比，这是一种不受前诉既判力拘束，对同一侵权行为的后发损害（如后遗症）亦能请求赔偿的诉讼技术。

相对于此，定期金赔偿方式的主要作用为：第一，相对于一次性赔偿金采用重复拟制的方法以平均余命表、劳动可能年数、平均工资等要素推测将来损害数额，定期金赔偿方式可预先修正认定各期赔偿数额，具有改良损害赔偿额认定的作用（对被告也有利）。第二，以对应通货膨胀为中心，具有在较长期间内保护被害者及家属生活安定的作用。判决确定后，如因情势变更，追加请求或请求异议较容易获得承认。第三，具有避免被告因一次性的巨额赔偿金而破产的作用。部分请求的分割给付请求方式是以实现试验诉讼作用及维持赔偿请求权权利人先期安定的作用为出发点，它是手段而非终局目的。而定期金赔偿方式是以将来损害按期分割给付为目的。两者之间看似并无关联。但是，如果将部分请求论的应用拓展开来，限定在一定时期内，承认将来损害项目的部分请求诉讼，这样可以解决定期金赔偿方式所面临的难题。[2]日本以前的部分请求论对于将来损害项目，也是像一次性赔偿金一样将其全额全部估算之后，再讨论部分给付请求。虽然与主张按期分割给付请求的

---

[1] 参见［日］五十部豊久：「一部請求と残部請求」，鈴木忠一・三ケ月章監修『実務民事訴訟講座1』，日本評論社1969年版，第83頁。

[2] 参见［日］上田徹一郎：「将来損害の分割払い請求——定期金賠償論と一部請求論の接点」，『判例タイムズ』40 (7)，1989年，第14~15頁。

定期金赔偿方式存在差异，但有必要在分割请求给付问题多发的人身损害赔偿领域检讨二者的共通性。换言之，对长期持续而难以确定的将来全部损害额，以部分请求方式将其限定在较短期间来分割请求，如此一来，可在一定程度上，用部分请求方式实现定期金赔偿方式所不能充分完成的作用。

5. 将来损害的分割给付请求与定期金赔偿、部分请求

日本以前的定期金赔偿论与部分请求论，虽然都是关于处分权主义的问题，但没有作为有直接关系的问题讨论。申言之，定期金赔偿论特别强调在人身事故上将来损害项目的损害额认定的被害者及其家属保护作用，主张为克服传统的一次性赔偿金弊端，建构在一定时期内反复给付的将来给付之诉。相对于此，部分请求论对于将来损害赔偿，试图将基准时现在化，以一次性赔偿金为前提，提起比例上的部分请求，实现试验诉讼作用及对被害者的先期保护。可以说，这二论是在讨论两个没有直接关系的两个问题。

但是，从将来损害分割给付请求的视点来看，定期金赔偿论与部分请求论还是存在共通的一面，它们分别以分割给付请求发挥不同作用。不过，在给付担保制度与变更判决之诉制度尚未健全的情况下，对定期金赔偿方式也不能抱以太大的期待。因此，对本来应该在定期金赔偿论中期待的作用，需要在部分请求论上检讨其实现的可能。如前所述，虽然部分请求与定期金赔偿的形式不同，但以相同的时间要素为切入，检讨分断诉讼标的的可能性。

首先，定期金赔偿论所期待的损害额认定的改良及严密化，只要将部分请求限定在损害额能够较准确推测的期间内，就可以部分请求论代替实现。只不过该期间越长，效果就越不明显。反过来说，超过一定限度的期间细分化，会造成诉讼运行程序

上及对方当事人的过度负担，这也是利用部分请求替代定期金赔偿的难点。另外，对通货膨胀的有无以及通货膨胀的程度估计的越正确，部分请求的代替效果越好，笔者认为，第一次部分请求用估计，后面的部分请求用倒推的方法，按实际损失，效果将更好。在此种情形下，期间过长的部分请求效果不好，期间过于细分化又会造成负担，但即便如此，这种形式的部分请求还是有一定的积极意义。

定期金赔偿方式具有长期安定地按期支付一定金额，确保被害者等的生活或治疗的优点。相较于此，部分请求方式还是属于一次性赔偿金的一种，性质上并不能替代定期金赔偿。还有，定期金赔偿是以全部损害为对象的将来给付之诉，即便存在将来因情势变更而提起后诉调整损害赔偿额的情形，但基本上还是遵循纠纷一次性解决原则。但是，部分请求方式必须提起请求剩余部分的后诉。[1]因此，这种部分请求方式并不能完全替代定期金赔偿方式。只不过，在保障定期金赔偿方式的担保提供制度及变更判决之诉制度尚未健全的现状下，限定于一定期间的将来损害部分请求方式的存在价值不可低估。当然，如前所述，如果原告选择定期金赔偿方式，那么还是应当判令定期金赔偿。易言之，诚然在人身损害诉讼中，原告请求定期金赔偿方式颇为稀少，但在原告信任被告的资力并推测损害额不会太大变化时，从处分权主义角度考虑，亦应当肯定之。[2]综上所述，在实务中，应结合运用部分请求与定期金赔偿这两种分割给付请求类型，以最大限度实现分割给付请求方式的

---

[1] 不过，即使提起请求剩余部分的后诉，通常也是以前诉判决为前提，围绕损害的变化或货币价值等进行争论，最后以和解处理的情况较多。

[2] 实务中还存在这样的情形：被告因厌烦原告提出的定期金赔偿方式，而主动提出一次性赔偿。反过来，在原告提出一次性赔偿请求时，被告积极提供土地担保，要求原告采用定期金赔偿方式。

作用。

(六) 仲裁与部分请求

劳动仲裁和民商事仲裁中也会发生部分请求问题，并且这个问题极可能延伸到民事诉讼中去。例如，广东省的一个涉及劳动仲裁的部分请求案件，2013年5月17日，原告因上下班交通事故受伤，2013年8月20日，当地人力资源和社会保障局作出《工伤认定书》，认定原告属工伤，该《工伤认定书》已生效。2014年7月25日，当地劳动能力鉴定委员会作出《工伤（职业病）职工劳动能力鉴定结论》，评定原告为九级伤残，医疗终结日期为2014年7月18日。在仲裁请求被劳动仲裁委员会裁决驳回后，原告向法院提起诉讼。因原告提起诉讼时已超过一年，所以被告抗辩其超过仲裁时效。但本案特殊之处在于原告在仲裁时提出的仲裁请求与其在诉讼时提起的诉讼请求又不完全一致，故这又涉及部分请求的时效问题。对此，一审法院认为："被告主张原告的诉请超过一年仲裁时效。本院认为，原告于2013年5月17日受工伤，劳动能力鉴定结论记载原告医疗终结日期为2014年7月18日，原告最后一次住院的出院日期为2014年7月2日出院医嘱休息两周即2014年7月16日，2014年7月25日，劳动能力鉴定委员会作出鉴定结论。根据《中华人民共和国劳动争议调解仲裁法》第二十七条的规定，劳动争议申请仲裁的时效期间为一年。仲裁时效期间从当事人知道或者应当知道其权利被侵害之日起计算。结合上述事实，原告在劳动能力鉴定委员会2014年7月25日作出鉴定结论时就应知道权利被侵害，原告最迟应在2015年7月25日提出请求，但原告于2015年10月23日才提出，已经超过了一年的仲裁时效。原告主张于2014年7月22日就该劳动争议向劳动人事争议仲裁委员会申请仲裁造成诉讼时效中断，本院认为，原告于2014年7

月22日申请仲裁时仅对一次性伤残补助金、一次性伤残就业补助金、一次性工伤医疗补助金提出请求,并未对本案的诉请提出仲裁申请,其在该案的诉求并不构成对本案诉请的时效中断,对原告的主张本院不予采纳。"[1]

二审法院认为:"本院认为,在二审中,双方当事人争议的焦点问题是原告申请仲裁是否超过一年的期间。本案中,原告于2013年3月14日入职被告,2013年5月17日在工作中受伤,2013年8月20日,人力资源和社会保障局认定原告受伤属工伤,2014年7月25日,劳动能力鉴定委员会作出鉴定结论,认定医疗终结期为2014年7月18日。原告于2015年10月23日就本案申请仲裁。原告主张,其于2015年7月22日申请仲裁,请求一次性伤残补助金、一次性伤残就业补助金、一次性工伤医疗补助金,原告主张,该次申请仲裁,构成本次仲裁事项的时效中断,因此时效应重新起算。本院认为,原告本次仲裁和诉讼,请求的事项包括工伤医疗费、停工留薪期工资、护理费、住院补助费、营养费,上述事项,在劳动能力鉴定委员会作出鉴定结论之日即2014年7月25日已可以请求,因此时效应从2014年7月25日起算,而其2015年7月22日申请仲裁请求的事项与本案请求事项无直接联系,因而不构成时效中断。原告于2015年10月23日就本案申请仲裁,已经超过了一年的申请仲裁期间,被告提出了时效抗辩,其抗辩理由成立。原告上诉理由不能成立,本院对其上诉请求不予支持。"[2]

原告又提起再审申请,再审法院认为:"……申请人再审称,其在劳动仲裁时效内就本案争议问题主张过权利,未超出

---

[1] 广东省深圳市宝安区人民法院 (2015) 深宝法公劳初字第437号民事判决书。

[2] 广东省深圳市中级人民法院 (2016) 粤03民终第8687号民事判决书。

法定仲裁时效。2015年7月22日申请人就本案劳动争议向劳动争议仲裁委主张权利，根据《劳动争议调解仲裁法》及《劳动人事争议仲裁办案规则》第十条的规定，劳动争议在提起仲裁时是主张权利的一种方式，发生争议时效中断，这里的中断不是争议的某一或数个诉求的中断，而是这个劳动争议的中断，一、二审法院认为是诉求的中断，是误解。根据《劳动人事争议仲裁办案规则》第十条的规定，前一劳动仲裁即2015年7月22日的劳动仲裁与本案是同一事实，是由于2013年5月17日工伤导致的争议，只是申请人先就部分请求提起仲裁，剩余部分是本案再次提起仲裁，第一次提起仲裁已经构成时效中断，故而此次提起仲裁仍然在仲裁时效的保护期内。二审法院将两个案件作为两个争议看待不符合客观实际亦未正确理解法律。据此，请求依法予以再审。……本院认为，关于申请人的诉讼请求是否超出法定时效的问题。经二审查明事实，申请人于2013年3月14日入职被告公司，2013年5月17日在工作中受伤，2013年8月20日，当地人力资源和社会保障局认定申请人受伤属工伤，2014年7月25日，当地劳动能力鉴定委员会作出鉴定结论，认定医疗终结期为2014年7月18日。申请人于2015年10月23日就本案申请仲裁。再审申请人主张，其于2015年7月22日申请仲裁，请求一次性伤残补助金、一次性伤残就业补助金、一次性工伤医疗补助金，该次申请仲裁，构成本次仲裁事项的时效中断。对此，本院认为，申请人本次提起仲裁和诉讼，请求的事项包括工伤医疗费、停工留薪期工资、护理费、住院补助费、营养费，上述事项，在深圳市劳动能力鉴定委员会做出鉴定结论之日即2014年7月25日已可以请求，因此时效应从2014年7月25日起算，而申请人2015年7月22日申请仲裁请求的事项与本案请求事项无直接联系，因而不构成时效中断。杨华西于 2015 年 10 月 23 日就本案申请仲裁，已经超过了一年的申请仲裁期间，被告提出了时效抗辩，其抗辩理由成立，故二审判决对再审申请人的上诉请求不予支持，并无不当。"[1]

笔者认为，本案不属于容易获得学界肯定的部分请求案件。典型的容易获得肯定部分请求应当是人身损害与后遗症型、被告资力考虑型、总额不明型、前诉证据收集困难型等，这些类型的案件有一个共同特征是：基于相对合理理由，提起后诉的诉讼请求是因为提起前诉时不能或不便提起，所以才提起后诉请求剩余部分请求。而本案的剩余部分请求完全可以在第一次申请仲裁时全部提出，不完全提出没有正当合理的理由。与对待部分请求的本身问题相比，我国对部分请求的时效问题比较宽容。例如，2008 年《最高人民法院关于审理民事案件适用诉讼时效制度若干问题的规定》第 11 条规定："权利人对同一债权中的部分债权主张权利，诉讼时效中断的效力及于剩余债权，但权利人明确表示放弃债权的情形除外。"《民法总则》对时效中断的规定也是宽松的，只要提起诉讼或仲裁就中断，没有区分不同的诉讼请求或仲裁请求。《民法总则》将时效延长至三年，这既是一种对待时效的宽松立法态度，也可以看作是一种鼓励维权的倾向。

（七）新事实再诉与部分请求

2015 年最高人民法院《民事诉讼法司法解释》第 248 条[2]规定了"裁判生效后的新事实"，前诉裁判生效后如果出现新事实，则可能引发后诉，并且人民法院应当受理。新事实引发的

---

[1] 广东省高级人法院（2017）粤民申 1576 号民事裁定书。
[2] 2015 年最高人民法院《关于适用〈中华人民共和国民事诉讼法〉的解释》第 248 条：裁判发生法律效力后，发生新的事实，当事人再次提起诉讼的，人民法院应当依法受理。

后诉,虽然与因请求剩余部分债权引发的后诉存在类似之处,却形似实异。因为,新事实之所以能够引发新的诉讼是因为民事法律关系在不断地发生变化,该法律关系可能会因为新事实的出现而出现与先前审判结果不同的状态,但是由于从客观上讲当事人无法在前诉当中予以主张并求证该新事实,因此就不会被前诉既判力所遮断。进而即便后诉是针对同一诉讼标的的诉讼,法院也不能以前诉判决效力来遮断该新的事实进而对于该新的诉讼不予受理。[1]下面这个判例能很好地说明新事实与部分请求之间的区别和联系。

2017年广东省佛山市中级人民法院的一个二审案件属于新事实启动后诉获得法院支持的判例,其判决主要内容为:上诉人中联伟业公司因与被上诉人太保公司财产保险合同纠纷一案,向本院提起上诉。中联伟业公司的事实和理由为,中联伟业公司提起本案之诉并不构成重复起诉,一审法院以此为由驳回中联伟业公司的起诉,不符合法律规定。本案诉讼请求与前案的诉讼请求并不相同,也不存在诉讼请求实质上否定前诉裁判结果的情况。后诉的诉讼请求与前诉不相同,本案中,中联伟业公司请求太保公司支付赔偿金为151 676.43元,而在前案中中联伟业公司主张的赔偿金为200 000元。因此,后诉与前诉的诉讼请求不相同。后诉的诉讼请求实质上并未否定前述裁判结果,其在本案中所请求支付的保险赔偿金是基于其在前诉二审审理过程中才获知的损失。前案起诉前以及审理过程中,太保公司一直拒不向中联伟业公司出具公估报告,中联伟业公司对厂房及货物的实际损失无从获知。无奈,中联伟业公司只得先行按照太保公司误导的指示提起诉讼。在前诉二审审理过程中,太

---

[1] 参见曹云吉:"论裁判生效后之新事实",载《甘肃政法学院学报》2016年第3期。

保公司因法院责令才交出公估报告,直至此时,中联伟业公司才清楚事故定损金额为351 676.43元。因此,在前诉中中联伟业公司起诉请求太保公司支付保险赔偿金额200 000元,仅是本次事故中的部分损失,中联伟业公司有权针对剩余损失另行提起诉讼。虽然中联伟业公司在前诉二审过程中坚持诉讼请求为支付保险赔偿金200 000元,但已明确声明并不放弃剩余的损失151 676.43元的相关诉讼权利。因此,前诉的诉讼请求是针对事故的部分损失,而后诉的诉讼请求是针对剩余的损失,该诉讼请求并未实质上否定前诉裁判结果。在前案中,中联伟业公司已经明确仅起诉部分损害事项,保留追究剩余损害事项的权利。中联伟业公司之所以在第一次起诉主张20万元保险赔偿金,是因为太保公司与评估公司恶意串通、虚构定损金额误导中联伟业公司。从既判力角度解读最高人民法院《民事诉讼法司法解释》第248条,当前诉生效之后发生新的事实时,因新事实不受既判力遮断,当事人就此再次提起诉讼,甚至无需考虑前后两诉是否属于"一事"的问题。故在法无禁止情况下,上述规定具有独立适用的价值和功能,否则将减损其作为一项新设制度的设立价值,不利于充分发挥其作用。本案依据该新的事实即"中联伟业公司在二审时才得知定损金额"进行继续审理,不仅未否定和推翻前诉判决,实质上更是对判决的正当延续,并与之保持了法律上的协调一致,有利于司法的统一性和权威性。人民法院所作的新的认定"基于太保公司在二审期间才提交的定损报告"是否属于上述规定所言"新的事实",该规定并未将"新的事实"限制为新的客观事实。所谓"客观事实"是个哲学概念,指的是原本发生的,在意识之外,不依赖人们主观意识而存在的客观内容。从诉讼的角度而言,那是一个只可无限接近却难以抵达的彼岸,因此只能讲究"法律事实",即法院通过法定程序,按照证据规则,经充分质证和辩论后,对案件事实所作的合理推断与认定,理论上称为法律拟制事实。从这个意义上说,将其纳入上述规定中"新的事实"之中,至少在解释上是有空间的。综上,中联伟业公司是在前诉二审期间才发现定损报告定损金额为351 676.43元,且太保公司与评估公司恶意串通(从定损报告多次出具的时间可知)拒绝提供定损报告并虚构20万元定损金额的事实欺骗中联伟业公司对诉讼标的作出错误的主张。因此,本案所主张的标的属于新的事实,不违反一事不再理原则,应予受理。太保公司辩称,中联伟业公司在首次起诉时对其自身损失情况是清楚的,……但其仍只诉求20万元的保险赔偿金,属于对其既有民事权利的放弃。本案与前案在当事人、诉讼标的、诉讼请求均相同或重合。中联伟业公司提起本案之诉违反了一事不再理的民事诉讼原则,构成重复起诉,一审裁定认定事实清楚、适用法律准确。一审法院认为,本案的争议焦点是中联伟业公司提起本案之诉是否构成重复起诉。本案中联伟业公司的诉讼请求与前案在当事人、诉讼标的、诉讼请求均相同或重合。诉讼请求方面,虽然中联伟业公司在本案主张太保公司支付保险赔偿金是151 676.43元,但中联伟业公司确认该数额为公估报告核定的损失金额351 676.43元减去前案所主张的20万元所得的数额,亦即前诉与后诉均是中联伟业公司因投保的财产遭受暴风雨损害而向太保公司主张支付的赔偿金,且后诉的诉讼请求实质上是否定前诉裁判结果。至于太保公司在前诉二审时提供公估报告,不属于新的事实,对中联伟业公司该主张,一审法院不予采纳。综上所述,中联伟业公司提起本案之诉违反了一事不再理的民事诉讼原则,构成重复起诉。同理,太保公司抗辩中联伟业公司诉请不属于保险责任范围,该抗辩意见应属于(2016)粤06民终 5825 号案件的处理范围，对该抗辩意见，一审法院不作审查。二审法院认为，《最高人民法院关于适用〈中华人民共和国民事诉讼法〉的解释》第 247 条第 1 款规定："当事人就已经提起诉讼的事项在诉讼过程中或者裁判生效后再次起诉，同时符合下列条件的，构成重复起诉：（一）后诉与前诉的当事人相同；（二）后诉与前诉的诉讼标的相同；（三）后诉与前诉的诉讼请求相同，或者后诉的诉讼请求实质上否定前诉裁判结果。"从上述规定可知，必须同时具备后诉与前诉的当事人、诉讼标的相同，并且诉讼请求相同，或者后诉的诉讼请求实质上否定前诉裁判结果这三个构成要件，才能构成重复起诉。虽然本案与前案的当事人和诉讼标的相同，但是中联伟业公司在本案主张的赔偿金额 151 676.43 元，即是根据公估报告核定的损失金额 351 676.43 元减去前案所主张的 20 万元所得的数额，该两部分请求金额并不重合，也不存在后诉的诉讼请求实质上否定前诉裁判结果的情况。因此，本案并不具备与前诉的诉讼请求相同的构成要件，依法不构成重复起诉。一审法院认定中联伟业公司提起本案之诉违反了一事不再理的民事诉讼原则，构成重复起诉不当，本院予以纠正。[1]

在这个判例中，虽然上诉人主张后诉为新事实，但不被一审法院认可，二审法院回避了对新事实与否的判断，而以采用部分请求肯定说的方式支持了上诉人的诉讼请求。由此可以看出，在法律对何为新事实界定不是十分明确的情况下，能否启动后诉程序，还需看法院对部分请求诉讼所持的态度。

2017 年黑龙江省双鸭山市中级人民法院的一个上诉判例也可以说明新事实再诉与部分请求诉讼之间的区别，在这个判例

---

[1] 参见广东省佛山市中级人民法院（2017）粤 06 民终 6210 号民事裁定书。

中二审法院最终认为新事实再诉是不同于部分请求的分段起诉。其裁定的主要内容为："……事实和理由：2010年10月25日代烁琪到疾控中心处接种麻疹减活疫苗，接种剂量为1.0ml（正常剂量为0.5ml），注射后代烁琪出现不良反应，先后就治于多家医院，最后诊断为病毒性脑炎、中枢神经系统感染、症状性癫痫、脑萎缩、精神发育迟滞（极重度）。2014年1月8日，代烁琪就此次医疗损害赔偿向饶河县人民法院提起诉讼，经2014年1月9日下发的（2014）饶民初字第8号民事调解书确认，疾控中心给付代烁琪88万元赔偿款。因该赔偿款远远满足不了代烁琪的治病需要，代烁琪于2016年6月16日向饶河县人民法院提起诉讼，2016年10月12日当事人双方共同委托佳木斯市肿瘤医院司法鉴定所对代烁琪进行伤残等级、医疗护理依赖、后续治疗等方面鉴定，作出了佳肿瘤医院司鉴所[2016]法鉴字第63号《法医临床司法鉴定意见书》，代烁琪构成一级伤残。为了体现法律的公平性，根据《最高人民法院关于审理人身损害赔偿案件适用法律若干问题的解释》第十九条第二款的规定，只要有证据证明超出原调解部分的后续治疗费用是基于人身损害所支出的，对超出的部分可另行起诉要求赔偿，人民法院应依法判决。"

"疾控中心辩称，代烁琪构成重复起诉，一审法院裁定驳回起诉认定事实清楚，适用法律正确；疾控中心及其医务人员无过错，不承担赔偿责任；佳肿瘤医院司鉴所[2016]法鉴第63号《法医临床司法鉴定意见书》是代烁琪在一审诉讼中经黑龙江勤勉律师事务所单方委托鉴定，程序违法，依据明显不足，不具有科学性、合理性，不应采信；本案不适用赔偿原则，适用的法定的补偿原则；疾控中心已向代烁琪支付1 107 292元。请求法院维持一审裁定，驳回代烁琪的上诉请求。……一审法院认定事实：2010年10月25日9时许，代烁琪在疾控中心处注射麻疹减毒活疫苗，同年11月7日开始出现不良反应。代烁琪先后就诊多家医院，2013年1月18日，首都医科大学宣武医院诊断为症状性癫痫及病毒性脑炎后遗症。2014年1月8日，代烁琪诉讼至一审法院，请求法院判决疾控中心赔偿代烁琪各项损失合计880 000元。经一审法院主持调解，双方当事人达成调解协议如下：疾控中心于2014年1月10日前一次性赔偿代烁琪医疗费、护理费、交通费、住院伙食补助费、营养费、残疾赔偿金、后续治疗费、精神抚慰金等费用，共计880 000元。案件受理费6300元，疾控中心自愿负担。调解后代烁琪、疾控中心经协商已经履行完毕。截至2016年7月19日，代烁琪共得到赔偿、补偿款共计1 107 292元，其中有150 792元国家补偿款，160 000元借款，120 000元生活困难补助。一审法院认为，国家一次性补偿款有证据证实代烁琪已于2013年3月领取。赔偿医疗损害各项损失共计1 788 114.58元，系第一次一审法院主持调解后的再治疗费、护理费、交通费、住宿费，该费用并未实际发生，系代烁琪个人估算所得，虽然双方当事人自行委托了鉴定机构对代烁琪的伤残等级、护理依赖及护理人数、后续康复及治疗费进行了鉴定，但疾控中心以鉴定依据不符合规定，因此对鉴定结论不予认可。《最高人民法院关于适用〈中华人民共和国民事诉讼法〉的解释》第二百四十七条规定，当事人就已经提起诉讼的事项在诉讼过程中或者裁判生效后再次起诉，同时符合下列条件的，构成重复起诉：（一）后诉与前诉的当事人相同；（二）后诉与前诉的诉讼标的相同；（三）后诉与前诉的诉讼请求相同，或者后诉的诉讼请求实质上否定前诉裁判结果。当事人重复起诉的，裁定不予受理；已经受理的，裁定驳回起诉，但法律、司法解释另有规定的除外。代烁琪两次起诉，

第一章 部分请求的涵义

2014年1月8日起诉为前诉,本案为后诉,两次起诉的原、被告相同,前诉诉讼标的为赔偿原告医疗损害各项损失与后诉相同,后诉的诉讼请求判决疾控中心赔偿代烁琪医疗损害各项损失也与前诉相同。三个条件完全符合法律规定的构成重复起诉的要件,因此该案构成重复起诉,按照法律规定应当裁定驳回代烁琪的起诉。依照《中华人民共和国民事诉讼法》第一百五十四条第一款第(三)项、《最高人民法院关于适用〈中华人民共和国民事诉讼法〉的解释》第二百四十七条的规定,裁定:驳回原告代烁琪的起诉。本院审理查明,一审法院认定事实属实。另查明,2013年8月6日,卫生部办公厅信访处给黑龙江省卫生厅的《国家卫生和计划生育委员会来访事项转送单》的附件是代烁琪父亲代春海要求赔偿的项目及额度,共计九项1 274 826元,其中第五项医疗费370 000元中的后期康复治疗费用每年100 000元,按3年计算是300 000元。2014年1月7日,代烁琪在饶河县法院进行第一次诉讼中,请求依法判决疾控中心赔偿代烁琪各项损失880 000元,诉讼费用及相关费用由疾控中心负担。2014年1月9日,饶河县人民法院的法庭审理笔录中,代烁琪说明的8项赔偿款及额度与《国家卫生和计划生育委员会来访事项转送单》附件中的项目及额度相同,之后与疾控中心达成了880 000元的调解意见,并由饶河县人民法院制作并送达的调解书确认。2015年3月20日,代烁琪与疾控中心达成执行和解,并履行完毕。后诉中的鉴定日为2016年11月8日的佳肿瘤医院司鉴所[2016]法鉴第63号《法医临床司法鉴定意见书》载明:委托人黑龙江勤勉律师事务所刘相曾,被鉴定人代烁琪,在场人员韩莉(饶河县疾控中心)、代春海(被鉴定人父亲)。鉴定意见为:1.一级伤残;2.需终身完全护理依赖,护理人数需2人陪护;3.被鉴定人存在特殊医疗依赖,需对症用药，康复治疗25年，每月所需药费1200元人民币，每月康复治疗20天，费用4000元人民币。本院认为，《中华人民共和国侵权责任法》颁布实施后，解决了医疗损害赔偿标准不同的问题，不再区分医疗事故和非医疗事故，统一了适用该法关于是否应当赔偿及赔偿的范围和标准。代烁琪的损害事实发生在侵权责任法施行后，适用侵权责任法的规定。代烁琪本案起诉所依据的主要证据是佳肿瘤医院司鉴所［2016］法鉴第63号《法医临床司法鉴定意见书》，对该鉴定书是否能够作为证据予以采信，应由审理法院确认，不应以一方当事人是否认可定论。代烁琪与疾控中心在第一次诉讼中，后期康复治疗费用是按照3年期限计算的，确定损害程度为二级丁等。如果代烁琪本次诉讼中构成一级伤残，存在特殊医疗依赖，需对症用药长期康复治疗，且鉴定结论确定了必然发生费用的话，新的伤情及康复治疗期限及费用与双方达成调解协议所依据的伤情和费用有比较大的变化，仅按原调解协议解决赔偿事宜会导致明显不公。而且，第二次诉讼与第一次诉讼相比，虽系同一当事人之间的诉讼，诉讼请求、法律事实与理由在形式上相似，但内容上则有明显不同，而且后续治疗费用是可以允许当事人分段起诉的，因此，本案不构成重复起诉。代烁琪要求依法撤销一审裁定的上诉理由成立，本院予以支持。……"[1]

第二节　部分请求的原因

司法实践中，当事人采用部分请求这一起诉方式的原因极

---

[1]　黑龙江省双鸭山市中级人民法院（2017）黑05民终35号民事裁定书。

其复杂多样,[1]参考其他国家和地区理论与实践,结合我国实际情况,可将当事人提起部分请求的原因(动机)类型总结如下。

一、试验诉讼型部分请求

民事诉讼是原告与被告之间的博弈,但影响这场博弈的因素却很多,当事人及律师的能力和技巧、证据的掌握、法官的心证等都是左右胜负的重要因素。诉讼有风险,进入需谨慎,在诉讼费用较高的场合,原告有可能为避免损失过高诉讼费用和律师费用等的风险,以部分请求先行试探法官对案件的判断,在部分请求胜诉后,再行提起剩余债权的诉讼请求。

试验诉讼对于我国司法实务并不陌生,甚至被大量运用。季卫东教授曾指出:"在讨论审判程序与法律制度变革之间的关系时,应重视正在中国大量涌现的一种新型案件,即所谓'试验诉讼'。"[2]由于我国处于转型期,所以新问题与新需求不断地被提出。也正是这些新问题与新需求不断地促进新规范的产生,同时也因为法律意识形态强调实践经验与归纳性思维方式,我国司法机关长期以来经常通过所谓"立案试办"的方式来界定权利义务关系,法院在很大程度上变得像一个制度试验室。[3]在司法改革中,我国一方面在制度上要求极端的司法消极主义,另一方面却在实践中可以发现司法积极主义抑或司法能动主义在四面出击,存在相当的悖论。但是,在社会转型期,又不得

---

[1] 当然,当事人采用部分请求原因(动机)分为主动和被动。例如,因后发后遗症而提起的部分请求即为被动原因。
[2] 季卫东:"要关注'试验诉讼'——当事人推动的制度变迁及其实证研究",载徐昕主编:《司法程序的实证研究》,中国法制出版社2007年版。
[3] 季卫东:"法律编纂的试行——在事实与规范之间的反思机制",载《法治秩序的建构》,中国政法大学出版社1999年版。

不容忍甚至鼓励法院根据个案创造经验、形成经验，因此试验诉讼显得十分活跃。从这个角度上看，可以说制度改革就是在一种试验主义氛围中不断向前推进的。"试验诉讼"是一个被频繁使用但又未被严格界定的概念，法院常使用试验诉讼为模式诉讼或原则诉讼，[1]而当事人（特别是原告）常使用试验诉讼为试探诉讼。在部分请求诉讼的类型中，当事人提起的试验诉讼型部分请求中的"试验诉讼"仅限于原告在节约诉讼成本（包括向法院交纳的诉讼费用、律师费用以及证据收集费用等）的意图下，为试探胜诉可能性或法院可能认定的金额，而提起的部分请求诉讼。[2]试验诉讼型部分请求的典型案例如下：

我国台湾地区"中华日报"1973年9月7日第6版刊载：三重市的居民组成"控告石门水库泄洪不当诉讼委员会"，因石门水库每年在台风到来大雨骤降后于海水涨潮之际才开始泄洪，致使水灾加剧，遭受数亿新台币损失。该委员会向法院提起请求石门水库管委会先行给付5千万新台币损害赔偿的诉讼。[3]像本案这种情况，若不允许提起部分请求，则原告将因缺乏判例资料而无法预测法院的判断，但需要预先支付高额诉讼费用及律师费用。原告或将因此不敢贸然行使法律赋予和保障的诉权。

---

[1] 模式诉讼侧重于具体事实关系的认定和共同争论点的处理，有利于归并案件、减轻诉累、提高审理效率，是广义上的试验诉讼。原则诉讼则限于对将来的程序具有重要实质性价值的原则性法律问题之解决，是狭义上的试验诉讼。参见季卫东："要关注'试验诉讼'——当事人推动的制度变迁及其实证研究"，载徐昕主编：《司法程序的实证研究》，中国法制出版社2007年版，第3页。

[2] 部分请求中原告的试探性诉讼不同于示范诉讼，示范诉讼为试验诉讼中的一种，通常被理解为集团诉讼（共同诉讼）中的一个诉讼，是指法院经全体当事人同意挑选其中一个案件进行审理，全体当事人均受该判决的拘束。参见严仁群："部分请求之本土路径"，载《中国法学》2010年第2期。

[3] 转引自骆永家："一部请求诉讼"，载《既判力之研究》，三民书局1999年版，第219页。

因此本案应该属于试验诉讼型的部分请求。本案类似的还有，公害或交通事故等所造成的损害程度也尤为厉害，如果不允许被侵权人提起明示的部分请求，则法律将不能妥善保护被侵权人之权利。

日本最高法院昭和 34 年损害赔偿权部分请求诉讼[1]是以节约诉讼费用为目的试验诉讼判例，原告是因高压电线火花而烧毁房屋的农民，被告为电力公司。原告以明示的部分请求方式诉求法院判令被告支付相当于 10% 请求权的损害赔偿金。原告获得被告的先行支付金后，全部用于了支付诉讼费用。[2]原告的贫穷是其进行试验诉讼的原因之一，而被告对火灾原因的正面抗辩则是导致原告采取试验诉讼的另一原因。

日本东京地方法院昭和 40 年损害赔偿诉讼[3]也是一个典型的试验诉讼判例，被告为确保其对原告的既存债权，假意为经营状况已经恶化的原告提供帮助，诱使原告以不动产抵押，原告以被告妨害其从其他途径获得资金为由，提起损害赔偿诉讼。原告就总额为 1650 万日元损害赔偿请求权中的 100 万日元（约总额的 6%）向被告提起明示的部分请求诉讼。从诉讼请求额与损害赔偿总额的比例来看，该案也是原告因资金匮乏，为节约诉讼费用而提起的试验诉讼型部分请求。

日本的试验诉讼型部分请求较多，东京地方法院昭和 52 年的工业所有权诉讼也是一个试验诉讼型部分请求。[4]原告以数个专利权被侵害为由对被告提起损害赔偿诉讼。原告主张的全部损害额超过 100 亿日元，但本件诉讼中仅明示部分请求其中

---

[1] 参见［日］最判昭和 34 年 2 月 20 日民集 13 卷 2 号 209 页。

[2] 当时曾有新闻报道："原告非常贫穷，所获得的先行支付金在诉讼费用等项目上已全部花光……。"参见［日］判例时报（178）第 3 页，匿名コメント。

[3] 参见［日］东京地判昭和 40 年 4 月 21 日下民集 16 卷 4 号第 649 页。

[4] 参见［日］东京地判昭和 52 年 8 月 22 日工业所有权法判例集第 21 页。

的1000万日元（相当于损害总额的0.1%以下）。假如原告以全部损害总额为诉讼请求额，则将承担巨额诉讼费用，故而本件诉讼是试验诉讼型部分请求。后来，本件诉讼结果是原告的诉讼请求被驳回，从这一点看，原告采取的诉讼战术策略实属正确。

日本最高法院昭和54年的退职金债权诉讼也是一例试验诉讼型部分请求。[1] 总额为300余万日元的退职金债权总额中，原告于前诉明示部分请求其中的10万日元（约相当于债权总额的3%），从债权总额与前诉诉讼请求额的比例来看，可以察知本件诉讼亦为试验诉讼型部分请求。

二、总额不明型部分请求

有的当事人以债权总额不明为由，而提起部分请求诉讼。由于在提起诉讼之时债权总额不明，所以原告先以可能算定的金额提起诉讼，再通过观察被告的应诉内容及法院的诉讼指挥后，来判断自己债权总额。此种部分请求诉讼类型，其主要原因不是为节约诉讼费用或因为胜诉可能性不明确，归根结底是在判明债权总额之前采取的临时部分请求，一旦审理过程中判明债权总额后，此种部分请求类型的原告在诉讼系属中将部分请求扩张为全部请求的情况较多。并且，与试验诉讼型部分请求相比，此种类型的部分请求额与全部债权额的比例较高。总额不明型部分请求诉讼几乎都是侵权损害赔偿诉讼，发生在日本的判例列举如下：

1. 日本昭和4年1月28日广岛地裁判例。国道工程的路崖垮塌发生致人死伤事故，原告以侵权行为为由向被告道路管理者提起损害赔偿请求诉讼。由于本件诉讼提起时原告正处于治疗期间，损害赔偿额一时难以算定，在表示可能提出后诉请求

---

[1] 参见 [日] 最判昭和54年4月13日讼月第24卷第6号第1265页。

剩余部分后，先行提出 100 万日元的部分请求。[1]

2. 日本东京地判昭和 35 年 10 月 8 日诉讼中，原告将证据鉴定后可能提起后诉请求剩余部分的意图明示地记载于起诉状，以债权总额不明为由提起部分请求。[2]

3. 还有的判例是，原告在起诉时对损害赔偿额的计算比较保守，审理过程中随着事实逐渐清晰而提起后诉请求剩余部分。例如，交通事故损害赔偿诉讼的原告提起诉讼时，对治疗费、因劳动能力降低的损害、抚慰金等项目做了比较保守的估计，先以 200 万日元提出请求，后来又提起后诉请求剩余部分 200 万日元。[3] 日本大阪高等法院也有与此类似的判例，原告最初保守地提出 200 万日元的诉讼请求，随着案件事实的逐步解明又提起后诉请求剩余部分 250 万日元。[4]

三、（被告）资力考虑型

理查德·A. 波斯纳法官说过，"人们都是自己满足度的理性最大化者"[5]。在理性社会中，趋利避害是人们行为的动机，人们在实施一个行为之前会考虑其可能投入的成本及可能产出的利益。当事人之所以选择部分请求的方式，是因为这样的起诉方式能为其节约诉讼成本，从而保障其利益。原告提起资力考虑型部分请求诉讼的动机可以与试验诉讼型部分请求相提并论。易言之，原告提起诉讼时考虑到即使申请强制执行，被告

---

[1] 参见広島地判昭和 4 年 1 月 28 日判時第 567 号第 64 頁。
[2] 参见［日］三木浩一：「一部請求論について——手続運営論の視点から」,『民事訴訟法雑誌』(47)，2001 年，第 37 頁。
[3] 参见横浜地判昭和 41 年 7 月 18 日判夕第 196 号 174 頁。
[4] 参见大阪高判昭和 37 年 12 月 25 日訟月第 9 巻第 3 号第 372 頁。
[5] ［美］理查德·A. 波斯纳：《正义/司法的经济学》，苏力译，中国政法大学出版社 2002 年版，第 1 页。

当时的资力也不足以满足全部债权，为避免徒劳地承担无用的诉讼费用，所以暂时先以被告资力能承担的数额提起部分请求诉讼。不过，我们虽然可以较容易地预测原告的这种部分请求动机，但从判例的记载中找到直接的表述却并非易事。通过对下述判例的分析，我们可以推知原告的动机。

1. 日本东京高等法院曾有一件因诉讼请求额问题而发生的即时抗告（不服申请）的案件。该案系票据债权的部分请求诉讼，关于原告提起部分请求的动机，从部分请求额已占到债权总额的1/2来看，不可能是试验诉讼型部分请求；从诉讼标的为票据债权请求权来看，亦不可能是总额不明型；从被告当时已陷入财务问题来看，应该是（被告）资力考虑型部分请求诉讼。[1]

2. 日本大阪地方法院曾有一个判例也属于（被告）资力考虑型部分请求诉讼。该案系由于诉讼系属中被告被宣告破产，原告的部分债权成为不良债权，故原告在诉讼系属中缩减部分原诉讼请求，而提起后发式的部分请求。[2]可以认为该案也是（被告）资力考虑型部分请求诉讼。[3]另外，对债权中无担保债权的部分请求也可以看作是一种（被告）资力考虑型部分请求诉讼的变异形态。因为债权人对借贷债权中设定有抵押担保的部分，一般无

---

[1] 参见东京高决昭和56年7月20日判夕第453号第89页。
[2] 参见大阪地判昭和45年3月13日下民集第21卷第34号第397页。
[3] 与此类似但又稍有不同的例子是，在执行阶段权利人仅行使部分强制执行请求权的情形，这种例子比较多见（例如，东京地判平成8年1月26日判夕第923号第139页，大阪高决昭和62年10月22日判夕第657号第247页）。债权人谋求部分执行的动机是，被执行物的价值不能满足全部债权额，出于节约执行费用考虑而为之。当事人部分执行的动机与部分请求的动机相同，都是基于对方资力的考虑。参见［日］山下满：「競売申し立て後における請求債権の拡張」，大石忠生编『裁判实务大系7』，青林书院1986年版，第126页。

需担忧债权的回收,故而将请求限定于无担保债权部分。[1]

3. 在我国,执行难问题长期未能真正解决,所以(被告)资力考虑型部分请求在我国更具有现实意义。在我国,"执行难"是民事司法领域久难治愈的一大顽疾,当事人付出诉讼成本,历经艰辛获得诉讼胜利,却因"执行难"导致胜诉判决变成权利白条,"赢了官司输了钱"。在"执行难"未能得以根本解决的现实条件下,部分请求无疑是当事人通过"节流"达到保护实际利益的有效路径之一。2012年修订的《民事诉讼法》增加或进一步明确了诸如对可能隐匿或转移财产者不再通知立即执行、对不履行义务的被执行人可采取媒体曝光或限制出境、强化执行检察监督等措施,但这些都是自上而下对民事执行的变革,着重用"压"的方式解决执行难问题。可是,聪明的国人往往能想到变通办法来应对,所以其实际效果究竟如何还有待观察。随着我国市场经济的发展,公司、企业等经济实体的规模越来越大,经济活动中出现巨额不良债权的情形已不鲜见,且这些不良债权往往难以全部回收。我国的诉讼费用采用随请求金额增减的浮动制,提起高额诉讼请求必将负担相应高额的诉讼费用,胜诉后诉讼费用虽可转由败诉方承担,但高额的律师费用却并不由败诉方承担。考虑到不良债权在胜诉后难以通过执行回收,所以当事人会选择全部债权中最有可能实现的部分提起部分请求,剩余部分债权则留待日后债务人经济好转之后再行提起。

例如,债权人金融公司甲对债务人乙有1亿元债权,但乙仅有100万元净资产,故甲请求法院判决乙先行偿还100万。[2]在

---

[1] 参见[日]山本弘:「一部請求」,鈴木重勝、上田徹一郎編『基本問題セミナー民事訴訟法』,一粒社1998年版,第128頁・第132頁。

[2] 参见吴庆宝主编:《最高人民法院专家法官阐释民商裁判疑难问题》,人民法院出版社2007年版,第244页。

这个案例中，债权人甲就是基于不良债权9900万元难以在胜诉后通过执行实现，而提起部分请求的。这样的部分请求不仅对债权人有利，对债务人也划算。毕竟，按2006年国务院公布的《诉讼费用交纳办法》计算，剩余部分债权9900万元的案件受理费约53万元，执行费约17万元，这还不包括诉讼中可能出现的保全费用等。如果债权人不选择部分请求而提起全部请求，败诉后需要多承担70万元以上的诉讼费用；而胜诉后，债务人除去应缴纳的诉讼费和应支付的律师费后，可偿还债权人的净资产仅剩不足30万元。对债权人来说，算上需支付的律师费用后，胜诉后极有可能还要赔钱，可谓"赔了夫人又折兵"，得不偿失；对债务人来说，也会增加其经济负担。本案的债务人败诉后将多承担不良债权9900万元部分的诉讼费用和律师费用，对于那些曾经资产上亿而今濒临破产，迫切需要资金重整旗鼓以偿还剩余债务的债务人来说是雪上加霜，甚至可能使其彻底破产，最终"虱多不怕咬，债多不怕找"，干脆当起"老赖"，影响社会经济秩序安定。

浙江省宁波市江北区基层人民法院曾经审理的一个案件也属于这类（被告）资力考虑型部分请求判例，该判决主要内容如下："原告陈月芳起诉称：原、被告系朋友关系，自2012年2月10日起，被告陆续向原告借款用于各种经营，原告则多次通过自己名下的借记卡，以及女儿孙丽娜、丈夫孙永祥名下的借记卡，以汇款方式向被告交付借款本金。期间，被告仅偿还部分借款本金，并按月利率2%标准对各笔借款支付利息至2013年8月。2014年3月10日，经双方结算，被告向原告出具两份借条，确认被告尚欠原告借款本金共计275万元，其中对250万元双方口头约定按月利率2%计算利息，对25万元不计算利息。后经原告多次催讨，被告表示其无力偿还上述借款，承诺将其持有的振佳公司30%的股权转让给原告,并于2014年6月30日向原告出具《承诺》一份,但此后被告仍未履行还款或转让股权的义务。为此,原告诉至法院,要求被告履行还款义务,但考虑到被告资金有限,履行能力不足,故仅诉请被告偿还一部分借款。原告的诉讼请求为:被告偿还原告借款本金50万元。……本院认为:被告于2014年3月10日向原告出具的两份借条、于2014年6月30日向原告出具的一份《承诺》以及于2014年8月10日向原告出具的两份《确认书》,均确认被告向原告借款共计275万元的事实,上述证据应系被告的真实意思表示,对被告具有法律约束力。虽然原告在庭审中未详细陈述275万元的具体组成,但被告在《确认书》所述的借款时间、来源可与原告提交的2012年2月10日借条、原告及孙永祥名下借记卡历史明细对账单等证据相印证,原告历次出借金额也高于双方最终结算金额,而被告经本院合法传唤,未到庭进行相关抗辩,故本院对被告出具的借条、《承诺》《确认书》记载金额的真实性予以认定。虽然被告于2014年3月10日出具的借条所约定的借期尚未届满,但被告在两份《确认书》中确认以前的借条作废,《确认书》可作为借条使用,且该《确认书》未约定还款时间,故原告有权要求被告在合理期限内偿还,但被告至今未偿还任何本金,显属违约,故本院对原告要求被告偿还借款本金的诉讼请求予以支持。原告表示鉴于被告目前的履行能力,在本案中仅先诉请被告偿还其中50万元借款本金,系其对民事权利的自由处分,本院不予干涉……"[1]

四、抵销考虑型部分请求

试验诉讼型部分请求、总额不明型部分请求及(被告)资力

---

[1] 浙江省宁波市江北区人民法院(2014)甬北商初字第537号民事判决书。

考虑型部分请求的动机均基于客观因素而产生。抵销考虑型部分请求的动机则是原告基于主观因素而形成。原告预测被告可能以抵销抗辩，出于节约诉讼费用的目的，避免徒劳支付无益的诉讼费用。而预先将抵销金额从请求数额中扣除。抵销考虑型部分请求还可进一步分为反对债权与过失抵销两种情形。不过，由于并不要求反对债权与诉求债权之间存在关联，所以原告预测被告将主张反对债权的情形较少。而过失抵销与诉求债权紧密相连，所以在实践中以过失抵销为前提的抵销考虑型部分请求较多。

债务抵销情形的例子有日本最高法院的一个判例就是采用所谓部分请求的外侧说，[1]原告以被告不履行工程承揽合同中的债务致使其遭受950万日元损失为由，提起370万日元的部分请求诉讼。被告否认原告主张的债务不履行事实，并提出未收工程款200万日元的反对债权作为抗辩。[2]鉴于被告提出的反对债权与本案的事实经过有着密切联系，因此可以认为原告提

---

〔1〕 部分请求诉讼中应当适用抵销时，抵销的债权部分到底是从先行提起部分请求的债权部分，还是从剩余部分中予以扣除？对于该问题存在外侧说、内侧说与按份说三种见解。对于本案而言，外侧说认为应当从剩余部分中扣除抵销债权，其公式如下：950（债权总额）万-370万（部分请求部分）-200万（抵销债权）=380万，法院应当作出承认380万日元请求的判决。内侧说认为应当从提出部分请求的部分债权中扣除抵销债权部分，其公式为：370万（部分请求部分）-200万（抵销债权）=170万，法院应该作出承认170万日元请求的判决。而按份说认为应当按抵销债权在债权总额中所占比例分别从提出部分请求的部分债权（内侧）和剩余部分债权（外侧）中予以分摊，亦即370万（内侧）-［370万×（200万÷950万）］≈292万，580万（外侧）-［580万×（200万÷950万）］≈458万，最终法院作出在部分请求诉讼中被告向原告给付292万日元的判决，剩余部分债权的抵销部分留待后诉解决。从"因存在抵销的担忧而提出部分请求"的原告之立场来看，该判例采用外侧说见解具有一定合理性。但是，此种见解与该判例所采理论的"仅将提起部分请求的部分债权作为诉讼标的"观点是否矛盾，还值得考虑。因为从该判例所采理论来看，法院应当是将提出部分请求的部分债权当作了诉讼标的，但是外侧说的见解是将全部债权作为对象来进行抵销计算的。

〔2〕 参见最判平成6年11月22日民集第48卷第7号第1355页。

出的部分请求系预测到可能出现的抵销抗辩而做出的。不过，原告提出的请求额相对于债权总额而言显然较少，应该是较保守的预测。

过失抵销情形的例子较多。例如，在日本福冈高判平成元年 3 月 15 日损害赔偿诉讼中，原告主张己方过失占 30%，故在债权总额 1 亿 8000 万日元中仅提出 1 亿日元的部分请求诉讼。[1]从比例来看，原告也应该是采取了保守态度。日本还有判例：原告基于过失抵销比例，在损害总额 7000 万日元中仅部分请求 5000 万日元。[2]原告基于过失抵销比例，在损害总额 1145 万日元中仅部分请求 800 万日元。[3]

五、特定费用项目限定型部分请求

特定费用项目限定型部分请求是指在因侵权行为而引起的损害赔偿诉讼中，原告仅限定以特定费用项目或限定以除特定费用项目之外的其他全部项目，提起部分请求诉讼。当然，该类型的损害赔偿请求权与费用项目的个数无关，请求权还是只有一个。[4]原告提起该类型部分请求诉讼的动机与其他类型有所不同。例如，因死伤事故而引起的诉讼，虽然损害赔偿请求权只有一个，但损害赔偿额却是分项目计算的。原告可能出于节约诉讼费用、律师费用、证据调查及举证活动费用等原因考虑，而选择较容易计算损害赔偿费用或收集证据的项目，先行

---

[1] 参见福冈高判平成元年 3 月 15 日判時第 1324 号第 49 頁。
[2] 参见大阪地判昭和 60 年 10 月 31 日交民第 18 卷第 5 号第 1403 頁。
[3] 参见最判昭和 48 年 4 月 5 日民集第 27 卷第 3 号第 419 頁。
[4] 该类型的判例和学说分别为，最判昭和 48 年 4 月 5 日民集第 27 卷第 3 号第 419 頁；[日] 吉村德重：「損害賠償請求訴訟の訴訟物」，小山昇ほか編『演習民事訴訟法』，青林書院 1987 年版，第 260 頁以下。

提出部分请求[1]。

该类型的典型判例是日本金泽地方法院的判例，原告因被告汽车制造公司的汽车制动系统缺陷发生交通事故，故提起损害赔偿诉讼。原告的诉讼请求仅限定于逸失利益及抚慰金两项，法院认定这是明示限定特定费用项目的部分请求。后来，原告又以损害赔偿的其他项目再次起诉，因此，可以认为原告是以较容易收集证据和计算损害赔偿额的项目先行提起部分请求的前诉的。[2]另外，日本东京高等法院也有类似判例。[3]

六、主观遗漏型部分请求

主观遗漏型部分请求的原因主要为，原告的疏忽或者确实不熟悉相关法律，主观上遗漏部分诉讼请求，而在第一次诉讼时未能提起全部诉讼请求，导致必须提起后诉请求剩余部分方能完全实现权利。此种情况在司法实践中实际上是较为常见的。当然，从立法层面上来看，依据2012年修改的《民事诉讼法》第170条第1款第4项，[4]第200条第11项[5]的规定，只有当法院遗漏诉讼请求时，当事人才可能获得重审或再审的救济机会，对于当事人主观遗漏型部分请求，立法上并无救济措施。

---

[1] 我国最高人民法院2003年的《关于审理人身损害赔偿案件适用法律若干问题的解释》第19条第2款规定："医疗费的赔偿数额，按照一审法庭辩论终结前实际发生的数额确定。器官功能恢复训练所必要的康复费、适当的整容费以及其他后续治疗费，赔偿权利人可以待实际发生后另行起诉。但根据医疗证明或者鉴定结论确定必然发生的费用，可以与已经发生的医疗费一并予以赔偿。"该司法解释属于对特定费用项目限定型部分请求的解释。

[2] 参见金沢地判昭和51年7月16日交民第9卷第4号第1003页。

[3] 参见東京高判昭和57年6月29日判夕第477号第104页。

[4] 该项规定："原判决遗漏当事人或者违法缺席判决等严重违反法定程序的，裁定撤销原判决，发回原审人民法院重审。"

[5] 该项规定，原判决、裁定遗漏或者超出诉讼请求的，人民法院应当再审。

在实践层面，各地法院对当事人主观遗漏型部分请求采取的做法不一，一般按一事不再理处理，即不允许再次提出上一次诉讼中由于主观疏忽或不熟悉相关法律而遗漏的诉讼请求。但是，也有法院对此采取较宽容的态度，允许当事人再次提起上一次诉讼中主观遗漏的诉讼请求或发回重审。例如，曾经有这样的一个桥段：四川省资阳市的任万祥律师曾在其博文中讲述过一个其经办的原告遗漏被抚养人生活费的"成功案例"，并在"办案感言"中总结道："……放弃可能使赔偿落空，诉讼就是要有坚持不懈的毅力。"任万祥律师把救济原告主观遗漏诉讼请求的成功归结为其"坚持不懈的毅力"，这看似质朴可爱的语言中也折射出现实里的些许无奈。不过，任律师的另一句"办案感言"——"当事人找错律师，会走很多冤枉路，甚至会造成不可挽回的损失"[1]，又在质朴中透射出一丝狡黠。

浙江省杭州市的一个判例支持这种主观遗漏型的部分请求，其判决内容主要为：原告诉称，2008年4月12日11时20分左右，第一被告驾驶第二被告所有的大货车不慎与骑自行车的原告相碰，造成原告受伤的交通事故。本案虽已经法院处理，原告也得到了98 167.90元的赔偿。但根据最高人民法院《关于审理人身损害赔偿案件适用法律若干问题的解释》的规定，原告还应得到9175.65元的抚养费赔偿，因此再次起诉请求这部分在前诉中遗漏的赔偿……被告保险公司辩称，对案件事实无异议。但被扶养人生活费属于预期损失，根据侵权责任法已包含在残疾赔偿金中；且本案与前案虽系不同赔偿项目，但为同一事实、同一当事人、同一案由、同一标的，根据民事诉讼"一事不再理"的原则，原告不得就本案事故再次提起诉讼，应驳回原告的起诉。

---

[1] 参见任万祥律师的博客：http://blog.sina.com.cn/s/blog_68407cde0100lls3.html，最后访问日期：2019年11月12日。

原判决确认医疗费 2106.90 元、住院伙食补助费 1215 元、营养费 4000 元，合计 7321.90 元；……已经赔付完毕。请求驳回原告的诉讼请求……法院认为，原告的伤情应认定为对其劳动能力有一定影响，故其要求赔偿被扶养人生活费的请求，应予以支持。虽然本案与前案系同一事实、同一案由、同一当事人，但前案判决处理了原告的其他损失，并没有处理被扶养人生活费，故本案与前案属于不同赔偿项目和不同的诉讼标的。为公平保护原告和其女儿的合法权益，原告现在另案提起诉讼要求赔偿被扶养人生活费，可以得到支持。被告保险公司认为根据民事诉讼"一事不再理"的原则，原告不得就本案事故再次提起诉讼的观点，依据不足，本院无法予以采信。[1] 最后，法院不认为遗漏的剩余部分请求违背一事不再理原则，支持了原告诉求。

还有一个判例也属于主观遗漏型部分请求，但法院的态度却迥然不同。该判决的主要内容为：原告向法院提出诉讼请求，要求被告赔偿残疾赔偿金 8586.90 元，本案诉讼费用由原告自愿承担。事实和理由是：2014 年 8 月 28 日 18 时 05 分左右，被告驾驶轿车与原告驾驶的自行车右侧相撞，致原告受伤、两车损坏。该事故经交通警察认定，被告负事故的主要责任，原告负次要责任。事故发生后原告经认定为两处十级伤残，残疾赔偿金应为 56 670.90 元，因原告代理人业务水平低，仅主张 48 084 元，少主张 8586.90 元，法院充分尊重原告的处分权，支持 48 084 元主张。鉴于上述原因，原告再次起诉主张遗漏部分，要求被告支付遗漏部分残疾赔偿金。法院经审查认为，原告的委托诉讼代理人原系经原告授权参与诉讼，关于原告因交通事故受伤的残疾赔偿金，在原诉讼中主张 48 084 元不违反法律规

---

[1] 参见浙江省杭州市滨江区人民法院（2010）杭滨民初字第 848 号民事判决书。

定，法院予以支持，判令被告承担赔偿责任，后被告上诉对赔偿标准及误工费等存有异议要求改判，经二审生效判决维持了一审判决。原告因交通事故造成的残疾赔偿金的赔偿已经本院生效判决确定，当事人再次起诉违反了一事不再理原则，依法应驳回原告的起诉。[1]这样，法院采取部分请求否定说，否定了原告遗漏的剩余部分诉求。

七、客观不能型部分请求

客观不能型部分请求主要是指证明困难型部分请求，提起客观不能型部分请求的原因有二，一是损害确实难以在短时间内确定，二是损害赔偿数额大小难以在短时间内以证据证明。对于这两种原因，原告又因经济困难或时效即将超过等原因，确实需要提起诉讼以先行救济权利，如果不允许原告先行提出部分请求，则有左手赋予原告诉权，右手又将其夺回的"左手予右手夺"之嫌。第一种原因的主要情形有：后发后遗症、虽预料到将发生后遗症但起诉时无法确信、治疗周期可能超过一审期间等。第二种原因的主要情形有：由于欠缺市场性，以致难以掌握其交换价值之情形；多数纷争当事人介入事件，以致难以分别估算之情形。更具体定之，例如，某建筑物虽确因某次火灾而受有损害，但就因该建筑物本身年久失修所致折旧损害部分与因该次灾害而致毁损部分，无从予以明确识别区分之场合；因火灾或水灾所致家具日常用品受损害之情形；因企业经营者形象变化所致贩卖成交量低落而受损害之场合；装置整箱内各种价值不等药品确已受侵害，但甚难逐一予以估计为合

---

[1] 参见江苏省连云港市海州区人民法院（2016）苏 0706 民初字第 4418 号民事判决书。

算之场合。[1]此外，还应包括基于侵权行为产生的抚慰金赔偿请求或因幼儿死亡而产生的期待利益赔偿请求。[2]

八、恶意诉讼型部分请求

恶意诉讼型部分请求是指原告纯粹出于恶意，采用浪费其时间、精力等增加对方诉累的方式进行报复。部分请求否定论学者曾担忧，"债权人将1000万日元的债权分割1000万次（每次1日元）来分别提起诉讼"[3]。但是，恶意诉讼型部分请求在现实中很少或不存在，理由将在后文详细论述。

九、基于连带之债型部分请求

连带之债是多数主体之债的一种。连带债务的债权人请求权具有较高自由度，可向连带债务人中的一人或数人行使请求权，可向不同债务人同时或先后请求，可请求其全部或部分履行，[4]由此可见，债权人可自由决定向连带债务人中的何人请求履行何种程度的债务。有学者认为，根据连带之债的性质，其本身是允许当事人以分割债权的形式进行部分请求。连带之债的债务人中，可能有的履行能力较强，有的履行能力较弱，应当允许债权人根据实际情况，选择债务人提出部分请求。[5]不过，连带之债的部分请求较之普通部分请求更为复杂，比如，

---

[1] 参见邱联恭：《程序利益保护论》，三民书局2005年版，第38页。

[2] 参见［日］山本克己：「自由心証主義と損害額の認定」，竹下守夫编『講座新民事訴訟法Ⅱ』，弘文堂1999年版，第56页。

[3] ［日］高桥宏志：《民事诉讼法制度与理论的深层分析》，林剑锋译，法律出版社2003年版，第86页。

[4] 参见魏振瀛主编：《民法》（第3版），北京大学出版社2007年版，第328页。

[5] 参见蒲菊花："部分请求理论的理性分析"，载《现代法学》2005年第1期。

可能会产生判决的反射效力问题。[1]

十、附有部分担保债权型部分请求

若一个债权的一部分附有担保,由于该部分债权可以通过实现担保权而得到保护,所以有观点认为应该允许债权人只对没有担保的部分债权提出部分请求。[2]需要指出的是,严格意义的部分请求是发生在两次或两次以上的诉讼之中,对附有部分担保的债权的请求是否属于部分请求,应分情况讨论。在该担保为人的担保,且双方明确约定该担保仅针对部分特定债权而设的情况下,债权人通过前诉实现部分担保权,再行提起后诉请求无担保权的部分债权,此种情况属于部分请求并无不妥。但若该担保为物的担保,随着2012年《民事诉讼法》的修订,笔者认为,对于无担保的部分债权提出的请求是否属于部分请求应分情况对待。第一种情况是,双方明确约定该担保仅针对部分特定债权而设,依据2012年修订的《民事诉讼法》第196条、第197条规定的"实现担保物权"的特别程序,债权人可申请法院对担保财产进行拍卖、变卖;如果所得价款不足以清偿全部债务的,债权人可以通过诉讼程序对剩余部分债权提起

---

[1] 判决的反射效力是指判决对与当事人具有特殊关系(从属关系或依存关系)的第三人产生的有利或不利的效果。例如,在连带保证中,债权人仅对保证人提起部分请求,如保证人获得胜诉判决,则被保证人也可对债权人援用该胜诉结果。参见 [日] 木川统一郎:「判決の第三者に及ぼす影響——主として反射効の理論(三·完)」,『法学新報』68 (3),1961年,第170~172頁。虽然在大陆法系德日等国民事诉讼法学者间,对这种判决对第三人的影响效果究竟是既判力扩张还是反射效力存在相当争议。但对判决的这种对与当事人具有实体法上特殊关系的第三人影响效果没有争议。参见 [日] 吉村德重: 「既判力拡張における依存関係(一)」,『法政研究』26 (4),1960年,第356頁。

[2] 参见蒲菊花:"部分请求理论的理性分析",载《现代法学》2005年第1期。

诉讼。第二种情况是，债权人通过"实现担保物权"程序完全实现附有担保权的部分债权，之后，又提起诉讼请求无担保权的剩余部分债权。但此两种情况对剩余部分债权提起的请求不能认定为部分请求，因为债权人对已通过拍卖或变卖实现的部分债权所采取的救济手段为非诉程序，不产生既判力等效力，前面的非诉程序和后面的诉讼并非为部分请求所指的前诉与后诉。第三种情况是，债权人通过"实现担保物权"的特别程序申请实现部分担保物权被裁定驳回。此时，提起前诉请求有担保物权的部分债权，嗣后，再提起后诉请求无担保权的剩余部分债权，此种情况才属于部分请求。

十一、规避级别管辖型部分请求

有的当事人利用部分请求这一起诉方式来实现规避管辖的目的，这种方法主要是将诉讼标的化整为零，将本应该一案处理的案件拆分为几个案件以减少诉讼标的数额，从而规避管辖。例如，下面这个判例就涉及原告拆分诉讼标的额实现规避管辖目的的问题，但如果原告不提起后诉请求剩余部分债权的话，这种拆分诉讼标的额的部分请求方式也是被法院认可的。

该案裁定的主要内容为："上诉人杭州海淇钢业有限公司（以下简称海淇公司）因与被上诉人江苏杭德钢铁贸易有限公司（以下简称杭德公司）、原审被告朱文财、杭州邯宝钢铁有限公司（以下简称邯宝公司）与公司有关的纠纷管辖权异议一案，不服江苏省苏州市中级人民法院（2014）苏中商辖初字第00038号民事裁定，向本院提起上诉。本院于2015年3月24日立案受理，并依法组成合议庭对本案进行了审理，现已审理终结。杭德公司原审诉称，2013年3月29日，杭德公司与海淇公司、朱文财、邯宝公司签订编号为HD130328的协议书一份，约定海淇公司、朱文财承担因朱青华造成杭德公司的损失 1.1 亿元，在协议签订当天支付 1000 万元，2014 年 2 月 28 日前支付 1000 万元，余款 9000 万元分四期在 2018 年 4 月 30 日前付清。海淇公司、朱文财在支付 1000 万元、协议生效后，经杭德公司多次追索协议约定的第一期第二次 1000 万元，海淇公司、朱文财均拒绝偿付该期款项，并对以后四期表示无力偿还。为保证该协议的履行，2014 年 4 月 8 日，杭德公司与朱文财、邯宝公司签订股权质押合同一份，朱文财、邯宝公司将其持有的海淇公司 100% 股权质押给杭德公司。现海淇公司、朱文财拒不支付当期款项，表明其不准备再继续履行协议全部款项，已构成逾期违约，杭德公司放弃部分债权，就其余 9999 万元款项主张权利符合法律规定，故请求判令：一、海淇公司、朱文财连带偿付杭德公司损失款项 9999 万元；二、确认杭德公司与朱文财、邯宝公司签订的股权质押合同有效，杭德公司对朱文财、邯宝公司持有的海淇公司股权拍卖、变卖或折价款项享有优先受偿权等。海淇公司在原审中对本案管辖权提出异议称，海淇公司认为本案的诉讼标的依据协议约定应当为 1 亿元，根据江苏省法院级别管辖的相关规定，诉讼标的 1 亿元以上的案件，应当由江苏省高级人民法院审理。本案杭德公司非正常故意减少诉讼标的，致使本案由江苏省苏州市中级人民法院管辖，人为规避级别管辖的行为，实属违法。故请求依法将本案移送江苏省高级人民法院审理。原审法院审查查明：2013 年 3 月 29 日，杭德公司与朱文财、海淇公司、邯宝公司签订《协议书》一份，约定海淇公司、朱文财承担因朱青华（系朱文财之子）造成杭德公司的损失 1.1 亿元，在协议签订当天支付 1000 万元，2014 年 2 月 28 日前支付 1000 万元，余款 9000 万元分四期在 2018 年 4 月 30 日前付清。海淇公司、朱文财在支付 1000 万元协议生效后，未支付协议约定的第一期第二次 1000 万元,并表示对以后四期无力偿还。为保证该协议的履行,2013 年 4 月 8 日,杭德公司与朱文财、邯宝公司签订《股权质押合同》一份,约定朱文财、邯宝公司将其持有的海淇公司 100%股权质押给杭德公司。现杭德公司放弃部分债权,就其余 9999 万元款项主张权利。另查明:杭德公司与朱文财、海淇公司、邯宝公司签订的《协议书》第 12.1 条约定:因履行本协议发生的争议,由争议双方协商解决,协商不成的,双方同意提交签订地人民法院审理裁决。该协议书注明:本协议于 2013 年 3 月 29 日于江苏省张家港市签订。原审法院审查认为:《中华人民共和国民事诉讼法》第三十四条规定:合同或者其他财产权益纠纷的当事人可以书面协议选择被告住所地、合同履行地、合同签订地、原告住所地、标的物所在地等与争议有实际联系的地点的人民法院管辖,但不得违反本法对级别管辖和专属管辖的规定。《江苏省高级人民法院关于调整省高级人民法院及各市中级人民法院第一审民商事案件级别管辖标准的通知》第二条规定:苏州市中级人民法院受理第一审民商事诉讼标的额为 3000 万元以上,以及诉讼标的额在 1000 万元以上且当事人一方住所地不在本辖区或者涉外、涉港澳台的第一审民商事案件。本案中,当事人约定,因履行协议发生争议,提交签订地人民法院审理裁决。该约定系双方当事人真实意思的表示,不违反有关法律规定,合法有效。协议签订地在张家港市,属原审法院辖区,现杭德公司放弃部分债权,就 9999 万元款项主张权利,系其对自己民事权利的处分,不违反法律规定,应予准许。原审法院对本案依法具有管辖权。海淇公司的管辖异议不能成立,不应予以支持。依照《中华人民共和国民事诉讼法》第一百二十七条第一款、第一百五十四条第一款第(二)项、第三十四条之规定,该院裁定:驳回海淇公司对本案管辖权提出的异议。管辖异议案件受理费 80 元,由海淇公司负担。海淇公司不服原审裁定,向本院提起上诉称:依据杭德公司提供的证据和诉称,本案诉讼标的应当为 1 亿元以上,杭德公司为了规避级别管辖,将诉讼标的定位于 9999 万元,实以合法形式掩盖其非法目的。综上,请求撤销原审裁定,将本案移送江苏省高级人民法院审理。本院对原审法院查明的事实予以确认。本院认为:《中华人民共和国民事诉讼法》第十三条第二款规定:'当事人有权在法律规定的范围内处分自己的民事权利和诉讼权利。'本案中,杭德公司放弃部分债权,就 9999 万元款项主张权利,系其对自己民事权利的处分,不违反法律规定,应予准许。"[1]

---

[1] 江苏省高级人民法院(2015)苏商辖终字第 00068 号民事裁定书。

第二章 部分请求的论争

虽说部分请求这一起诉方式发端于德国判例，但日本和我国台湾地区学者围绕部分请求问题而展开的讨论可以说呈现出"百花齐放"的景象，[1]日本对部分请求理论与实践的研究之广度和精度不逊于德国，甚至犹有过之，而我国台湾地区关于部分请求的学说理论深受日本影响。因此，本部分将以日本的研究脉络为基础，综合德国、我国台湾地区对该问题的理论与实践，梳理部分请求的学术论争。需要事先说明的是，其他国家和地区学者对部分请求学说论争的界限划定标准似乎不是非常明确。有学者将折衷说（附有限制条件的肯定论）归类于否定说的立场，为清晰对学说论争的评论思路，本书拟严格区分部分请求各学说的名称，亦即，部分请求肯定说就是指全面肯定，部分请求否定说就是指全面否定，而将学者们对肯定说或否定说的修正都划入部分请求折衷说。

---

[1] 参见林剑锋：《民事判决既判力客观范围研究》，厦门大学出版社2006年版，第200页。

第二章　部分请求的论争

第一节　部分请求肯定说

部分请求肯定说在日本又称为部分请求全面肯定说，[1]该说认为，不论原告的部分请求是否明示，一律予以承认，将提起部分请求的债权视为经分割的债权的一部分，诉讼标的也随之而分割。换言之，该说将同一债权中提起部分请求的部分与剩余部分看作是基于完全不同请求原因的两个债权，分别构成不同的诉讼标的。部分请求诉讼的诉讼标的及既判力仅限于该部分系当然之前提，部分请求与明示与否无关，在后诉应当承认剩余部分请求。该说认为，否定剩余部分请求的见解违背既判力仅包含于判决主文的原则，承认既判力也存在于判决理由中的观点犯有重大错误。该说从实体法认可权利分割行使、部分请求符合处分权主义（《日本民事诉讼法》第264条）[2]、判决理由不产生既判力（《日本民事诉讼法》第114条第1款）[3]等论据着手，论证了试验诉讼的必要性。批判部分请求全面肯定说的学者认为，若允许提起部分请求，并且承认剩余部分请求的话，相当于认可将纠纷分段起诉，这将显著危害纠纷解决的效率性；而且，每次诉讼都审理债权是否成立，将构

---

[1] 参见［日］木川统一郎：『民事訴訟法重要問題講義』，成文堂1992年版，第306頁。［日］伊東乾：「一部請求」，《民事訴訟法研究》，酒井書店1968年版，第521頁。

[2]《日本民事诉讼法》第264条规定："法院不得判决当事人申请范围之外的事项。"该条日文原文为："裁判所は、当事者が申し立てていない事項について、判決をすることができない。"

[3]《日本民事诉讼法》第114条（既判力的范围）第1款规定："确定判决的既判力限于判决主文。"

成重复审理；也会给被告增添应诉之累。[1]对此，部分请求肯定论认为，纠纷解决的效率性及被告的应诉负担应该放在既判力制度中考虑，这应当是既判力制度的问题。

我国司法实践中，有很多判例采用部分请求肯定说。例如，湖北省高级人民法院的一个判例不仅采用了肯定说，而且还采用的是默示的部分请求肯定说。其判决主要内容为：一审法院认为，因湖北省武汉市江岸区人民法院于2004年3月25日作出的（2004）岸经初字第477号民事判决书，以及湖北省武汉市中级人民法院于2014年5月20日作出的（2004）武民商终字第00273号民事判决书业已发生法律效力，故基于两审法院对涉案编号交银2000年贷字1310004号《交通银行借款合同》、编号991110050《贷款总保证书》及编号交武疑第66号《债权转让协议》的有效认定，中南公司未依约向交行武汉分行偿还借款本息，其行为已构成违约，应承担偿还借款本息及逾期付款的民事责任。……至于有色集团认为本案有违"一事不再理"诉讼原则的答辩观点，因原债权人交行武汉分行及债权受让人信达湖北分公司均未表示自愿放弃对（2004）岸经初字第477号案件及（2004）武民商终字第00273号案件所确定债权之外涉案剩余债权的主张，且信达湖北分公司主张债务人中南公司与保证人有色集团应连带承担偿还借款本金及相应利息的法律责任，在扣除终审判决所确定该两公司就本案借款所涉1000元利息的法律责任后，并未产生相同债权重复审判的法律后果，没有违反"一事不再理"的诉讼原则。有色集团的该项观点，一审法院不予支持。对于有色集团认为本案送达程序错误的观点，因其庭审承认作为原中南公司的上级主管部门，现已无法

---

[1] 参见［日］中野貞一郎：「一部請求論について」，『民事手続の現在問題』，判例タイムズ社，第93頁。

联系到该公司，也不知晓该公司目前的办公位置。一审法院在竭尽所有送达手段后，采用公告方式进行送达的行为，并无不当。一审法院对其该项观点亦不予支持。二审法院认为……湖北省武汉市中级人民法院作出（2004）武民商终字第00273号民事判决后，当事人既未提出申请再审，检察机关亦未提起抗诉，故该判决已经发生法律效力，可以作为认定本案事实的依据。有色集团主张该判决认定事实错误，不能作为本案判决依据的上诉理由不能成立。该判决认定，有色集团与交行武汉分行签订的《贷款总保证书》约定保证人承担保证责任直到主债务本息还清时止，视为约定不明，其保证期间应自主债务履行期届满之日起两年，即自2000年7月13日至2002年7月14日止。在2000年12月至2002年4月期间，交行武汉分行两次以特快专递形式向中南公司和有色集团发出催收通知，有色集团也于2001年1月4日和2002年5月2日在邮局回执上写明传达室章签收，交行武汉分行的该催收行为发生法律效力，有色集团应对中南公司的借款债务承担保证责任。关于法律适用问题，本案系平等民事主体之间的商事行为，并非企业划转产生的债务，属我国民法所调整的范围，因而不适用最高人民法院《关于因政府调整划转企业国有资产引起的纠纷是否受理的批复》的规定。且依国务院（2007）号文件精神，下放企业与有关部门和银行重新签订借款合同及担保合同是实现担保责任解除的前提，而有色集团并未与任何相关部门重新签订借款合同及担保合同，故不能据此免除其担保责任。至于有色集团认为本案有违"一事不再理"诉讼原则以及信达湖北分公司滥用诉权拆分起诉的问题，因原债权人交行武汉分行及债权受让人信达湖北分公司均未表示自愿放弃对（2004）岸经初字第477号案件及（2004）武民商终字第00273号案件所确定债权之外涉案剩余债权的主张,且(2004)武民商终字第00273号民事判决已经判决中南公司与有色集团向信达湖北分公司偿还借款利息1000元,信达湖北分公司在本案中的诉求并不包括上述1000元的借款利息,故本案不属于重复起诉,而系信达湖北分公司合法行使诉权。[1]

安徽省芜湖市中级人民法院曾经审理的一个上诉案件也采用了部分请求肯定说,该判例要旨为:"一审法院经审理查明:2012年3月26日,汤善衡(甲方)与杨建安(乙方)及汤善余(担保方)签订了《矿山合作开采协议》一份,该协议主要约定:1.甲方承诺对合作开采的矿山享有绝对的、合法的矿产权、采矿权及相关物权,并未就该矿山相关权利设立任何抵押、质押、担保,亦未出租给任何第三方,否则,甲方愿意承担由此引发的全部后果;2.甲方提供上述矿山资源作为与乙方进行合作开采开发矿山的开采项目,本项目合作期限暂定为2年8个月,自2012年3月26日至2014年10月25日(以煤层挖至极限为准);3.因原始合同由甲方与新疆阜康天龙矿业有限公司签订,为保证乙方投入资金安全,担保人汤善余为甲方的履约责任及本合同项下甲方承担的所有责任承担连带保证责任;4.乙方为投入资金参股,一次性投入资金为人民币300万元,且甲方承诺三个月内返回乙方投入的本金,在生产开支中先扣除返还此款(不影响合作期限内乙方应得的利润分配);5.合作开发期限内,双方在矿山开采过程中,应当确保进出矿山机械设备,运输车辆所需道路畅通无阻,如有矿山土地权属与邻近他人矿山边界之间的争议事项发生,甲方应当积极出面协调解决,乙方予以配合,并积极协助甲方看管矿山不被他人盗挖、

---

[1] 参见湖北省高级人民法院(2016)鄂民终927号民事判决书。

盗采；6. 上述合作开发矿山项目中，利润按月分配，在每月的纯利润分配时，乙方占总利润10%，甲方承诺每月乙方保底利润30万元，乙方应分利润超出保底利润时按实支付，每月利润按纯利润分配时，即除去开采成本（挖机费用、工人工资、车辆运输费用，乙方投资款的回收等）后的纯利润分配。甲方、乙方及担保方等三方签订该合作协议的次日，即2012年3月27日杨建安分两次将300万元汇入甲方即汤善衡账户。此后汤善衡及与汤善衡合作的矿业公司陆续付给杨建安利润分红155万元，对此杨建安也予以认可。但汤善衡未按双方签订的协议继续履行义务，而汤善余为连带责任保证人，也未履行保证责任。故杨建安于2014年5月6日向芜湖市弋江区人民法院提起诉讼，要求汤善余归还杨建安本金290万元。该案经审理后，形成（2014）弋民二初字第00186号民事判决书，判决汤善余给付杨建安本金290万元，对此判决汤善余向芜湖市中级人民法院提起上诉，后又撤回上诉……"

"一审法院认为：杨建安与汤善衡及汤善余签订《矿山合作开采协议》一份，由杨建安投入资金300万元，所约定开采的矿山其实系汤善衡与其他矿业公司合作开发的，杨建安只是有一些协助和配合的义务，不实际参与经营管理。另从协议内容上看，该协议中约定了杨建安投资保底条款，不符合投资具有风险性的本质特征，杨建安只收取固定回报，故其与汤善衡之间的关系名为投资合作，实为借贷。汤善余自愿为汤善衡在本协议中的所有责任承担连带保证责任，不违反法律规定。故杨建安要求汤善余承担连带还款保证责任，一审法院予以支持。汤善余辩称其作为保证人与杨建安并未约定保证期限，故杨建安应自'三个月内返还本金'之日起六个月内要求保证人承担保证责任，但杨建安未在上述期限内要求被告承担保证责任，已过保证期限，因此被告保证责任应当免除。对此，一审法院认为，本案中各方当事人在协议中约定的三个月返还杨建安投入的本金，首先其意思表达不明，其次该'三个月'亦并非主债权债务关系当事人所谓'合作'的全部期间，因而本案的主债务履行期满之日应为双方的'合作'期满之日即2014年10月25日。连带责任保证的保证人与债权人未约定保证期间的，债权人有权自主债务履行期间之日起6个月内要求保证人承担保证责任，而另依据相关司法解释，对于约定不明的保证期限，保证期间为主债务履行期届满之日起2年。据此，杨建安于本案起诉时尚在该期限之内。现杨建安要求被告承担责任也未违反法律规定。汤善余又辩称，汤善衡及与汤善衡合作的矿业公司已陆续付给原告利润分红155万元，对此杨建安也予以认可。对照《矿山合作开采协议》，一审法院认为，协议当事人关于每月杨建安保底利润30万元的约定无效，但若按同期银行贷款利率四倍计算原告借款利息则应属合理范围，大约为月利率2%，对此予以确认。依此，1. 以300万元为基数，从2012年3月27日杨建安实际借出款项之日计算至杨建安第一次向法院诉请之日（2014年5月6日）的利息额为154万元；2. 以290万元为基数，从2014年5月7日计算至被告向芜湖市中级人民法院撤回上诉裁定之日（2015年4月16日）的利息额687 699元，上述利息合计为2 227 699元，扣除被告已付利息155万元，被告还应给付杨建安利息677 699元，对此予以确认。至于杨建安在（2014）弋民二初字第00186号自愿放弃10万元本金的诉求，系其自由选择权，现杨建安将此前未诉的10万元，又行诉讼，其并不违反法律规定，故对此诉求予以支持。依照《中华人民共和国担保法》第二十一条、第二十六第一款，《最高人民法院关于适用〈中华人民共和国担保法〉若干问题的解释》第三十二条第二款之规定，判决：一、汤善余应于判决生效之日起十日内给付杨建安777 699元；二、驳回杨建安的其他诉讼请求。一审案件受理费减半收取11 560元，由杨建安负担8350元、由汤善余负担3210元。"

"汤善余上诉称：1. 杨建安以同一事实、同一理由、同一法律关系起诉，一审法院已经作出（2014）弋民二初字第00186号民事判决。在上述案件中，杨建安已经明确表示放弃300万元债权中的10万元债权，且不主张利息，因此其提起本案诉讼，属重复起诉，违反一事不再理的原则。2. 双方在合作协议中关于借贷利息未作约定，一审法院按照银行同期贷款利息的4倍计息违反法律规定。且一审判决在上一案件中，已经判令汤善余自2015年2月12日起'加倍支付迟延履行期间的债务利息'，本案再重复判令汤善余自2014年5月7日至2015年4月16日支付利息不当。3. 本案主债务人的还款期限至2012年6月26日届满，汤善余虽在合作协议担保方项下签名，但双方未约定保证期限，依据担保法第26条的规定，保证期限为主债务期限届满后6个月，即杨建安应于2012年12月26日前起诉。现杨建安于2015年6月3日提起诉讼，已经超过保证期限。请求撤销一审判决，依法改判。"

"杨建安答辩称：在（2014）弋民二初字第00186号民事案件中，其对10万元债权未主张，现在要求汤善余归还，不存在重复诉讼的问题。汤善余的保证期限为两年，并非6个月，其提起本案诉讼未超过诉讼时效，因此一审判决正确。请求驳回上诉，维持原判。"

"二审另查明：1. 2014年5月6日，杨建安向芜湖市弋江区人民法院提起诉讼，请求判令保证人汤善余支付其本金290万元。2015年1月27日，该院作出（2014）弋民二初字第

00186号民事判决，判令汤善余支付杨建安290万元。该院在上述民事判决中认定：案涉《矿山合作开采协议》名为投资合作协议，实为借贷协议，协议当事人关于杨建安每月保底利润30万元的约定无效，但若按同期银行贷款利率4倍计算杨建安的借款利息应属合理范围。汤善余不服上述判决，向本院提起上诉，后汤善余申请撤回上诉。本院于2015年4月16日作出（2015）芜中民二终字第00157号民事裁定，准许汤善余撤回上诉。现（2014）弋民二初字第00186号民事判决已生效。"

"2. 杨建安于2015年7月6日提起本案诉讼。"

"二审审理查明的其它事实与一审判决认定的事实一致。"

"本院认为：（一）杨建安提起本次诉讼是否违反一事不再理原则。所谓'一事不再理'原则，包含两层含义，一是当事人不得就已经向法院起诉的案件重新起诉；二是一案在判决生效之后，产生既判力，当事人不得就双方争议的法律关系再行起诉。杨建安享有对债权本金300万元及利息的归还请求权，其于2014年5月6日第一次提起诉讼时，仅主张债权本金290万元，其对利息及其中10万元债权本金未予主张，系当事人自主选择对债权总额中部分请求权予以保留，属暂时不予主张，并非放弃该部分保留债权的请求权，故杨建安提起本次诉讼，对利息及10万元债权本金予以主张，不属于'一事不再理'范畴。（二）关于利息，因双方签订的案涉协议，名为投资合作协议，实为借贷协议，汤善余应当向杨建安支付利息。但因双方约定'杨建安每月保底利润30万元'标准过高，不符合法律规定的利息标准，故一审法院确定汤善余按照同期银行贷款利率4倍的标准向杨建安支付利息并无不当。至于（2014）弋民二初字第00186号生效民事判决中载明：'如未按本判决指定的期间履行给付金钱义务，应当依照《中华人民共和国民事诉讼法》

第二百五十三条之规定,加倍支付迟延履行期间的债务利息',系对被执行人不履行人民法院生效判决的执行措施,与汤善余在本案中应当支付利息依据不同。如汤善余自觉履行上述生效民事判决,其无须支付迟延履行期间的债务利息,故'加倍支付迟延履行期间的债务利息'与本案汤善余应支付利息不属重复判决。(三)本案债务履行期限约定不明,故以案涉协议约定的合作期满之日后的3个月即2015年1月25日作为债务履行期满之日,符合双方约定。杨建安2015年7月6日提起本案诉讼未超过保证合同期间,故汤善余上诉认为本案已超过保证期间,其不应承担责任的理由不能成立,本院采纳。"[1]

我国台湾地区部分请求肯定说承认部分请求,其理论基础为强调重视民事诉讼法上的处分权主义。私法自治原则下,债权人于诉讼外自由分割行使债权是其权利,处分权主义是在诉讼上尊重当事人自治的体现。[2]故而,为保护原告利益,承认债权在诉讼上的分割行使并无障碍。如若不然,强制原告在诉讼胜负未知之际提起全部债权请求,则诉讼费用(包括律师费用等)势必耗资不菲。对于请求损害赔偿诉讼而言,因其具有原告难以预测法院判决最终确定数额的特点,更有必要承认部分请求方式。若不允许原告分割债权提起部分请求,则易使原告觉得诉讼费用负担过重且诉讼胜负难卜,而踌躇不决不敢提起诉讼。如此,将使原告权利难以得到充分保护,有悖于民事诉讼设置目的。况且,我国台湾地区"民事诉讼法"第400条第2项也规定判决既判力仅及于被分割之债权(既判力的客观范围仅限于判决主文。在诉讼上主张的抵销,既判力范围也以

---

〔1〕 安徽省芜湖市中级人民法院(2016)皖02民终24号民事判决书。
〔2〕 参见骆永家:"辩论主义与处分权主义",载《台湾大学法学论丛》1972年第1卷第2期。

抵销额范围为限)。[1]相对于部分请求否定说的理由——如果认可部分请求，将会使被告承受不胜应诉之烦，对被告而言未免过苛，比如，原告既可将10万元债权以每次1万元分为10次起诉，也可以每次1千元分为100次起诉，法院的审理之累也将随之加重。民事诉讼制度如果允许原告恣意利用，则不利于该制度运行目的的实现。相对于此，部分请求肯定说批判道：对于被告应诉之烦，被告可以在诉讼中提起剩余部分不存在的消极确认之反诉来避免。再则，如果原告滥用部分请求，法院可以诉权滥用为由驳回之。

我国台湾地区的民事司法实践中，有判例对部分请求持全面肯定态度，即使在前诉中原告未明示保留剩余部分请求权，也被法院所认可。其判决要义为："……被上诉人则以：上诉人于前案起诉时，已表明其请求范围为一千万元，未作任何保留，足见其非一部请求。上诉人于前案判决确定后，重行提起本件诉讼，为不合法。况前案判决并未认定系争机器之价值为一千八百万零七百三十三元，上诉人请求给付余额，亦属无据等语置辩。原审废弃第一审所为上诉人胜诉部分之判决（被上诉人应给付上诉人二百九十三万三千零十八元本息），改判驳回上诉人该部分之诉，并驳回其对第一审判决之上诉（请求被上诉人再给付五百零六万七千七百十五元本息），系以：上诉人于前案向台湾台北地方法院（下称台北地院）起诉请求大一统公司与被上诉人赔偿损害。其先位声明为：被上诉人（被告）应给付大一统公司一千万元本息，由上诉人（原告）代为受领；预备声明为：被上诉人（被告）应给付上诉人（原告）一千万元本息。其事实部分之陈述，与本件诉讼完全相同。至于理由部分，

---

[1] 我国台湾地区"民事诉讼法"第400条第2项规定："主张抵销之对待请求，其成立与否经裁判者，以主张抵销之额为限，有既判力。"

第二章 部分请求的论争

先位之诉系主张基于上诉人与大一统公司间之信托关系,代位大一统公司向被上诉人主张损害赔偿请求权;备位之诉则本于债权让与关系,向被上诉人主张损害赔偿请求权,并陈明请求金额为:'……查该项机器原来成本即达二千六百余万元,运抵加国后在当地价值更不止此,……原告(上诉人)仅减按其在加国拍卖价金一千万元而为请求,可谓已极尽克己之能事'。嗣经台北地院为上诉人败诉之判决(包括先、备位之诉,原判决漏未记载备位之诉部分),上诉人最后仅就备位声明中之一百万元本息部分上诉,经原审法院判决上诉人胜诉确定之事实,有双方所不争执之历审裁判[台北地院 1995 年度重诉字第一四四〇号、原法院 1996 年度上字第七九九号、1997 年度上更(一)字第四八九号、1999 年度上更(二)字第六二号、本院 1998 年度台上字第三〇六三号、2001 年度台上字第一一四八号]可稽。上诉人虽主张:其于前案并无抛弃其余请求权之意思。因无法确知系争机器之市场价值,仅以系争机器拍卖之价格为起诉金额,且于前案中曾主张系争机器乃重新组装,翻新之价格即高达二千八百万元,故前案法院实未对超过一千万元之余额为审理及判决云云。然上诉人于前案既已表明系争机器价值逾二千六百万元,但因'竭尽克己之能事',仅就其中一千万元为请求,经第一审法院判决全部败诉后,又仅就其中之一百万元提起上诉,并未于第二审法院再为追加或扩张诉之声明,足证上诉人已于前案表明抛弃其余请求权,未明示保留该部分请求权。不能认为其于前案仅为一部之请求,而应认系就全部债权为请求。故上诉人于本件请求被上诉人赔偿损害之诉讼标的,应为前案确定判决之既判力所及,其就之更行起诉,依'民事诉讼法'第四百条第一项、第二百四十九条第一项第七款规定,自非合法等词,为其判断之基础。……一部请求系指以在数量上为可分之金钱或其他代替物为给付目的之特定债权，债权人仅就其中一部为请求，但就其余部分不抛弃其权利者。实体法上，债权人既得自由行使一部债权；诉讼法上，即为可分之诉讼目标，其既判力之客观范围自应以债权人于其诉所声明者为限度。苟债权人确仅就债权之一部，诉请债务人给付，而未明确表示抛弃其余部分之债权，纵在该一部请求之诉讼中未声明保留其余部分之请求权，仍不因此使该未请求部分之债权归于消灭。……被上诉人则以：上诉人于前案起诉时，已表明其请求范围为一千万元，未作任何保留，足见其非一部请求。上诉人于前案判决确定后，重行提起本件诉讼，为不合法。况前案判决并未认定系争机器之价值为一千八百万零七百三十三元，上诉人请求给付余额，亦属无据等语置辩……准此，原审虽以上诉人前于另案台北地院1995年度重诉字第一一四〇号请求损害赔偿事件'起诉时'主张：'该项机器原来成本即达二千六百余万元，运抵加国后在当地价值更不止此，原告（上诉人）仅减按其在加国拍卖价金一千万元而为请求，可谓已极尽克己之能事等词为据，而认定上诉人已于前案表明抛弃其余请求权之事实。'惟上诉人主张其于前案审理中［原审法院1999年度上更（二）字第六二号］尚陈述：……由于系争两套机器被法院拍卖而化为乌有……所以上诉人明靛公司主张以系争两套机器换算债权总值加币（加拿大）一百四十万元为赔偿认定之方法，而要求'其中'之加币四十八万元……关于加国法院拍卖加币四十八万元约值新台币一千万元……等语（一审卷一三二至一三五页、原审卷第一宗九二页）如属不虚，似见上诉人于前案诉讼中所表明者系以加币一百四十万元作为赔偿认定之方法，而仅就其中之加币四十八万元即新台币一千万元要求被上诉人为给付（经受败诉之判决后，祇对其中之一百万元提起上诉），对于残余之请求并无明示抛弃之意思。果尔,衡之前述说明,能否仅以上诉人在前案'起诉时'之陈述,遽认其已'明示'抛弃其余请求权?倘上诉人并未'明示'抛弃其余请求权,得否以上诉人未'明示'保留其余请求权,即谓上诉人之其余请求权已当然归于消灭?非无疑义。原审未遑详加斟酌其他一切数据,探求上诉人(债权人)之真意,徒凭其于前案第一审起诉时所陈部分语意不明之辞句,及其于该审遭败诉之判决后,仅就其中之一百万元提起上诉,而疏未说明上诉人之上开攻击方法何以不采之理由,径为上诉人败诉之判决,自有判决理由不备及适用法规不当之违法。上诉意旨,指摘原判决不当,求予废弃,非无理由。"[1]

我国台湾地区还有与前述类似的判例,法院在判决中支持了原告默示保留剩余部分债权。其判决要旨为:"……原裁定及台湾台北地方法院 2011 年度第九号裁定,关于驳回再抗告人请求相对人给付新台币壹拾参万参仟参佰参拾参元本息之诉及该部分之抗告,暨各该诉讼费用部分均废弃,应由台湾台北地方法院更为裁判……关于废弃发回部分'即驳回再抗告人就驳回其请求相对人给付新台币(下同)十三万三千三百三十三元本息之请求及抗告部分':按前后两诉是否同一事件,应依当事人、诉讼目标法律关系及诉之声明等三要素判断之。又除别有规定外,确定之终局判决就经裁判之诉讼目标,有既判力,'民事诉讼法'第四百条第一项定有明文。而所谓一部请求,系指以在数量上为可分之金钱或其他代替物为给付目的之特定债权,债权人仅就其中之一部分为请求,但就其余部分不抛弃其权利者而言。于实体法上,债权人既得自由行使一部债权,在诉讼

---

[1] 我国台湾地区 2008 年度台上字第 1340 号民事判决书。

法上，即为可分之诉讼目标，其既判力之客观范围自应以债权人于其诉所声明者为限度。苟债权人前诉仅就债权之一部诉请债务人给付，而未明确表示抛弃其余部分债权之请求，纵在该一部请求之诉讼中未声明保留其余请求，该未请求部分仍非确定判决之既判力所及……其中第一次及第二次裁判系实体判决，就该二诉驳回再抗告人请求之一百七十五万六千七百九十二元部分，应发生实质确定力（既判力），超过之十三万三千三百三十三元本息部分，则非上开确定判决既判力之所及，再抗告人就此超过部分之起诉，并无'民事诉讼法'第四百条第一项、第二百四十九条第一项第七款规定之适用。至第三次裁判，系以裁定驳回再抗告人之请求，并不发生既判力。乃原法院及台北地院均以既无特定之标准可与为既判力所及之请求部分区分，致前案就何部分裁判不能明确，基于一部请求与全部请求不得割裂主张之法理为由，认定此超过部分亦为既判力所及，并据以裁定驳回再抗告人此部分之请求及抗告，显有适用上开规定错误之情事。再抗告论旨，指摘原裁定及台北地院裁定关此部分不当，求予废弃，非无理由。爰由本院将该部分之原裁定及台北地院裁定一并废弃，由台北地院更为适法之处理。"[1]

相对于日本和我国台湾地区，德国可谓部分请求研究和实践的鼻祖，但一向作风严谨的德国学者却对部分请求的态度最为宽松。德国的肯定说为其通说，该说认为不论前诉的部分请求是否明示，前诉判决既判力都不遮断同一债权剩余部分请求，换言之，承认默示的部分请求。但是，也有学说和判例否定前诉未明示的部分请求（亦即所谓默示的部分请求），认为此种情

---

[1] 我国台湾地区 2013 年度台抗字第 1097 号民事裁定书。

形的剩余部分请求被前诉判决既判力遮断,[1]当然,这种区分明示和默示的态度属于折衷说的范畴,本书将在后述详细展开。

第二节 部分请求否定说

一、我国实践中的部分请求否定说判例

虽然如前所述我国民事司法实践中出现了不少采取部分请求肯定说态度的判例,但也有相当数量的判例采用了部分请求否定说。判例如下。

判例一:在一起民事上诉案件中,原告起诉称,2011年12月6日,原告公司通过代理人与被告公司签订了一份货物运输合同,约定由原告公司派遣"668"轮为被告公司承运一批燃料油从浙江宁波镇海永发码头至山东莱州港。按合同约定,船舶滞期136小时,被告公司应支付该航次滞期费141 666.67元,但被告公司至今未付,故诉至法院,请求判令被告公司立即支付滞期费141 666.67元及该款自2011年12月26日起按中国人民银行同期贷款利率计算至判决生效之日止的利息,并由被告公司承担本案诉讼费用。被告公司答辩称,原告公司诉请的事项已经在另案中由浙江省高级人民法院调解解决,被告公司起诉违反一事不再理原则,应裁定驳回原告公司的起诉。原审法院审理查明,针对本案航次的货物运输,浙江省高级人民法院于2012年8月16日作出民事调解书,确认双方达成的由被告公司向原告公司支付运费30万元等内容的调解协议,并于同日作

---

[1] 参见[日]坂本惠三:「一部請求について—主としてドイツの判例・学説を手がかりとして」,『早稲田法学会誌』第31卷1980年,第164頁。陈荣宗:《民事程序法与诉讼标的理论》,台湾大学法律学系法学丛书编辑委员会1988年版,第318页。

出民事裁定书，准许被告公司撤回上诉。原审法院审理认为，原告公司在本案中的诉讼请求与其在前案中提出的诉讼请求均基于同一合同、同一事实，该公司早在前案调解时就已提及其对于滞期费的主张意向，双方当事人确认在两案的二审调解过程中同样提及滞期费问题，该两案对于滞期费虽未在正式法律文书上提及，但始终在当事人商定调解方案时涉及，故该院采信被告公司提出的最终调解方案已将滞期费因素考虑在内的意见，原告公司不应对已经调解生效的纠纷再提起诉讼，故依法驳回原告公司的起诉。原告公司不服一审裁定，向浙江省高级人民法院上诉称：①原审法院在前案中，原告公司仅要求被告公司支付运费、律师费及逾期利息，并未涉及滞期费。②本案与前案审理和调解过程中，原告公司均已明确向原审法院提出将针对滞期费另行提起诉讼。后调解不成，原审法院分别作出判决，判决书内容也未提及滞期费问题。③上述两案在审理和调解过程中，原告公司也明确向法院表示只针对运费进行调解，并明确提出将针对滞期费另行提起诉讼。综上，原告公司未与被告公司达成有关滞期费的调解，请求撤销原裁定，改判支持原告公司的一审诉讼请求。浙江省高级人民法院认为，根据双方当事人的上诉和答辩意见，本案审理的争议焦点为原告公司是否有权就涉案滞期费再行提起诉讼。本案原告公司就同一航次租船合同纠纷项下的运费和滞期费分别提起诉讼，实际是将诉讼标的拆分起诉。原告公司在前案即原审法院诉讼过程中，本可根据《民事诉讼法》的规定通过变更诉讼请求而行使其诉讼权利，但其因自身原因导致权利行使不足，应当自行负担法律后果。原告公司与被告公司存在对抗诉讼，双方已通过调解方式结案。现原告公司就同一案件事实，同一法律关系再次提出关于滞期费的请求，属"一事不再理"范畴，故原审法院裁定驳回其起诉并无不当。[1]最终,再审法院以起诉违反一事不再理而裁定驳回再审申请。

判例二:原审法院审查认为,本案中起诉人主张的关于支付占用码头费用、改装材料费用及相关水电费用等诉讼请求,应已作为船舶建造成本,计算在最终结算的船舶建造款之内。即便未曾结算,由于原告与被告之间的船舶建造合同纠纷经浙江省高级人民法院终审审结,已发生法律效力,根据一事不再理原则,原告对上述诉请已丧失诉权,对其起诉该院不予受理。综上,依照《民事诉讼法》第123条之规定,裁定对原告的起诉,该院不予受理。

原告上诉称:①本案符合起诉条件,不存在一案二诉的情形。前诉案件诉讼请求是结算范围内的船舶建造款,本案诉讼请求是基于合同外的改装而支出的相关费用及相关损失,是一个新的独立的诉讼请求。②上诉人认为有无经过高级人民法院终审审结与诉权丧失是两个不相关的法律概念。上诉人的诉求与前诉请求是基于两个事实,前诉的结算是基于2010年6月4日的《补充协议》及2011年3月24日的《交船协议》,该《交船协议》并未放弃另行改装费用的结算;本诉的结算是基于另行改装的事实及相关材料的支取单据及2010年12月15日和2011年1月7日签订的两份协议书,是新的独立事实,与前诉并未重叠交叉,故上诉人并未丧失诉权,原审裁定错误。经审理查明,原审起诉人原告以原审被起诉人为被告向宁波海事法院起诉称:2008年9月10日,原告、被告及案外人签订船舶建造合同,约定被告将三艘石油平台专用近海供应船发包给原告及案外人承建,造价每艘4368万元,双方还对被告自购设备

---

[1] 参见浙江省高级人民法院(2013)浙海终字第105号民事裁定书。

款、原告垫资款、交船期限、交船条件、违约责任等进行了约定。后因造船工期超出约定期间，原告、被告就造船事宜进行协商，双方于 2010 年 6 月 4 日签订补充协议，其间案外人于同年 5 月 7 日退股。2010 年 6 月 7 日，原告将第一艘船舶交付给被告。2010 年 11 月 22 日和 2011 年 1 月 24 日，另两艘船舶分别建成。在船舶建造过程中，被告要求原告对三艘船舶进行改装，为此原告于 2010 年 5 月起租用他人码头用于上述船舶改装，至 2011 年 1 月结束。同年 3 月 24 日，原告、被告达成交船协议，对被告已支付造价款、尚欠的造船垫资利息及交船后被告应付船款等事项予以确定，但双方对占用码头费用、改装材料费用及相关水电费用未进行结算，原告诉至法院。另查明，原告因本案船舶建造合同，曾于 2011 年 11 月 3 日诉至宁波海事法院，请求判令变更补充协议、要求被告支付船款 2475 万元、垫付款利息 264.2992 万元，返还扣留的质保金 60 万元并赔偿相应利息，该院于 2012 年 5 月 2 日作出民事判决书，判令被告向原告支付造船款 361.8 万元、垫资款利息 299.6807 万元、返还扣留的质保金 60 万元并赔偿相应逾期利息，驳回原告的其他诉讼请求。上述案件判决后，双方均提起上诉。高级人民法院于 2012 年 10 月 24 日作出民事判决书，判决驳回上诉，维持原判。本院认为，本案中原告基于租赁码头改装船舶的事实，主张被告支付改装船舶的材料费及相应利息、支付码头占用费及水电费等诉讼请求，因上述费用产生于船舶建造过程中，且改装的事实发生在双方结算造船款之前，故该诉讼请求应作为造船费用已在海事法院民事判决中一并处理，原告无权再次要求结算。即使原告与被告未就本案诉讼请求进行结算，其亦应在前一诉讼中一并提出上述请求，不能人为分割诉讼请求，否则，会增加双方当事人的讼累，导致诉讼资源的浪费。原告就同一事实、同一法律关系、同一诉讼标的就相同的当事人提起的诉讼，属于重复诉讼，违反了一事不再理原则。原审法院裁定不予受理正确。上诉人的上诉理由不能成立，其上诉请求本院不予支持。〔1〕这样，浙江省高级人民法院以违背一事不再理为由，裁定驳回了上诉人的分割诉讼请求。

二、日本部分请求否定说

部分请求否定说在日本又称为部分请求全面否定说，〔2〕该说从法院及被告的立场出发，强调纠纷解决的一次性及不应增加被告的应诉负担。从剩余部分请求的否定根据来看，该说又可细分为以下两说。

（一）以既判力为根据的部分请求否定说

判决一经生效，便会对所有法院产生特定的约束力，换言之，任何法院包括作出该判决的法院均不得未经法定程序撤销或改变该判决，这种约束力就是既判力。既判力的效果体现在主观、客观和时间三个维度。部分请求所涉及的是既判力客观方面，是指该判决对哪些事项具有约束力，也就是既判力的客观范围。〔3〕以既判力客观范围为根据的部分请求否定说，全面排斥剩余部分请求。〔4〕该说代表学者新堂幸司教授〔5〕认为，部分请求应该是

---

〔1〕 参见浙江省高级人民法院（2013）浙民受终字第1号民事裁定书。

〔2〕 参见［日］新堂幸司：『新民事訴訟法』，弘文堂1998年版，295頁。［日］髙橋宏志：『重点講義民事訴訟法』，有斐閣1997年版，第87頁。［日］中野貞一郎：『民事訴訟法講義』（第三版），有斐閣1995年版，151頁。［日］山本和彦：「一部請求」，『判例タイムズ』第974号，1998年，第49頁。

〔3〕 参见张卫平："既判力相对性原则：根据、例外和制度化"，载《法学研究》2015年第1期。

〔4〕 以前的否定说主张，除了有特定标识的情况，剩余部分请求才被前诉判决既判力遮断。参见［日］兼子一：「確定判決後の残部請求」，『民事法研究』第1卷，酒井書店1950年版，第391頁。［日］小室直人：「一部請求の訴訟上の取

一个政策问题。[1]其理由如下:"本来,诉讼请求的范围应当由当事人指定,法院也必须在此范围内进行审理。对于如何处理原告提出的剩余部分请求必须考虑以下几点。尊重原告的诉讼请求是毋庸置疑的。但是,本来可以一次性解决的纠纷,却由于原告的恣意而需要数次诉讼才能解决。被告将被迫多次应诉,这是不公平的。法院也将不得不对原告提起的每一次部分请求,进行权利成立与否的全面审理。与耗费的时间、精力和资源相比,这种纠纷解决方式明显欠缺实效性。据此,从被告和法院的立场出发,不应当允许剩余部分请求。"[2]

不过,新堂幸司教授在其最新版教科书《新民事诉讼法》中的括弧表述,"(假如允许剩余部分请求,对于债权是否存在的判断而言,争点效将会起作用)"[3],这又在一定程度上弱

(接上页)报」,『法学教室』第1期,第62页。[日]中野贞一郎:『民事訴訟法講義』(第三版),有斐閣1995年版,151页。针对这种见解,新堂幸司教授认为,这种以特定标识为区分的观点与纠纷一次解决原则相左,应该全面否定剩余部分请求。「日」新堂幸司,『訴訟物と争点効(上)』,有斐閣1988年版,第158页。

〔5〕 不过,新堂教授自己并未明确地论证过既判力如何遮断剩余部分请求。新堂教授仅较间接地论述"部分请求与剩余部分请求,虽然请求事项不同,但从诉讼标的来看,受领权是同一的。"[日]山本和彦:"判例評釈",《民商法雜誌》第120卷第6号,1999年,第1037页。

〔1〕 参见[日]新堂幸司:『訴訟物と争点効(上)』,有斐閣1988年版,第159页。

〔2〕 [日]新堂幸司:『新民事訴訟法』,弘文堂1998年版,第295页。

〔3〕 按新堂幸司教授的解释,争点效是指,在前诉中,被双方当事人作为主要争点予以争执,而且,法院也对该争点进行了审理并做出判断,当同一争点作为主要的先决问题出现在其它后诉请求的审理中时,前诉法院有关该争点所做判断的通用力,这种通用力既不允许后诉当事人提出违反判断的主张及举证,也不允许后诉法院做出与之相矛盾的判断。[日]新堂幸司:《新民事訴訟法》,林剑锋译,法律出版社2008年版,第492页。不过,日本的判例具有事实上的先例拘束力,是事实上的法源,所以日本法官对争点的审理和判断相当谨慎,而中国显然不具有这样相同的情形。参见于佳佳:"日本判例的先例约束力",载《华东政法大学学报》2013年第3期。

化了全面否定说。[1]另外，五十部说同样认为既判力遮断剩余部分请求。[2]五十部说主张，请求金钱之场合，该请求被请求原因所特定，判决是对由请求原因所特定的全部事实关系做出的判断，因此，既判力及于全部事实关系范围。除此之外，新堂教授的弟子高桥宏志教授以新堂说为基础，提出新全面否定说。高桥说认为，应该像试验诉讼那样，斟酌衡量原告、被告与法院的利益，再考虑到底是采用认可剩余部分请求的方式，还是采用请求扩张的方式来解决。原告在前诉程序中已有充分机会能够了解法院的判断，比较考量被告和原告的利益，如果允许原告再诉，则有过度保护原告之虞，而原告在前诉中为请求扩张，不过是举手投足之劳，因此应采用否定说。[3]

（二）以失权效为根据的部分请求否定说

判决失权效又被称为判决排除效，系指对同一法律关系，后诉不能对前诉请求之外的其他请求加以主张的判决效力。[4]山本和彦教授在批判高桥说的基础上，展开以失权效为根据的部分请求全面否定说的理论建构。山本说认为，试验诉讼对原告以回避诉讼费用为目的的请求，原则上应不认可，对于剩余部分请求应当采用全面否定说。不过，从诉讼标的论及判决效

---

[1] 有学者批判以争点效解决部分请求的观点，认为在明示的部分请求败诉或部分胜诉之情形下，若采用争点效处理，将不能认可剩余部分请求。参见[日]高桥宏志：『重点講義民事訴訟法』，有斐閣1997年版，第93頁。[日]佐上善和：『民事訴訟法（第二版）』，法律文化社1998年版，第233頁。

[2] 参见[日]五十部豊久：「一部請求と残部請求」，鈴木・三ヶ月編『実務民事訴訟講座Ⅰ』，日本評論社1969年版，第75頁。

[3] 参见[日]高橋宏志：『重点講義民事訴訟法』，有斐閣1997年版，第94~95頁。[日]鈴木正裕、青山善充：『注釈民事訴訟法』，有斐閣1997年版，第107頁。

[4] 参见郭美松："人事诉讼判决既判力扩张与失权效之法理分析"，载《西南大学学报（社会科学版）》2010年第5期。

力论来看，即使假定剩余部分包含在诉讼标的内，但由于判决没有对这部分进行判断，所以说既判力及于这部分没有根据，这也违背既判力原理。因此，以既判力为根据的部分请求全面否定说在理论上缺乏充足理由。与其如此，倒不如从失权效理论上寻找根据。[1]山本说主张，剩余部分请求的遮断可以解释为，根据强制合并的法律规定（《日本人事诉讼程序法》第9条第1款、[2]《日本民事执行法》第34条第2款[3]）的类推适用而遮断剩余部分请求。山本说的基础是小松良正教授的见解。[4]小松教授以美国法的必要请求合并规则为基础，主张请求合并义务为信义则义务，[5]推崇一次纠纷以一次诉讼解决的纠纷解决理念。小松说主张以原告不合并请求的归责性与被告的保护必要性为要件，决定是否遮断后诉，但根据前二者的比较衡量，有较多例外被认可，比如，试验诉讼中认定原告不合并请求的归责性不存在时。相对于山本说以公益诉讼规避诉讼

---

[1] 笔者认为，这两种部分请求否定说的相互否定，有点像同一阵营里两个兄弟的同室操戈，不禁让人想起"相煎何太急"的诗句。如果把山本说比喻为"豆萁"，把高桥说比喻为"豆"，那么可以发现，"豆萁"煎"豆"的实质是，两者的结论是一样的，这是两者不约而同预设的大前提。两者之间只不过理由不一致而已。这样一种"先下结论后找证据"的论证逻辑似乎有悖常理，因为通常的法律推理轨迹应当是先有证据后下结论，所以这样一种牵强的逻辑转换，存在"先判后审"之嫌，存在"先定罪后找证据"之虞。这是否暴露出部分请求否定说学者的信心之不足，令人不得不深思。

[2] 《日本人事诉讼程序法》第9条（再诉的禁止）第1款规定："在婚姻无效（或取消）之诉及离婚之诉中被驳回请求的原告，不得以事由的变更为由另行起诉。"

[3] 《日本民事执行法》第34条第2款规定："在同时存在数个请求异议的事由时，债务者必须同时主张之。"

[4] 参见［日］小松良正：「一部請求論の再構成」，『中村英郎先生古稀祝賀』上卷，成文堂1996年版，第135页以下。

[5] 参见［日］小松良正：「一部請求論の再構成」，『中村英郎先生古稀祝賀』上卷，成文堂1996年版，第174页。

费用的合理性限定为遮断之例外，[1]小松说较大程度地弱化了剩余部分请求的全面否定性。

三、我国台湾地区部分请求否定说

我国台湾地区部分请求否定说学者认为，不论部分请求是否明示，应该一概否定部分请求的合法性。其理论基础为，如果任由原告分割请求，则将陷被告于不胜应诉之累的境地，法院也将被拖入重复审理之泥沼。虽然债权人可以在诉讼外自由分割行使债权，但并不意味着可以在诉讼上自由分割，当事人之间纠纷由公权介入解决，此与当事人在诉讼外的解决方式有本质不同。同时，基于纠纷一次性解决及一事不再理原则，也不应当任由原告恣意利用民事诉讼制度。否定说还从既判力的两面性寻找依据。亦即，假设债权人获得 1000 万元胜诉确定判决，则债权人不得主张 1000 万元以上，而债务人也不能主张 1000 万元以下，这就是既判力对当事人双方同时具有拘束力的两面性。基于此，原告有 1000 万元债权，若仅请求其中的 100 万元且获得胜诉判决，则会因既判力的两面性，不得再次起诉请求剩余债权。

否定说还认为，在明示的部分请求之情形，原告虽然明示其请求为 1000 万元债权中的 100 万元，法院却不可能知道该请求为 1000 万元债权中的哪一个 100 万元，故必须审理全部债权。因此，原告虽然明示为部分请求，但诉讼标的并未特定。原告明示的部分请求实际上是对整个诉讼标的的全部请求，其所明示的部分请求数额，系划定给付判决的最高额而已。因此，不论原告胜诉还是败诉，判决既判力都及于全部债权，时效中断

---

〔1〕 参见［日］山本和彦：「一部請求」，『判例タイムズ』第 974 号，1998 年，第 53 頁。

也对全部债权发生效力。在默示的部分请求之情形，更应该解释为其请求为全部请求，原告不明示其请求为部分请求，就应视其为以默示的方式抛弃了剩余部分请求，就应承认既判力及于该抛弃部分，如此也不违背当事人未声明之事项不得判决的规定（我国台湾地区"民事诉讼法"第388条[1]）。另外，不论明示还是默示的部分请求，当事人在诉讼系属中追加剩余部分请求就是请求之扩张，而非诉之变更；在诉讼系属中减少部分请求就是请求之缩减，而非诉之撤回。就剩余部分另行起诉，则有悖禁止重复起诉之原则。不过，否定说并不是一概不认可部分请求，在一些例外的情形也承认部分请求，例如，分期履行债权、附有担保权的债权等。

四、德国部分请求否定说

部分请求否定说在德国不仅不占主流地位，而且其发出的微弱声音几乎被肯定说和折衷说湮没。德国否定说主张，部分请求判决的既判力原则上应当及于剩余部分债权，不论原告在其前诉中是否明示其请求为部分请求，从给予被告程序保障和避免法院审理之累的角度，应当从逻辑上否定原告提起剩余部分请求。至于默示的部分请求，则更不应当允许其提起请求剩余部分债权的后诉。原告出于降低诉讼费用而提出部分请求，其动机本身无可厚非，但降低诉讼费用应由国家从立法层面予以考虑，法院不应当在司法实务中对原告的这种变通策略予以宽容。[2]

---

[1] 我国台湾地区"民事诉讼法"第388条规定："除别有规定外，法院不得就当事人未声明之事项为判决。"

[2] 参见［日］福冨哲也：「一部請求訴訟」，『東北福祉大学研究紀要』第7卷第1号1982年，第39頁。

第三节　部分请求折衷说

一、日本部分请求折衷说

在日本，持折衷说观点的学者较多，从部分请求是否需要明示、前诉是否需要胜诉的角度出发，折衷说又可分为以下两大类，其中因学者所站立场的不同，又各有分歧，笔者赞成松本博之教授提出的松本说（明示＋胜诉＝允许剩余部分请求）。

（一）明示与默示区分说[1]

明示与默示区分说将部分请求分为明示和默示两种情形讨论，基本观点是允许明示的部分请求，否定默示的部分请求。[2]日本以前的判例采用此见解，也可以说是日本以前的通说。有学者评价明示与默示区分说，"着眼于被告的合理期待，考虑到了当事人间的关系平衡"[3]。但也有学者批判该说，"如果只要明示即可数度起诉，那么同样将导致法院的重复审理和被告的重复应诉，就当事人间关系而言，显然对被告不公平"[4]。另外，为什么有无明示的行为可以决定既判力的范围？默示之情

---

[1] 明示与默示区分说在我国大陆地区又被称为明示说，参见蒲菊花："部分请求理论的理性分析"，载《现代法学》2005年第1期。

[2] 参见［日］林屋礼二：『民事訴訟法概要』，有斐閣1991年版，第64頁。［日］小林秀之：『プロブレム・メソッド新民事訴訟法』，判例タイムズ社1997年版，第93頁。［日］江藤介泰：「一部請求と残部請求」，『民訴法の争点』（新版），有斐閣1988年版，第189頁。

[3] ［日］井上治典：「判例評釈」，『私法判例リマークス（下）』，1999年，第124頁。

[4] ［日］高橋宏志：『重点講義民事訴訟法』，有斐閣1997年版，第94～95頁。［日］鈴木正裕、青山善充：『注釈民事訴訟法』，有斐閣1997年版，第94頁。

形下为什么既判力会及于剩余部分请求？这些问题与传统既判力理论并不相容。为何原告明示之后，就可以允许提起后诉，其法理基础在哪里？[1]还有学者将诉讼分为契约型诉讼和侵权型诉讼，对后者认可明示默示区分说。[2]

(二) 胜诉与败诉区分说[3]

胜诉与败诉区分说以判例的立场为基础，将明示的部分请求又分为胜诉和败诉两种情形，一般认为在败诉的情形下不应当允许剩余部分请求。该学说在探究禁止再诉的根据上又可细分为三个学说。

1. 既判力说

(1) 特定标识允许说。特定标识允许说是原告败诉之情形既判力遮断剩余部分请求的见解。不过，主张该见解的学者间又存有些许理论上的微妙差异。三月章博士在承认原告的试验诉讼利益的同时，认为在原告败诉的情形下，为回避二重审理，应依据既判力的双面性不允许再次起诉。[4]不过，三月说还是肯定了有特定标识的剩余部分请求，比如，分期履行的债权、

---

[1] 参见［日］木川統一郎：『民事訴訟法重要問題講義』，成文堂1992年版，第314頁。［日］井上治典：「判例評釈」，『私法判例リマークス（下）』，1999年，第80頁。［日］勅使川原和彦：「一部請求におけるいわゆる「明示説」の判例理論」，『早稲田法学』第87卷第4号，2012年，第69頁。陈荣宗：《民事程序法与诉讼标的理论》，台湾大学法律学系法学丛书编辑委员会1984年版，第307页。此问题笔者将在本书后述的"部分请求之再检讨"部分详细讨论。

[2] 参见［日］納谷広美：「一部請求と残部請求」，『民事訴訟法の争点（第3版）』，有斐閣1988年版，第144頁。

[3] 胜诉与败诉区分说在我国大陆地区又被称为胜诉说，参见蒲菊花："部分请求理论的理性分析"，载《现代法学》2005年第1期。

[4] 参见［日］三ヶ月章：『民事訴訟法』（第三版），有斐閣1993年版，第114頁。

附有部分担保权的同一债权。[1]批判三月说的学者认为,该说违背诉讼标的等于既判力范围的传统理论。

(2) 明示说。伊藤真教授认为,全部债权常作为诉讼标的,既判力的客观范围也常以此为基准而确定。数额是量化金钱债权不可欠缺的要素,不以全体债权而仅以部分金额为目的的债权是不存在的,诉讼标的是综合考量请求内容和请求原因后确定的。原告的意思表示是划定给付命令的上限,而不是分割诉讼标的的依据。原告败诉之场合,全部债权被确定为不存在,剩余部分请求当然被既判力遮断。但是,原告胜诉之场合,如果明示为部分请求,只要剩余部分请求存在诉之利益,那么就应该允许剩余部分请求。批判伊藤说的学者认为,伊藤教授以明示作为既判力区分标准的观点的合理性存在问题。[2]

(3) 明示加胜诉说。最值得重视的是松本博之教授的见解。[3]本书中笔者的观点也将以松本教授的见解为基础而展开。松本博之教授以明示与默示区分说为基础,认为诉讼标的可以胜诉与败诉区别之。实际上,松本教授的观点可以概括为"明示+胜诉=允许剩余部分请求"。换言之,默示的场合原告胜诉时,诉讼标的被默示为整个债权,故既判力及于剩余部分请求,不允许提起剩余部分请求。默示的场合原告败诉时,法院的判断不仅是针对部分请求权,而是站在请求原因的高度作出的判

---

[1] 参见 [日] 三ヶ月章:『民事訴訟法』(第三版),有斐閣1993年,第116頁。否定说的代表兼子说也对有特定标识的剩余部分请求持肯定态度。参见 [日] 兼子一:「確定判決後の残部請求」,『民事法研究』第1卷,第417頁。

[2] 参见 [日] 山本和彦:「一部請求」,『判例タイムズ』第974号,1998年,第50頁。

[3] 参见 [日] 松本博之、上野泰男:『民事訴訟法(第6版)』,弘文堂2010年版,第177頁。另外有观点认为,原告败诉之场合,即使将前诉与后诉当做不同的诉讼标的看待,但由于后诉请求与前诉判决矛盾,所以存在既判力排除后诉剩余部分请求的余地。参见 [日] 酒井一:《判例評論》第483号,第194~195頁。

断,所以前诉判决既判力及于剩余部分请求。明示的场合原告胜诉时,前诉判决既判力被限定于诉讼标的之一部分,不及于剩余部分请求,也不及于请求原因。明示的场合原告败诉时,请求原因已被前诉否定,剩余部分请求与前诉判决结论矛盾,所以既判力及于剩余部分请求。

2. 信义则说

我国民事诉讼法学者所言诚实信用原则在日文中的表述为"信義誠実の原則",简称"信義則"。[1]部分请求论折衷说之信义则说的基本观点是,原告胜诉时剩余部分请求不遮断,败诉时依据传统既判力理论和信义则,前诉判决既判力遮断剩余部分请求。[2]并且,该说认为关于是否许可剩余部分请求应受判决理由中判断的拘束力调整。不过,该说对于如何采用信义则又分为以下几种见解。

竹下守夫教授基本上支持传统判例理论,主张以部分请求判决既判力仅及于原告提出的特定部分为原则,对当事人之间的公平以信义则调整。在原告败诉的场合,已经请求的部分与剩余部分不能分割时,由于被告的信赖利益应当受到保护,故基于信义则应该接受前诉判决理由的拘束而否定剩余部分请求。明示的场合原告胜诉时,剩余部分请求应当认可。默示的场合原告胜诉时,一般应当基于信义则认定剩余部分请求适用失权效原则而失权。作为例外,如果原告能证明前诉未提出全部请求是因为存在特殊的正当理由时,可以认可剩余部分请求。[3]

---

[1] 王亚新:"我国新民事诉讼法与诚实信用原则——以日本民事诉讼立法经过及司法实务为参照",载《比较法研究》2012年第5期。

[2] 前述小松说实质上亦是这种见解。另外,[日]山本弘:「一部請求」,铃木重勝、上田徹一郎編『基本問題セミナ一民事訴訟法』,一粒社,第133页也支持信义则说。

[3] 参见[日]兼子一:「条解民事訴訟法」,弘文堂1986年版,第613页。

相对于竹下教授的见解，中野贞一郎教授主张排除剩余部分请求的根据为禁反言。中野教授认为，明示的部分请求或因客观理由而事实上明示的部分请求（后遗症等），在部分请求与剩余部分请求不存在行为上的矛盾时，可以认可剩余部分请求。不过，明示的场合也存在例外情形，比如，原告和被告曾在前诉中就全体债权的存否进行过辩论，被告确信已解决全体债权，如果认可剩余部分请求将对原告明显有利并造成被告明显不利，则不应该认可剩余部分请求。另外，在默示的场合，被告确信是全部请求而没有采取反诉等对应措施，被告因多次应诉而产生的损失明显大于原告因部分请求而获得的利益，在此种情况下不应当允许剩余部分请求。〔1〕

3. 利益衡量说

利益衡量说以民事诉讼攻击防御具体过程的利益衡量为基础，衡量的是原告在胜诉与败诉之不同场合时的利益，主张在部分请求诉讼原告败诉的场合，原告为获得前诉的部分债权，必须为包括剩余部分在内全部债权的举证，前诉过程中法院由于被告的抗辩，故而也审理了剩余部分债权，因此剩余部分请求应该被前诉判决既判力遮断。〔2〕不过，批判利益衡量说的观点认为，受理剩余部分请求的法院需要仔细地研究前诉部分请求的审理经过，才能做出是否允许剩余部分请求的判断，如此细致烦琐的具体程序将给法院带来沉重负担。〔3〕还有观点认为

---

〔1〕 参见［日］中野貞一郎：『民事訴訟法講義』（第三版），有斐閣1995年版，第105页。

〔2〕 参见［日］井上正三：「一部請求の許否をめぐる利益考量と理論構成」，『法学教室』第2期，1971年，第79页。

〔3〕 参见［日］中野貞一郎：「一部請求論について」，『民事手続の現在問題』，判例タイムズ社，第50页。

利益衡量说与信义则说较相似。[1]

另外,具体程序保障说学者上田彻一郎教授认为,由于既判力制度对于部分请求问题不能发挥其作用,所以应该根据实体法上所确定的原告和被告的法律地位,确立与之相称的具体程序保障。从被告的程序保障角度考虑,对下述原因不应当允许剩余部分请求:[2]实体法上不允许分割请求;[3]部分请求被评价为对剩余部分的免除;被告提出剩余债务不存在的消极确认反诉;因客观原因被告未能预想到会发生剩余部分请求的后诉;等等。不过,这个见解也接近于信义则说。

二、我国台湾地区部分请求折衷说

我国台湾地区部分请求折衷说实际上是日本明示与默示区分说的翻版,该说仅承认明示的部分请求才能在前诉判决确定后提起剩余部分请求的后诉,不承认默示的部分请求在前诉判决确定后还能提起剩余部分请求的后诉。申言之,原告负有使诉讼标的明确化之义务,如果在前诉中不明示请求为部分请求,则应该将其解释为全部请求,如此一来,剩余部分请求被前诉判决既判力遮断。因此,不允许再次起诉。[4]在明示部分请求时,折衷说与肯定说不存在分歧,均认为此种情形诉讼标的是经分割后的部分债权,剩余部分不属于该诉讼的诉讼标的。既判力的客观范围,不因原告胜诉或败诉有差别,原告均可以再

---

[1] 参见[日]山本和彦:「判例評釈」,『民商法雑誌』第120卷第6号,1999年,第1035頁。

[2] 参见[日]上田徹一郎:『民事訴訟法(第2版)』,法学書院1997年版,第190頁。

[3] 例如,我国关于精神损害赔偿请求。

[4] 参见骆永家:"一部请求诉讼",载《既判力之研究》,三民书局1999年版,第89~100页。

次起诉请求剩余部分,而不违反禁止重复起诉原则。时效中断仅限于已请求之部分,剩余部分不发生时效中断的效力。诉讼系属中追加剩余部分请求为诉的追加(我国台湾地区"民事诉讼法"第 255 条、《日本民事诉讼法》第 236 条),减少诉讼请求数额为诉的部分撤回(我国台湾地区"民事诉讼法"第 262 条、《日本民事诉讼法》第 236 条)。在部分请求为默示之时,折衷说与肯定说存在较大分歧,折衷说仅承认明示的部分请求,若不明示该请求为部分请求,则该诉讼的标的包含全部债权,既判力及于债权的全部,时效中断的效力也发生于全部债权。原告若另行起诉则违反禁止重复起诉原则。肯定说不论是否明示,均承认部分请求。在对默示的部分请求问题的处理上,折衷说与肯定说并无二致。

我国台湾地区法院于 1984 年审理过一个部分请求诉讼。其判决要旨为:"判决仅就某法律关系之一部为裁判者,惟关于该已裁判之一部有既判力,而不及于他部。经该上诉人在前案系请求被上诉人返还所受定金同额之二十六万元,而於本件则系请求被上诉人返还加倍部分之二十六万元,似不发生违背'民事诉讼法'第四百条第一项规定之问题。"其判决理由为:"本件上诉人主张:被上诉人一九八〇年四月十一日将其所有坐落云林县斗南镇南段六九一一二号等五笔土地之应有部分各三分之一,以新台币二百五十万元之价额出卖於伊,并收取定金二十六万元。讵被上诉人竟拒不办理所有权移转登记,嗣将之以二百八十万元之价额另行出卖他人,致伊虽获得请求被上诉人办理所有权移转登记之胜诉判决,而仍无法办理登记。按契约因可归责於受定金当事人之事由,致不能给付时,该当事人应加倍返还其所受定金。'民法'第二百四十九条第三款定有明文。除返还定金部分已另案胜诉确定不再请求外,兹就加倍部分诉请返还等请求为命上诉人给付二十六万元,并加算法定迟延利息之判决。被上诉人则以:上诉人於交付定金二十六万元后,未依约定於十日内前来办理书面契约之手续,该次买卖已失其效力。伊谨愿返还所收之定金二十六万元等语,资为抗辩。原审废弃第一审所为上诉人胜诉之判决,改判驳回其诉,系以:上诉人曾於七十年间就同一原因事实,同一法律关系诉请被上诉人返还定金二十六万元,获得胜诉之判决确定,有另案第一审1981年诉字第一五号事件判决可凭,并为上诉人所不争执。上诉人於本件请求应加倍返还定金,显系就已判决确定同一诉讼标的,再行起诉,而为原声明之扩张请求。故其诉讼标的,并不因此而生变更之结果,自有违'民事诉讼法'第四百条第一项规定〔1〕等词,为其判断之基础。第查判决谨就某法律关系之一部为裁判者,惟关于该已裁判之一部有既判力,而不及於他部。经核上诉人在前案系请求被上诉人返还所受定金同额之二十六万元,而於本件则系请求被上诉人返还加倍部分之二十六万元,似不发生违背'民事诉讼法'第四百条第一项规定之问题。原审未审认两造间买卖契约,是否因可归责於被上诉人之事由致不能履行,而以前述理由,为上诉人不利之判断,自难谓当。上诉论旨,指摘原判决违误,求予废弃,非无理由。"〔2〕最后,我国台湾地区法院判决发回重审。

本案应该是一起因定金合同法律关系纠纷而发生的典型部分请求诉讼,从我国台湾地区司法实践来看,至少该案部分请求这一起诉方式得到司法实务的支持。

---

〔1〕 我国台湾地区"民事诉讼法"第400条第1项规定:"诉讼标的于确定之终局判决中经裁判者,除法律别有规定外,当事人不得就该法律关系更行起诉。"
〔2〕 转引自:骆永家:"一部请求诉讼",载《既判力之研究》,三民书局1999年版,第246~248页。

不过，我国台湾地区的一个部分请求判例却对"默示"采用了宽容的解释。其判决要旨为："……上诉人起诉主张：被上诉人于1998年5月间向伊借款新加坡币103万6000元，双方约定自1998年7月1日起以年息百分之五支付利息，其中本金及自2006年11月23日起至清偿日止利息部分，业经本院2007年度重上字第278号判决驳回被上诉人之上诉确定在案（下称本金事件）。惟自1998年7月1日起至2006年11月22日止共8年又145天按年息百分之五计算之利息（下称系争利息）合计新加坡币43万4978元部分，伊于本金事件并未请求，然被上诉人并不因此免除给付义务。且双方于2000年12月15日签署系争借据英文原本及中文译本，并经台湾高雄地方法院公证处认证证明双方借贷关系，则在2000年12月15日前已经发生之利息请求权时效，因被上诉人承认而时效中断，重行起算。且2004年8月17日伊于被上诉人与其前妻范元妠间诉请剩余财产分配事件（原法院2004年度家诉字第11号，下称剩余财产分配事件）曾出庭作证，被上诉人亦承认对伊负有借贷及利息债务，是2004年8月17日前已发生之利息请求权时效，再度因被上诉人承认而中断。另伊对被上诉人之利息请求权时效，亦自伊对被上诉人为假扣押强制执行而中断，因该假扣押强制执行程序至少于2009年间仍未终止而重行起算时效，故伊请求1998年7月至2006年11月间之利息，并未罹于时效而消灭。被上诉人经伊催讨，均未置理，爰依消费借贷之法律关系，求为命被上诉人给付新加坡币43万4978元之判决。被上诉人则以：上诉人虽于2004年6月间声请对伊为假扣押执行（原法院2004年度执全字第682号假扣押执行事件，下称系争假扣押执行事件），但所担保之利息，依其声请状记载仅只71个月，因而中断时效者，亦仅该范围而不及其余部分。又双方之借款契约系以新加坡币给付，则其本金及利息之请求，亦应以新加坡币请求给付，然上诉人于声请假扣押时，系具状表明被上诉人应给付上诉人新台币之本金及利息合计2586万元，于法显有未合。退而言之，纵认可换算成新台币请求，上诉人假扣押请求之范围为新加坡币103万6000元，以2010年11月17日台湾银行牌告汇率1∶23.56计算，相当于新台币2457万3920元，若再加上系争利息新加坡币43万4978元，折合新台币为1024万8081元，总计新台币3482万2001元，显然已逾上诉人声请假扣押之范围，从而，上诉人声请假扣押之范围，自不包括系争利息部分。再退而言之，纵认其声请假扣押之范围包括系争利息，惟上诉人于本案诉讼时，既已减缩系争利息部分之请求，即非系争假扣押执行事件所欲保全之债权，自不因假扣押执行而中断时效。且系争假扣押执行事件于2004年7月8日并入另案2003年度执祥字第12921号强制执行程序事件（下称并案执行事件）办理，故于并案办理当日系争假扣押执行程序即告终止，中断之时效期间即重行起算5年。是系争利息之请求权至迟应于2009年7月8日行使，惟上诉人于2010年4月14日始请求系争利息，其请求权应已罹于时效而消灭，伊自得拒绝给付。再者，上诉人于2004年8月17日就伊与范元姒间剩余财产分配事件出庭作证，但其内容仅系对范元姒讯问其是否有借钱给伊及利息如何计算等事为答复，且当日伊并未到场，伊显无于当日承认上诉人系争利息债权存在之可能。况就当时言词辩论笔录内容以观，并无任何有关伊承认利息债务之记载，尚难据此认定伊已于2004年8月17日承认对上诉人负有系争利息债务，故上诉人主张2004年8月17日前之利息请求权时效中断，实不足采。纵令如上诉人所主张，系争利息时效因伊承认而重新起算，然依'民法'第137条第1项规定，时效期间重新起算为5年，上诉人至迟应于 2009 年 8 月 17 日向伊请求给付系争利息，惟上诉人迟至 2010 年 4 月 20 日始向伊请求给付，是系争利息请求权已因上诉人 5 年间不行使而罹于时效，伊自得拒绝给付。又上诉人虽于 2006 年 3 月 16 日以存证信函催告伊偿还借款及自 1998 年 7 月 1 日起至清偿日之利息，并随后提起本金事件，因而中断利息请求权时效之进行，然上诉人于本金事件审理程序中，减缩利息起算日为自 2006 年 11 月 23 日起算，则就减缩部分即自 1998 年 7 月 1 日起至 2006 年 11 月 22 日之利息请求即视同诉之撤回，形同未起诉，依'民法'第 130 条及第 131 条规定，时效视为不中断。纵认上诉人减缩部分之利息债权，仍应视为上诉人提出起诉状并经原法院送达伊时，已为请求之意思表示，因而中断利息请求权时效之进行，惟上诉人并未于请求后 6 个月内再行起诉，依'民法'第 130 条规定，时效仍应视为不中断。退而言之，纵依上诉人之主张，其于 2004 年 3 月间声请假扣押所欲保全之债权系包括系争利息，嗣经伊声请法院命上诉人对假扣押所欲保全之债权起诉，然上诉人于 2006 年 3 月间提起本金事件后又自行减缩利息请求之范围，而对于同一实体权利（应于同一诉讼程序审判，以根本、彻底解决彼此间之纷争），已有一确定判决存在，却须开启两道诉讼程序，以致增加法院及当事人之劳力、时间、费用，违反诉讼经济原则及程序利益之保护原则，自应禁止上诉人提起本诉。何况上诉人于本金事件中曾请求系争利息，实已受有具体之程序保障，且上诉人于该程序中复行使程序主体权，自行减缩而不主张系争利息请求，是以基于诚实信用原则，维持双方间之公平、衡平之法理，本金事件之确定判决效力应当然及于系争利息之请求，故上诉人就系争利息再提起本诉，除因受前诉确定判决效力遮断而发生失权之效果外，亦构成滥用诉权、违反禁反言原则，显非适法,应予以驳回等语,资为抗辩……综上,消灭时效因承认而中断,'民法'第129条第1项第2款定有明文。所谓承认,乃债务人向债权人表示是认其请求权存在之观念通知。至于承认方式法无明文,其以书面或言词,以明示或默示,固均无不可。惟所谓默示之意思表示,系指依表意人之举动或其他情事,足以间接推知其效果意思者而言,若单纯之沉默,除有特别情事,依社会观念可认为一定意思表示者外,不得谓为默示之意思表示。又意思表示为法律行为之要素,法律行为之代理实为意思表示之代理,而观念通知之准法律行为,亦在代理人得代理之范畴;是由本人之代理人向债权人为承认之行为,或本人之代理人由债务人接受承认之通知,均直接对本人生效……上诉人于本金事件之一审诉讼进行中,变更利息起算日为自2006年11月23日起算,核属减缩利息之请求,即为撤回1998年7月1日起至2006年11月22日间利息之请求,揆诸上开规定,应视同未起诉,此与'一部请求'之诉讼类型并不相同。被上诉人辩称上诉人就'曾于前诉主张之利息请求'据以再诉,除因受前诉确定判决效力遮断而发生失权之效果外,亦系构成滥用诉权、违反禁反言原则云云,究非现行法律所规定,尚难凭采。从而,上诉人再诉请求自1998年7月1日起至2006年11月22日间之利息,洵无不许……综上所述,上诉人依消费借贷之法律关系,请求被上诉人给付自2005年4月21日起算至2006年11月22日止共计19个月又2天依借款本金新加坡币103万6000元按双方约定利率年息百分之五计算之利息新加坡币8万2304元,洵属正当,应予准许;而逾此部分之请求,则非正当,应予驳回。原审就上开应予准许部分,为被上诉人败诉判决,并无违误。被上诉人附带上诉论旨指摘原判决此部分不当,求予废弃,为无理由,应予驳回。至原审就上开不应准许部分，为被上诉人败诉判决，则有未合。被上诉人附带上诉论旨指摘原判决此部分不当，求予废弃改判，为有理由，应由本院将原判决此部分废弃改判如主文第 2 项所示。而原审驳回上诉人其余请求部分，既在上开不应准许范围内，则上诉人之上诉意旨指摘原判决此部分不当，求予废弃改判，即无理由，应并驳回。又本件事证已臻明确，双方其余之攻击或防御方法及未经援用之证据，经斟酌后认均不足影响判决之结果，自无逐一论驳之必要，并此叙明……。"[1]

三、德国部分请求折衷说

德国部分请求折衷说相当于日本的明示与默示区分说，并且应该是日本学说的渊源。

（一）明示的部分请求

德国部分请求折衷说认为，原告在前诉中明示仅起诉全部请求权的一部分（亦即明示的部分请求），前诉判决既判力仅及于该请求权的部分范围，同一请求权的剩余部分请求没有被前诉判决的既判力遮断。理由如下：其一，根据《德国民事诉讼法》第 322 条第 1 款规定，判决既判力范围仅限定于法院对当事人在诉或反诉中提起的请求而作出的裁判。其二，根据该法第 308 条（当事人申请的拘束力）第 1 款规定，法院不具有将当事人未申请事项判给他的权限。其三，从该法第 322 条第 2 款来看，判决既判力被明确限制在部分请求的范围内。[2]因为该款规定，如果被告主张反对债权的抵销，而法院裁判反对债权不存在时，

---

[1] 我国台湾地区 2011 年度重上字第 134 号民事判决。
[2] 参见谢怀栻译：《德意志联邦共和国民事诉讼法》，中国法制出版社 2001 年版，第 75 页、第 80 页。

法院判决在主张抵销的数额范围内有既判力。[1]基于此，原告的债权也应该一样，对于没有请求的部分债权同样不产生既判力。[2]

在德国，明示的部分请求之场合，前诉判决既判力不遮断同一债权剩余部分请求这一结论不仅适用于前诉中请求被承认的情形，也同样适用于前诉中请求的全部或部分被驳回的情形（即全部败诉或部分败诉）。在后者的情形中，债权的全部虽然被确认为不存在，但这个确认是作为判决的前提问题在判决理由中的确认，而非在判决主文中的确认，故而不具有既判力。[3]

在德国，明示的部分请求之场合，前诉判决既判力虽然被限定在提起部分请求的债权范围内，但并不意味着这会有损于对被告的权利保护。原告提起明示的部分请求时，被告可依据《德国民事诉讼法》第33条第1项及第256条第2项提起反诉或消极确认之诉，来保护其合法权益。[4]被告可以在反诉中针对原告的部分请求而提起全部请求，从而让纠纷一次性解决。

（二）默示的部分请求

默示的部分请求之场合，关于前诉判决既判力是否遮断同

---

[1] 当然，反对债权中超过诉讼请求的部分，对判决没有任何意义。

[2] 参见［日］木川统一郎：「一部請求の訴えにおける過失相殺の取扱について」，『判例タイムズ』第47卷第21号1996年，第50頁。

[3] 参见［日］坂本恵三：「一部請求について—主としてドイツの判例・学説を手がかりとして」，『早稲田法学会誌』第31卷1980年，第164頁。

[4]《德国民事诉讼法》第33条第1项规定："反诉，可以向本诉的法院提起，但以反诉请求同本诉中主张的请求，或者同对本诉请求提出的防御方法有牵连关系者为限。"第256条第2项规定："在诉讼进行中，原告和被告就法律关系的存在或不存在有争执，而该诉讼的裁判的全部或一部是以此法律关系为依据时，原告可以在作为判决基础的言词辩论终结前，提起原诉讼申请的扩张，被告可以提起反诉，申请以裁判确定该项权利关系。"参见谢怀栻译：《德意志联邦共和国民事诉讼法》，中国法制出版社2001年版，第6页、第62页。

第二章　部分请求的论争

一债权的剩余部分请求，在德国亦有争议，德国民事诉讼法学者大多将其作为"既判力是否能向未被起诉的部分债权扩张"的问题来展开讨论。

德国的通说认为，不论前诉的部分请求是否明示，前诉判决既判力都不遮断同一债权剩余部分请求，换言之，承认默示的部分请求。但是，反对说认为，前诉判决既判力遮断同一债权剩余部分请求。反对说的根据，概括起来有以下三点：第一，原告未保留剩余部分的诉讼请求，其请求额有可能比实际债权更多或者更少，当然也有可能等同于实际债权。因此即使存在剩余部分债权，那么也应被前诉既判力遮断。第二，默示的部分请求之场合，如果剩余部分请求不被前诉判决既判力遮断的话，那么可能出现大量的最低值债权的诉讼请求。如果原告不明示保留剩余部分请求，而允许其提出剩余部分请求，势必导致大量的部分请求出现。有鉴于此，若剩余部分请求不被前诉判决既判力遮断，则只会对被告产生不利作用，违反诉讼法上的武器与机会平等原则。[1]并且，由于原告没有明示保留剩余部分请求，被告将失去利用消极确认的反诉来预防原告提起剩余部分请求的机会，使被告遭受程序上的不公平。第三，从诉讼经济原则出发，必须让原告认识到，如果不明示其请求为部分请求则全部债权将成为诉讼标的，其结果是判决既判力将遮断同一债权的剩余部分请求。唯有如此，才符合诉讼经济原则的要求。[2]

---

[1] 参见［日］小松良正：「アメリカの民事訴訟における一部請求をめぐる判例の展開—近時の判例を中心として」，『早稲田法学』第72卷第4号1997年，第124頁。

[2] 参见［日］小松良正：「アメリカの民事訴訟における一部請求をめぐる判例の展開—近時の判例を中心として」，『早稲田法学』第72卷第4号1997年，第126頁。

对于这样的反对说，德国通说反驳认为，在默示的部分请求之情形，前诉判决既判力不应及于前诉中未主张的剩余部分请求。其理由有以下两点：第一，通说认为反对说的观点，实际上是对处分权主义与既判力客观范围之间关系的误解。《德国民事诉讼法》第253条第1款和第2款[1]、第263条第1款[2]、第308条第1款以及第322条第1款所表达的处分权主义，把对裁判的请求对象、内容、范围以及依据原告请求而对法院产生的拘束力等特定权限赋予了原告，这种处分权也包括了对诉讼请求中数额的特定处分。因此，原告没有必要对保留剩余部分请求做出特别的意思表示。第二，在默示的部分请求之情形，如果承认既判力扩张，则会使原告处于诉讼上的危险境地，原告难以维持在获得的机会（Gewinnchance）与丧失的危险（Verlustrisiko）之间的平衡。如果依据前诉胜诉判决而排除同一债权的剩余部分请求，假设法院在前诉审理中获得原告请求额以上的心证，如果判给原告请求额以上的债权，虽然能够维持原告在获得的机会与丧失的危险之间的平衡，但《德国民事诉讼法》第308条第1款明文禁止这种超越原告请求事项以上的判决。[3]基于此，在默示的部分请求之情形，如果肯定前诉（部分请求）判决既判力能够遮断剩余部分请求，那么原告丧失利益的风险将显得过高。

---

[1]《德国民事诉讼法》第253条第1款和第2款规定："（1）起诉，以书状（诉状）之送达为之。（2）诉状应记明下列各点：①当事人与法院；②提出的请求的标的与原因，以及一定的申请。"参见谢怀栻译：《德意志联邦共和国民事诉讼法》，中国法制出版社2001年版，第61页。

[2]《德国民事诉讼法》第263条规定："诉讼系属发生后，在被告同意或法院认为有助于诉讼时，准许为诉之变更。"参见谢怀栻译：《德意志联邦共和国民事诉讼法》，中国法制出版社2001年版，第63页。

[3] 参见[日]坂本惠三：「一部請求について—主としてドイツの判例・学説を手がかりとして」，『早稲田法学会誌』第31卷1980年，第166页。

(三) 德国判例的见解

德国帝国法院（RG）时代的相关判例一般认为即使在默示的部分请求之场合，根据《德国民事诉讼法》第 322 条第 1 款规定，[1]判决既判力仅及于部分请求的债权，因此，原告即使在前诉中没有明示保留剩余部分请求，剩余部分债权也不会被前诉判决既判力遮断。不过，德国帝国法院在看待数量特定（特别是数额特定）的诉讼请求时，也将"原告主张全体债权归属自己的意思表示"或"原告放弃超过请求额以上部分的意思表示"解释为，原告将请求额的判断委任给了法院的裁量。[2]

德国联邦法院主要沿袭了帝国法院的见解，德国联邦法院在下述判例中对默示的部分请求的既判力客观范围做了如下解释：

判例 1. 土地征收补偿诉讼

原告向法院请求判令被告（镇）支付土地征收补偿金（原告所有土地面积为 225 平方米）。原告主张自己并未妨碍被告（镇）的开发建设，先行请求最高总额 9000 德国马克的土地征收补偿金。但是，原告在诉讼系属中将先前的请求撤回，将诉讼请求扩张为 157 500 德国马克。法院判令被告（镇）给付原告 135 000 德国马克，驳回原告其余请求。该判决生效后，原告再度以镇为被告，提起 7875 德国马克的剩余部分请求的给付之诉。第一审、控诉审均驳回起诉。上告审中，德国联邦最高法院以下述理由驳回上告："后诉的补偿给付请求被前诉判决既判力遮断。原告在前诉中即使存在部分请求补偿债权的意图，但

---

[1]《德国民事诉讼法》第 322 条第 1 款规定："判决中，只有对于以诉或反诉而提起的请求所为的裁判，有确定力。"参见谢怀栻译：《德意志联邦共和国民事诉讼法》，中国法制出版社 2001 年版，第 6 页、第 80 页。

[2] 参见［日］小山昇：「金額請求について」，『民事訴訟雑誌』第 6 卷，1960 年，第 165 頁。

前诉判决已经将应当归属于原告的全部土地征收补偿债权判决给了原告，因此不应当支持原告提起的后诉。"

判例 2. 共有份额诉讼

原告（女方）与被告（男方）于 1936 年结婚，1957 年诉讼离婚。婚姻关系存续期间，夫妻双方以 4527 德国马克购入土地一块，土地购入款由原告以个人存款出资 2741.55 德国马克，被告以个人存款出资 1785.45 德国马克，土地所有权以被告个人名义登记，原告起诉被告请求支付 3000 德国马克。嗣后，原告又将诉讼请求变更为，请求被告将土地所有权的二分之一变更登记为原告所有。法院判决支持了原告的诉讼请求。该判决生效后，原告再次提起诉讼，请求被告再将该土地所有权的十分之一变更登记为原告所有。德国地方法院以后诉请求已被前诉判决既判力遮断为由，驳回原告起诉。原告不服提起控诉，上级地方法院将该案发回地方法院重审。之后，被告提起上告。德国联邦最高法院以下述理由支持了第一审判决。即，"原告在前诉中先行请求 3000 德国马克，尔后又变更请求为土地所有权二分之一的变更登记。原告的实际行为使法院有理由认为其请求是将全部债权 3000 德国马克折算为土地所有权二分之一的全部请求，而且原告并未明示土地所有权二分之一的变更登记请求为部分请求，因此前诉判决既判力及于全部债权。"[1]

德国联邦最高法院对前述土地征收补偿诉讼做了如下评述：根据《德国民事诉讼法》第 322 条第 1 款的规定，部分请求的

---

[1] [日] 坂本惠三：「一部請求について—主としてドイツの判例・学説を手がかりとして」，『早稲田法学会誌』第 31 卷 1980 年，第 168~172 頁。陈荣宗：《民事程序法与诉讼标的理论》，台湾大学法律学系法学丛书编辑委员会 1984 年版，第 318~320 页。

认可判决仅限于请求额范围内产生既判力，故而前诉判决既判力不会遮断后诉剩余部分请求。遵循此原则，原告在前诉中是否明示保留剩余部分请求与后诉关系不大。但是，德国联邦最高法院沿袭德国帝国法院的判例认为，本件诉讼实际上并非部分请求诉讼，从案件的事实关系来看，原告在前诉中的请求可以解释为已经主张了全部请求权，作出此解释的理由是，土地征收补偿请求权是应统一行使的权利，在原告没有明示其请求为部分请求的情况下，法院可以判断该请求为全部请求。另外，德国联邦最高法院还认为，原告在前诉中存在把请求数额的判断委任给法院裁量的意思表示，原告请求的数额非为特定，可以将其视为对法院的提议。德国联邦最高法院对前述共有份额诉讼作了如下评述：原告基于一定事实关系提起数量特定的诉讼，没有明示其请求为部分请求，也没有保留剩余部分请求，但从原告的实际诉讼行为上可以判断其请求为全部请求，因此前诉判决既判力应该及于剩余部分请求。[1]

另外，德国联邦最高法院还认为，从土地征收补偿请求权的性质来看，原则上不能提出部分请求。作为例外，原告仅请求共有份额中归属于自己的部分权利时，必须明确陈述此意思表示。诉讼请求中记载的"最少二分之一"的数量，仅是原告对自己所占共有份额比例的认识，而前诉判决是法院基于事实关系对应归属于原告的共有份额的全部份额的裁判。因此，根据《德国民事诉讼法》第322条第1项，原告的剩余部分请求已被前诉判决既判力遮断。[2]

---

〔1〕 参见［日］小山昇：「金額請求について」,『民事訴訟雑誌』第6卷，1960年，第165頁。

〔2〕 参见［日］「五十部豊久損害賠償額算定における訴訟上の特殊性」,『法学協会雑誌』第79卷，1962年，第720頁。

上述两个判例值得重视的地方是，德国联邦最高法院对于后诉剩余部分请求是否被前诉判决既判力所遮断的判断，其关注的重点不在于前诉中原告的部分请求是否明示，而在于前诉法院是否对全部请求权作出了判断。因为德国联邦最高法院认为在默示的部分请求之情形，原告已经把对具体给付数额的判断委任给了法院。

在德国的学说和判例中，即使没有明示请求数额的起诉也被认为是合法的。而且，不明示请求额的起诉，其诉讼标的只能特定为请求原因，将对请求额的判断委任给法院的场合也是同样的。在后者的场合，即使原告在诉讼请求中明示一定数额，法院也可以不受这个数额的拘束而作出裁判。因此，法院在获得原告请求额以上的心证时，可以认可这个数额，而这并不违反《德国民事诉讼法》第308条第1项的规定。此种情况，可以视为将请求权的全部作为了诉讼标的。对于这一点，德国学说和判例的见解是一致的。并且，即使原告没有明示将对请求额的判断委任给法院，但如果从对诉讼请求的解释结果来看，可以理解为原告已将对请求额的判断委任给了法院的话，那么法院也可以作出上述裁判。因此，原告将对请求额的判断委任给法院的诉讼可以分为，明示的情形与法院基于诉讼请求来解释而认可的情形两种类型。[1]总之，就被解释为将对请求额的判断委任给法院的诉讼而言，即使在诉讼请求中记载了一定数额，这也不是确定诉讼标的之要素，只不过是给法院的提议而已。对此种情况的诉讼标的应该舍弃数量的观点而只以请求原因确定，诉讼标的为全部请求权，虽然不受《德国民事诉讼法》第308条第1项的限制，但其判决既判力常常遮断剩余部分请求

---

[1] 参见［日］五十部豊久："一部請求と残額請求"，《実務民事訴訟講座Ⅰ》1972年，第75頁。

（前诉与后诉的诉讼标的同一）。

通过分析前述两个判例，可将德国联邦最高法院的见解归纳如下：在土地征收补偿诉讼（判例1）中，德国联邦最高法院以土地征收补偿请求权一般是实体法上不可分割的权利为由，把前诉的诉讼请求解释为原告将对请求额的判断委任给了法院，前诉法院也是基于这样考虑而作出的裁判。在共有份额诉讼（判例2）中，德国联邦最高法院也是以共有份额返还请求权系实体法上统一的权利为由，认为这种请求一般不能分割，前诉法院亦是基于这般考虑而认为原告虽然记载了一定的请求额，但还是可以看作原告将对请求额的判断委任给了法院的裁量。从德国联邦最高法院的见解可以推导出这样的结论——不论判例1还是判例2，前诉中原告的诉讼请求额不是确定诉讼标的之要素，诉讼标的只是以请求原因来确定，前诉法院的裁判可以不受原告的诉讼请求额的拘束。换言之，判例1和判例2中，前诉诉讼标的仅由请求原因确定，因此全部请求权就是诉讼标的，前诉法院已经就全部请求权作出了裁判。

从德国联邦最高法院上述两个判例的考察结果来看，诉讼标的等于既判力客观范围的传统公式并没有任何变化。诚然，关于原告明示了一定数额的诉讼请求，德国联邦最高法院以实体法上不可分割的权利为基准，将原告对请求额的判断视为委任给了法院，这种见解是否正确还是有商榷的余地。[1]关于前诉判决既判力与剩余部分请求的关系，将对前诉请求额的判断解释为委任给了法院的裁量（这个理由值得商榷），则全部请求

---

[1] 德国学者 Kuschmann 主张，将原告对请求额的判断解释为其委任给了法院的裁量的场合，虽然法院可以不受原告明示的请求额之拘束，而作出高于原告请求额的判决，但这必须在判决主文中作出明示解释。参见［日］小室直人：「一部請求と上訴」，『山木戶還歷記念 実体法と手続法の交錯（下）』，第269頁。

权为诉讼标的。因为前诉与后诉的诉讼标的同一，所以前诉判决既判力遮断剩余部分请求。但是，如何从理论上周延该理由的逻辑，还需要进一步探讨。

由上观之，对于金钱等数量上可分的给付之诉而言，关于前诉判决既判力与剩余部分请求的关系，可以归纳出德国判例遵循如下原则：①部分请求是合法的；②提起部分请求时，只有提起了主张的部分请求权才产生既判力；③前述原则同样适用于原告没有明示保留剩余部分请求的情形；④不过根据对诉讼请求的解释，不论原告是否在诉讼请求上特定了数量，仍存在法院将原告的诉讼请求解释为主张了全部请求权的可能性。这种情况特别地存在于，请求返还统一的请求权或统一的权利，以及请求额的判断被委任给了法院裁量的情形。

如此，在德国判例中，确定部分债权的判决之既判力是否妨碍请求同一债权剩余部分请求的问题是不是"既判力扩张的问题"？默示的部分请求之场合是否允许将全部债权解释为诉讼标的？还有这些问题应该满足哪些要件？德国学者 Batsch 将这些问题作为"诉讼请求的代表效"进行了论证，他主张，根据内容特定的诉讼请求之自身解释，如果内容特定的诉讼请求能够代表作为其基础的全部请求权，那么可以认可它的代表效。当然，这是针对仅以请求原因来确定诉讼标的之情形而言的。可以认可代表效的情形是：①请求额的判断委任给了法院裁量的情形；②虽然在诉讼请求中明示了一定数额，但根据对诉讼请求的解释，还是可以认为原告将其对请求额的判断委任给了法院裁量的情形；③性质上特定的诉讼请求之情形。在可以认可代表效的三种情形中：①之场合，法院不受诉讼请求文字表示的拘束；②之场合，前诉判决确定后，以同样请求原因提起的同类型后诉将被法院依据《德国民事诉讼法》第 322 条第 1

款之既判力的规定而驳回（前诉与后诉的诉讼标的同一）。③之场合，学者 Batsch 举例如下：原告（买主）基于特定的买卖合同请求被告（卖主）交付该买卖合同的目的物 A 而提起诉讼。Batsch 认为，原告的诉讼请求可以解释为请求被告交付该买卖合同的目的物。如果法院在证据调查后获得了买卖合同实际上的目的物不是 A 而是 B 的心证，那么即使在诉讼请求未变更的情况下也可以合法地将 B 判决给原告。相反，如果认可或驳回原告请求 A 的诉讼请求，那么判决确定后，假如原告基于同一买卖合同，主张实际买卖目的物为 B 而提起诉讼请求交付 B，则依据《德国民事诉讼法》第 322 条第 1 款应当驳回起诉。[1]以上就是 Batsch 的代表效，根据其观点只要请求满足了《德国民事诉讼法》第 253 条第 2 款第 2 项规定的"特定"之要件，以上观点就没有问题。其关于特定物的给付请求之立场正好与日本的新说相反，但与《美国联邦民事诉讼规则》第 54 条 C 项类似。

根据把全部请求权解释为裁判对象的见解，只要没有明示保留同一债权的剩余部分请求，就不被允许提起剩余部分请求未免过苛。即使认为该部分请求相当于行使了全部请求权，但剩余部分请求不应该成为既判力抗辩的原因，而只是能产生实体法上效果或仅能成为诉讼法上的恶意抗辩。[2]因此，作为例

---

[1] 参见 [日] 坂本惠三：「一部請求について—主としてドイツの判例・学説を手がかりとして」，『早稲田法学会誌』第 31 卷 1980 年，第 177~178 頁。

[2] 德国学者 Pohle 认为，按照这种解释只能产生三种结果：(1) 债务免除 (2) 权利失效 (3) 剩余部分请求的诉权放弃。不过，Pohle 也认为，在没有明示保留剩余部分请求的情况下，原告后诉主张与前诉主张常会存在矛盾，也存在易产生证明极度困难的可能性。参见 [日] 坂本惠三：「一部請求について—主としてドイツの判例・学説を手がかりとして」，『早稲田法学会誌』第 31 卷 1980 年，第 176 頁。

外，只有在原告将自己对请求额的判断委任给了法院的情形（未明示请求额的起诉）才可将部分请求解释为全部请求。不过，从诉之基础的实体法上请求权是统一的权利这个事实来看，不论诉讼请求是否在数量上特定，将其解释为必然是全部请求权的主张是不妥的。

于是，德国联邦最高法院的判例观点被学界评价如下：第一，默示的部分请求之既判力并不是向同一债权未请求部分的既判力扩张问题，这个问题不如说是因为未保留特定数量的剩余部分请求而被法院解释为对全部债权的请求，这样的解释是否正当的问题。第二，在默示的部分请求之情形，只是凭原告未在前诉中保留剩余部分请求这一点，就解释为前诉裁判是对全部债权作出的，这种解释欠缺正当性。第三，原告自己将对请求额的判断委任给法院裁量之情形，原则上解释为法院的裁判是对全部债权作出的，这种解释是正当的。[1]第四，德国联邦最高法院在具体的判例中，将原告对请求额的判断委任给了法院裁量的解释却欠缺正当性。因为这个判例中原告曾有主张过清楚的请求数额。第五，更进一步说，土地征收补偿诉讼与共有份额诉讼中，德国联邦最高法院以土地征收补偿请求权与土地共有份额交付请求权均为实体法上不可分割的权利为由，将原告的请求解释为是对全部请求权的主张，这也欠妥当。实体法上请求权的统一性并不妨碍诉讼上的分割请求，因此，并不能阻碍默示的部分请求。[2]

综上所述，学界对于德国联邦最高法院对默示的部分请求

---

[1] 德国学者 Batsch 对这种评价不以为然，认为其只是混同了共有权的统一性与可分性。

[2] 参见［日］小室直人：「一部請求の訴訟上の取扱」，『法学教室』第1期第1号，第62頁。

之既判力客观范围的理论出发点，基本上采取赞成的态度。只是对德国联邦最高法院关于诉讼请求和判决内容的具体解释存有疑问。最终，德国判例对于默示的部分请求问题没有将其作为既判力向前诉未主张部分的扩张来考虑，而是将其当作由于前诉未明示部分请求所以前诉的诉讼标的为全部债权的问题来把握。此处所言诉讼标的为全部债权并不是指原告的全部权利主张，而仅是指原告的请求原因。因此，在此种情形中，即使原告请求了一定数额，但法院可以不受该数额的拘束，而认可该数额以上的数额，从而保持原告之获得的机会与丧失的危险之间的平衡。德国联邦最高法院对于默示的部分请求之情形，所作出的前诉既判力遮断剩余部分请求的判断之场合，实际上是将前诉的请求原因当作了诉讼标的，认为前诉已对全部请求权作出了裁判。但从严格的角度来看，既然将全部请求权当作了诉讼标的，那么这些判例就不是部分请求的案件。

第四节 美国部分请求理论与实践[1]

美国法有禁止分割请求原则，这容易让人认为美国不存在部分请求诉讼问题，这其实为观念上的一个误解。为实现个案公平，美国在一些特殊情形下，也会否定禁止分割请求原则，而认可部分请求，我国对美国部分请求诉讼的相关研究尚暂付阙如，本节研究目的拟在于厘清这种误读，为研究美国法上的部分请求抛砖引玉。

---

[1] 本书作者曾将本部分内容发表于《天中学刊》2014年第3期，本书做了部分修改。

一、《美国联邦民事诉讼规则》第 54 条 C 项与禁止分割请求原则

由于美国法中确立有禁止分割请求原则（Rule against splitting a cause of action），所以原则上部分请求被禁止。基于此，对同一诉讼原因的请求实行纠纷一次解决原则，避免重复诉讼，防止浪费法院和当事人（特别是被告）的资源与成本。不过，在美国为什么能够确立禁止分割请求原则？其主要原因在于美国采用的是诉讼费用定额制，原告即使一次性请求全部债权，也不会存在诉讼费用上的障碍。另外，还有如下原因也值得关注。如前述德国之默示的部分请求判例所示的特殊性，前诉法院可以不受原告的请求额拘束，而以法院裁量判断请求额。与此类似，《美国联邦民事诉讼规则》第 54 条第 3 款规定："缺席判决不能违背诉讼请求中表示的种类，也不能超过原告的请求数额。除对缺席当事人而作出的败诉判决外，即使胜诉当事人在诉答文书中并未要求救济，所有终局判决也应该给予胜诉当事人诉讼上的权利救济。"换言之，在被告出席的情形中，美国法院不受诉状（pleading）中记载的请求额的拘束。这一点与德国存在共通点，因为德国法院在认定原告将对请求额的判断委任给了法院时，也可不受请求额的拘束。在这一点上，美国和德国的原告均可将"诉讼原因"（cause of action）或"请求原因"特定化。在此种情况下，德国认为前诉判决既判力遮断剩余部分请求，美国认为禁止分割请求原则为正当，这绝不是偶然的一致。因为原告诉状中记载的一定数额的请求额对法院没有拘束力就意味着，原告的请求权非为一定数额所限定，法院可以经常以全部请求权作为诉讼标的而作出裁判，从这个意义上来说，分割请求常常不会被法院考虑。

二、判例考察：禁止分割请求原则之例外

1. Christian v. American Home Assur. Co. 案件

原告加入受雇企业的团体保险，受雇期间因事故而永久性地丧失全面劳动能力，故向被告保险公司提起保险金的给付请求。由于被告拒绝支付保险金，原告以被告违反保险合同为由提起给付之诉，原告获胜诉判决。嗣后，原告又以被告怀有拒绝支付保险金的恶意为由，提起请求被告承担侵权责任的诉讼。原告一审败诉后，提起上诉。俄克拉荷马州最高法院 Simms 法官撤销原判决发回重审，其理由如下："虽然被上诉人主张，由于上诉人分割了诉讼原因，所以本案的损害赔偿请求被前诉判决遮断……但禁止分割请求原则的主要目的是保护被告不遭受烦琐的应诉之累，它是为保护被告而存在，因而被告可用明示或默示的方式放弃它……原告遗漏本该属于同一诉因的部分请求，如果其原因系缘于被告的欺诈、骗术或违法隐匿的话，则前诉判决不能遮断剩余部分请求……本案被上诉人在处理上诉人请求之时，本该承担公平对待并及时支付请求额的义务。但是，被上诉人却心存恶意，竭力隐匿事实。本该承担开示事实义务的被上诉人为夺取理应归属上诉人的正当利益而隐匿事实，这种行为应当定义为欺诈行为……在本案这种独特并且稀少的案情下，禁止分割请求原则之主要目的（为保护被告不遭受烦琐的应诉之累）不能适用，基于被上诉人自身行为，前诉判决不能遮断本案诉讼。"[1]

本案中，原告由于被告的欺诈行为而做出的部分请求，最终被法院判断为前诉判决不能遮断后诉剩余部分请求，认为进

---

[1] 转引自：[日] 小林修："美国诉因分割禁止原则研究"，载《法学研讨》1992 年第 2 期。

行了欺诈行为的被告不存在需要保护之必要性。

2. Eagle-Picher Industries, Inc. v. Cox 案件

原告以承受因石棉沉着病、癌症的风险及石棉制品带来的精神痛苦为由,向被告提起请求损害赔偿的诉讼。因一审法院判决原告胜诉,被告以一审法院采用的证明原告将来罹患癌症风险的证据违法为由提起上诉。佛罗里达州上诉法院的 Pearson 法官驳回了上诉,其理由如下:"以将来可能发生之疾病带来的现在精神痛苦为由提起的诉讼,在将来疾病真实发生之时,可能会引起第二次诉讼,届时将会产生涉及同一诉因分割请求的问题。但等待疾病的发生却不能成为我们的目的,从衡平角度考虑,必须缓和诉讼程序上的禁止分割请求原则的规制。禁止分割请求原则之目的——终局性与诉讼经济,在这里也对立起来。诚然,待到疾病实际发生时又允许提起第二次诉讼,这将妨碍诉讼终局性目的。但是,如果仅允许疾病实际发生之后再提起诉讼,将迟延预期可能发生的诉讼之提起,这又有悖于诉讼经济原则……原告保留疾病实际发生时的损害赔偿请求权,并不违反禁止分割请求原则。"[1]

通过本案判决表明,法院认为提起以将来可能发生的疾病带来的精神痛苦为由的诉讼并不违反禁止分割请求的态度。如果禁止这样的请求,将明显地违背诉讼经济原则。

3. Thorleif Larsen & Son v. PPG Industries 案件

原告以被告建筑合同违约为由,向 Du Page 郡巡回法院提起请求给付 64 万美元的诉讼。同日,原告以赎回权丧失为由,向 Cook 郡巡回法院提起请求 51 万美元损害赔偿的诉讼。Cook 郡巡回法院与 Du Page 郡巡回法院先后裁判原告违反禁止分割请求

---

〔1〕 转引自:[日] 小松良正:"美国民事诉讼部分请求研究——以判例为中心的考察",载《早稻田法学会志》1998 年第 4 期。

原则,驳回原告起诉。原告上诉,伊利诺州上诉法院的 Nash 法官撤销原判决发回重审,其理由如下:"本案最初以违反禁止分割诉讼原则,驳回赎回权丧失的诉讼。前审法院认为赎回权丧失的诉讼与合同违约的诉讼皆属同一诉讼原因……判断诉讼原因是否同一的基准为,是否基于同一事实关系或证据是否同一……比较前述两个诉讼,确实诉讼原因同一……但是,适用禁止分割请求原则也有例外的情形,对于因原告不知、错误或被告欺诈等原因而致'遗漏'请求以及适用该原则将明显破坏衡平之情形,可以不适用该原则……根据本案特殊事实关系以及被告自身行为,我们如果严格适用该原则将破坏衡平……根据诉讼记录,被告对分割请求未提出异议,且在后诉(Cook 郡巡回法院的诉讼)中利用了前诉争点效(issue preclusion)进行防御,因此,可以认为被告同意了原告的分割请求。"[1]

本案中,原告分割同一诉讼原因的请求,同时提出两个诉讼,被告对此没有提出异议,因而被法院认为同意分割请求,不能适用禁止分割起诉原则。

4. Schlaifer Nance & Co., Inc. v. Estate of Warhol 案件

原告与被告之间,签订有被告赋予原告关于 Warhol 艺术作品的知识产权之排他的使用许可权的协议。协议约定对于一些项目纠纷由仲裁程序解决,对于另一些项目纠纷由诉讼程序解决。原告以被告违反协议不允许其销售商品为由,提起仲裁。之后,原告又以被告违反协议将 Warhol 艺术作品上的权利转让他人为由,提起诉讼。被告主张原告违反禁止分割请求原则,应驳回起诉。联邦地方法院的 Stanton 法官认为:"仲裁的既裁事项不能遮断本案诉讼。被告认为原告在仲裁和诉讼中提出的请

---

[1] [日]小林修:"美国诉因分割禁止原则研究",载《法学研讨》1992 年第 2 期。

求均产生于同一合同关系,故主张原告违反禁止分割请求原则。但是,本案诉讼的原告请求属于当事人仲裁协议之外的部分权利,且依据协议也可以推知被告当初同意分割请求,因此仲裁不能遮断本案的原告请求……"[1]

本案中,原告分割了同一法律关系的请求,部分请求以仲裁程序提起,另一部分请求以诉讼程序提起。法院认为在当事人之间存在关于分割的协议时,这样的请求不构成重复请求,因为被告事先同意分割,所以不存在权利保护的必要性。

三、对我国的启示

由上观之,在美国,原告基于同一诉讼原因而为分割请求时,一般情况下后诉提起的剩余部分请求应被遮断,但对于分割请求不能归责于原告且被告不存在权利保护的必要性时,不适用禁止分割请求原则。判例也对存在一定特殊情形的案件,否定了禁止分割请求原则的适用。因此,部分请求不仅被应用于大陆法系的司法实践中,在英美法系的美国亦被灵活运用。毕竟,民事诉讼活动中,不仅要考虑到法院的审判压力,也应尽量实现当事人在个案中的公平。习近平同志指出:"要努力让人民群众在每一个司法案件中都感受到公平正义。"这标志着我国第五代中央领导人对实现个案的司法公平给予高度重视。确实,中国人民就是由包括你我他在内的一个一个的中国人组成的,个案公平是人民的最小单位——个人最容易感受到的,也是最为真实的,因为个案公平就是发生在人民群众身边的公平,是老百姓的公平,也是一种最朴素的公平。如果将一个国家的司法公平比喻为一座大厦,那么个案公平正是建起这座大厦的

---

[1] [日] 小松良正:"美国民事诉讼部分请求研究——以判例为中心的考察",载《早稻田法学会志》1998 年第 4 期。

每一块砖石。在实现个案公平时,"不同事物应有不同对待"或"不同事物应为不同的处理"。具体就部分请求诉讼而言,如果原告与被告之间的债权债务关系是真实的,那么由于被告有错在先,此时法院应着重考虑如何对作为受损一方的原告(债权人)给予充分、便利的救济,而不必过多考虑被告(债务人)的所谓应诉之累,因为这种应诉之累实际上正是其自己造成的,如果其在债务发生后能够主动履行,原告自然不必起诉,更加不须分次部分请求,这才是"不同事物应有不同对待"的应有之义,方能"让人民群众在每一个司法案件中都感受到公平正义"。

当然,处于社会转型期的我国对诉讼效率有着不同于其他国家和地区的别样需求,如何从实施程序设计上量体裁衣,以贴切于我国现实是必须考量的问题。在社会转型期的当下,在推行一项改革措施的同时,不仅要考虑到这项改革措施所能带来的积极一面,更要设想到这项措施可能被滥用的情形,故应设计对提起部分请求的过滤程序:提起部分请求时须明示;败诉后不能再诉剩余债权;原告再诉剩余债权须有次数限制;应确定适用部分请求案件的债权数额;前诉与后诉的当事人须为同一;提起部分请求须有正当理由。经过如此过滤后,法院也应以积极姿态消解部分请求:法官应积极运用释明权、宽待原告的增加诉讼请求、小额诉讼程序不得适用部分请求。在这样的程序安排下,以实现保护各方利益和纠纷一次解决之间的平衡。

第五节　部分请求论争的整理

一、不同的发展轨迹

纵观部分请求的肯定说、否定说和折衷说，三种学说的论争归根结底在于是否允许当事人提起剩余部分请求。因其夹杂诉讼标的、既判力等盘根错节的理论纠葛，才使得部分请求之争变得扑朔迷离。本章学说论争的撰写，笔者按国家和地区的不同，分别整理了部分请求理论与实践在这些国家和地区中的状况。我们可以发现，部分请求在德国、日本和我国台湾地区的发展并不一致。德国对部分请求持最为开放的态度，这和第一次世界大战后，通货膨胀导致货币贬值的经济情况不无关系。日本对部分请求采取较为谨慎的态度，这可能与日本人的性格不无关系。在理论情结这一点上日本人并不逊于德国人，从前述学说论争的整理中可以看出，日本的学说之争主要纠结于诉讼标的、既判力等理论，由于这些理论自身的不完美性，并且因为这些理论是从德国引入，毕竟不是日本自己的东西，运用时可能害怕弄错，所以格外小心，也难怪张卫平教授会发出这样的感慨："日本精细分析可以说达到极致、甚至繁琐的程度。"[1]但日本却忽略了德国对部分请求采取的态度极为宽容，德国在部分请求问题上都未因诉讼标的、既判力等理论而如此犹豫不决、踌躇不前。我国台湾地区的部分请求的学说论争比起德日二国来说，基本上沿袭了日本的既有研究成果。

---

[1] 还有，在日本一流的法学杂志中，德国的理论和制度总是占据主导地位，并常常被当做批判本国法律和理论的工具。参见张卫平、陈刚编著：《法国民事诉讼法导论》（序言），中国政法大学出版社1997年版，第Ⅰ~Ⅱ页。

第二章 部分请求的论争

首先是部分请求肯定说。日本与我国台湾地区较为谨慎。肯定说与否定说的分歧主要在于不同的学者对民事诉讼目的之理解不一致，主张肯定说的学者侧重于对原告权利的保护；反之，主张否定说的论者主要侧重于纠纷的解决，保护被告免受频繁应诉之累及减轻法院审理负担。总而言之，到底采用肯定说还是否定说，与一定时期的诉讼政策有关。我国台湾地区骆永家教授认为，肯定说允许原告无限制地提起部分请求，使被告不堪应诉之累并增加法院审理负担，固然不妥。但否定说一概不认可部分请求诉讼（例外情况除外），也有不当。[1]例如，在损害赔偿诉讼时部分请求就有其必要性，在当今社会愈发达损害赔偿案件愈多的情况下，至少应该认可损害赔偿诉讼的部分请求，才能符合社会实情，保护被侵权人利益，实现民事诉讼作为国家制度的理想。但是，如果对原告提起的部分请求诉讼一概不加以限制，则必将导致这种原本可以弥补传统起诉方式之不足的起诉方式被滥用。如果任由原告分割请求，则将陷被告于不胜应诉之累的境地，法院也将被拖入重复审理之泥沼，而将纠纷解决的效率性及被告的应诉负担推给既判力制度去考虑的说法，也未必站得住脚，矫枉不应过正。如果不对部分请求肯定说加以限制，必将导致整个民事诉讼制度的紊乱。德国的态度最为积极。部分请求肯定说主要从实体法角度来阐述其理由，认为根据实体法的原理，债权人可自由分割自己的债权，债权人既可以放弃部分债权也可以要求债务人部分履行债权。全面肯定说主张应当全面许可当事人提起部分请求，判断是否允许部分请求的唯一标准就是，该请求在实体法上是否为客观

---

[1] 参见骆永家："一部请求诉讼"，载《既判力之研究》，三民书局1999年版，第100页。

的部分请求。[1]但是，有学者认为，这种将实体法原理直接套用到程序法领域中的思维是不正确的，因为债权人在诉讼外要求债务人部分履行，对双方来说，其成本是很低的，或谈不上什么成本。然而，通过诉讼来收债则会花费双方当事人的人力和财力，也会消耗司法资源。[2]因此，全面肯定说以实体法原理为依据的理由并不充分。

其次是部分请求否定说。日本以新堂幸司教授、高桥宏志教授为代表，主张采用以既判力为根据的否定说。但是，新堂教授的"法院也将不得不对原告提起的每一次部分请求，进行权利成立与否的全面审理"的观点值得商榷。批判新堂说的学者认为，部分请求的前诉有可能并未对剩余部分债权的存在以及范围进行审理判断，如后发后遗症，在此种情况下就得出前诉判决遮断剩余部分请求的结论，对原告而言未免过苛。特别是，原告为获得部分债权提起诉讼，此时并不需要承担剩余部分债权之举证责任义务，在其获得胜诉判决后，反而失去请求剩余部分债权的机会，这种结论有悖常理。[3]山本和彦教授觉得新堂教授和高桥教授的既判力说缺乏说服力，又推出以失权效为根据的否定说，结论一样只是换了依据理由，但以类推适用《日本人事诉讼程序法》为根据的失权效正当性根据又在哪里？小松良正教授以美国法的必要请求合并规则为基础的否定说观点，与山本教授如出一辙，均存在可比性是否正当的问题。他们强调强制合并请求，从逻辑上否定了部分请求，但在与处

---

[1] 参见[日]高桥宏志：《民事诉讼法制度与理论的深层分析》，林剑锋译，法律出版社2003年版，第86页。

[2] 参见严仁群："部分请求之本土路径"，载《中国法学》2010年第2期。

[3] 参见[日]井上正三：「一部請求の許否をめぐる利益考量と理論構成」，『法学教室』第2期，1971年，第82页。

第二章　部分请求的论争

分权主义的关系上存在较大问题，因为强制原告合并请求并无法条根据，仅从信义则和《日本人事诉讼程序法》等的类推适用来论证强制合并请求的正当性，缺乏说服力。对于山本说主张类推适用而言，《日本人事诉讼程序法》等情形之失权的内容毕竟与禁止分割请求的内容存在较大差异。[1]另外，中野贞一郎教授也认为山本说对部分请求回避诉讼费用行为的理解也有不妥，姑且不说要求法院提供免费审理与现实条件不符，即使废除了诉讼费用制度，在后遗症或知识产权等诉讼中也有部分请求存在的必要性。[2]我国台湾地区的部分请求否定说基本是对日本学说的概括性接受，谈不上发展，且鲜有结合我国台湾地区实例进行阐释。德国的态度最为消极。

最后是部分请求折衷说。在三种学说中，日本采取折衷说的较多。日本学者对折衷说研究得最为细致，他们将该说又一分为二，即明示与默示区分说、胜诉与败诉区分说。明示与默示区分说实际上继承的是德国判例理论，后又在日本的司法实践中有相当演绎。但也有学者批判该说，"如果只要明示即可数度起诉，那么同样将导致法院的重复审理和被告的重复应诉，就当事人间关系而言，显然对被告不公平。"[3]明示与默示区分说的难点恐怕就在于此。胜诉与败诉区分说又被一分为三，即既判力说、信义则说和利益衡量说。既判力说中，三月章教授以特定标识作为折衷的标准，伊藤真教授和松本博之教授主张以明示作为折衷的标准，而松本博之教授实际上是持"明示+胜

---

[1] 参见［日］山本和彦：「一部請求」，『判例タイムズ』第974号，1998年，第53页。
[2] 参见［日］中野贞一郎：「一部請求論について」，『民事手続の現在問題』，判例タイムズ社，第52页。
[3] ［日］高桥宏志：『重点講義民事訴訟法』，有斐閣1997年版，第94~95页。［日］鈴木正裕、青山善充：『注釈民事訴訟法』，有斐閣1997年版，第94页。

诉=允许剩余部分请求"的观点，笔者认为这是折衷说中最具可行性的见解；信义则说中，学者们认为原告胜诉时剩余部分请求不遮断，败诉时依据传统既判力理论和信义则，前诉判决既判力遮断剩余部分请求，即以前诉是否胜诉作为折衷的标准。但批判信义则说的观点认为，信义则说针对具体案件的不同处置方法虽有一定合理性，但其适用要件需要根据不同情形而调整，这反而减弱了它的便利性。[1]利益衡量说也是以前诉是否胜诉作为折衷的标准，不过，该说的理由似乎与信义则说区别不大。我国台湾地区学者邱联恭教授指出："关于一部诉（请求）可否允许，要认识到其并非采取旧诉讼标的理论或采取新诉讼标的理论即可直截了当加以解决的问题，也并非单纯以新诉讼标的理论之赞成或反对即可解决之问题。有关一部诉求应否承认的问题，与诉讼标的理论到底有无呼应之关系，相当错综曲折，非为单纯之诉讼标的理论所能解决。除考虑到纠纷一次性解决原则与一事不再理原则外，还需考虑到其他因素。"[2]这实际上是采取折衷说的学者对肯定说和否定说的批评。与之类似，骆永家教授也指出："一部请求诉讼之问题与诉讼标的之新旧理论并无必然之关系，但对于一部请求诉讼的学说对立，归根结底，无非是因对民事诉讼制度运行目的应采取何种政策之观点不同而产生。新旧诉讼标的理论之对立，其原因可以溯及至对民事诉讼制度运行目的之不同见解，赞成新诉讼标的之学者强

---

[1] 参见［日］井上治典：「判例評釈」，『私法判例リマークス（下）』，1999年，第126頁。［日］山本和彦：「判例評釈」，『民商法雜誌』第120卷第6号，1999年，第1042頁。［日］酒井一：『判例評論』第483号，第194~195頁。如果将应该被遮断的后诉类型化，则还可以从既判力的角度再次检讨。仅以信义则作为处理剩余部分请求的唯一手段，必须采取慎重态度。

[2] 邱联恭：《口述民事诉讼法讲义（二）笔记版》，邱联恭讲述许士宦整理，1997年版（自行出版），第444页。

第二章 部分请求的论争

调纠纷一次性解决与一事不再理,故而采用否定说,旧诉讼标的论者则容易采用肯定说。"[1]德国的通说虽然为肯定说,但是德国在第一次世界大战前之通说为折衷说中的明示说,第一次世界大战后因通货膨胀激烈,被迫承认增额诉讼,才开始采用不论明示还是默示的肯定说,无限制地允许提起剩余部分请求诉讼。从前述德国判例可以看出,德国所采部分请求折衷说与日本和我国台湾地区均有不同,是一种最小限度的折衷,易言之,德国是在赞成肯定说的基础上,只对默示部分请求之特殊情形才折衷为否定态度,譬如,原告的默示部分请求被解释为前诉裁判是对全部债权作出,或原告对请求额的判断被解释为委任给法院裁量等情形。

归纳上述各学说之争,部分请求折衷说主张可以在一定的条件限制下,允许当事人提出剩余债权请求。但是,如日本学者所提出的那样,根据学说理由出发点的不同,折衷说又可以细分为若干学说。笔者赞成折衷说中松本博之教授的观点,即"明示+胜诉=允许剩余部分请求"的观点。理由如下:明示说[2]主张,原告只有在前诉中明确表示其诉讼请求为部分请求,才可以提起请求剩余债权的后诉,换言之,如果原告明确表示其诉讼请求为部分请求,则被告就能知悉原告还可能提出剩余请求,那么被告也能提前准备以应对原告可能提起的后诉,这样才可以达到原告与被告之间的攻防平衡。而松本博之教授的胜诉说[3]是建立在明示说基础之上的学说,主张原告不仅须在前诉明示其请求为部分请求,且还要在前诉胜诉的情况下,

---

[1] 骆永家:"一部请求诉讼",载《既判力之研究》,三民书局1999年版,第223页。

[2] 即日本学界所称明示与默示区分说。

[3] 即日本学界所称胜诉与败诉区分说。

才能提起剩余债权请求。因为原告在部分请求的前诉中败诉（主张及举证失败）的场合，其剩余债权请求即被遮断，而胜诉的场合，原告不需要对剩余债权的存在及数额提出主张和举证，基于此，剩余债权并未被遮断，所以原告在前诉中明示了部分请求且胜诉时，可以提起请求剩余债权的后诉。[1]笔者赞成松本博之教授的胜诉加明示之见解。

二、部分请求主要反对理由的提炼

通过上述整理可以发现部分请求理论颇为庞杂。本书的基本立场是赞成胜诉加明示的折衷说，并在此基础上提出若干自己的观点。因此，为方便后文展开对部分请求理论和实践的检讨，有必要提炼部分请求的各主要反对理由，以树立后文评论的标靶。之所以称之为反对理由而非否定理由是因为除肯定说外，否定说与折衷说均存在反对或担忧部分请求的理由，有些反对理由还非常合理，那么在设计我国部分请求的实施程序中就应当注意避免其可能带来的负面影响。

部分请求的反对理由可以归纳如下：第一，部分请求与诉讼标的理论、既判力客观范围理论不相容；第二，部分请求将造成诉讼不经济，会增加被告和法院的诉讼成本，允许部分请求可能诱发原告恶意诉讼伤害被告；第三，前诉中的明示和前诉的胜诉不能够成为允许提起请求剩余部分的后诉的标准。

---

〔1〕 参见［日］井上正三：「一部請求の可否について」，『法学教室』1971年第2期，第79頁。

第三章 现实语境下的部分请求思考

与前述部分请求的反对理由类似,在我国以前的民事诉讼实务中,法院习惯于从"一事不再理"的角度来考虑部分请求问题,并基于纠纷应当一次性解决、确定判决的债权应受既判力拘束、受理部分请求会因重复审理而增加法院负担、认可部分请求会增加被告应诉之累等原因,大都对部分请求持否定态度。但近年来,随着学界和实务界对诉讼标的原理的再认识、对既判力理论的再检讨,实务中肯定部分请求的案例越来越多,一些地区的法院开始对部分请求持宽容态度。基于实务需要,笔者将在本章针对前章提炼出部分请求的主要反对理由,以前述的部分请求理论结合我国的实际情况,在明示加胜诉说的基础上进行检讨。

第一节 部分请求与诉讼标的、既判力客观范围

一、诉讼标的之争的理论乱象

如前所述,部分请求论争之核心问题是当事人可否以分割请求方式提起诉讼。该问题的实质是部分请求判决之既判力能否遮断剩余部分债权。排斥部分请求的否定说学者均认为,部分请求"涉嫌"重复起诉。这一"当头棒"似的理由无疑分量

极重，因为无论大陆法系还是英美法系，不仅民事诉讼，刑事诉讼及行政诉讼也均排斥重复起诉。而诉讼标的是判断原告的起诉是否属于重复起诉的主要依据。[1]实际上，部分请求的论争与诉讼标的的论争如影随形，可以说正因为一百余年来诉讼标的论争陷入了犹如阿喀琉斯与乌龟的悖论怪圈，所以导致了部分请求的论争。

虽然学者们认为作为诉的要素之一的诉讼标的是民事诉讼法中一个非常重要的概念，以至于"对于学习及研究民事诉讼法学的人而言，诉讼标的之概念系必经之桥"[2]。但是，研究民事诉讼法学的学者至少在私底下又都承认，诉讼标的理论是由"请求权竞合"问题引起的一个理论"怪圈"。虽然长期以来诉讼标的被学界视为从起诉至判决贯穿于民事诉讼活动之始终的基本法律概念，其作用与功能被极度拔高，被当作是识别此诉与彼诉、既判力客观范围、诉之合并、诉之变更等的试金石，但是如此重要的一个基本法律概念却历经百年还处于"剪不断，理还乱"的定义模糊、争论不止之状态，新观点一经出现即被挑战，始终难以自圆其说，有鉴于此，有学者刻薄地说："这场论战之唯一战果可能只是成就出一大批理论家。"[3]民事诉讼法学界一直尝试从大陆法系关于诉讼标的的不同学说中择取其一作为基准，统一地适用于诉讼程序各领域，并用以解决诉讼法学上的诸多重大问题。但这种"一体化"或"体系化"研究范式不仅未达到学理上的预设目标，更难以回应实务上多

---

[1] 重复起诉是指原告不得以同一案件对同一被告提起二次起诉，否则法院就会以后诉不合法为由裁定不予受理或驳回起诉，后诉相对于前诉即为重复起诉。参见李龙：《民事诉讼标的的理论研究》，法律出版社2003年版，第25页。

[2] ［日］井上治典：『新民事訴訟法』，日本評論社1987年版，第6页。

[3] 吴英姿："诉讼标的理论'内卷化'批判"，载《中国法学》2011年第2期。

第三章 现实语境下的部分请求思考

义甚至"无序"的概念使用。[1]

相对于部分请求概念在我国的"姗姗来迟",诉讼标的概念早被移植。1920 年颁布的仅实施于广东军政府所辖各省的《民事诉讼律》,借鉴德日民事诉讼法,使用了诉讼标的概念,不过,该法未直接使用"诉讼标的"一词,而是采用日文"訴訟物"一词。1921 年北京政府颁布《民事诉讼条例》,明确规定起诉状应当记载"诉讼标的"。1928 年国民政府颁布《民事诉讼法》,也规定起诉状必须记载"诉讼标的",后该法历经修订,现为我国台湾地区所沿用。[2]1982 年我国颁布《民事诉讼法》,在关于共同诉讼、第三人参加诉讼等法律规定中使用了"诉讼标的"一词。不过,虽然在法律中使用了诉讼标的的概念,法律却未对诉讼标的的含义做出明确界定。

诉讼标的是法院裁判和审理之对象。法院的审理系围绕本案之诉讼标的进行的。诉讼标的是法院判定该起诉是否为重复起诉的重要依据,法院审查原告起诉是否违反"一事不再理"原则,主要就是考察判断原告提起的本次诉讼之诉讼标的与业已提起的其他诉讼之诉讼标的是否统一。按照民事诉讼处分原则,当事人没有主张的诉讼标的,法院当然不能加以裁判和审理。[3]部分请求与诉讼标的之理论纠葛在于,如果部分请求的前诉和剩余部分请求的后诉之诉讼标的被判断为同一,则按照传统的诉讼标的理论会被视为重复起诉,从而剩余部分请求将

---

〔1〕 参见陈杭平:"诉讼标的理论的新范式——'相对化'与我国民事审判实务",载《法学研究》2016 年第 4 期。

〔2〕 参见江伟、段厚省:"请求权竞合与诉讼标的理论之关系重述",载《法学家》2003 年第 4 期。

〔3〕 参见李龙:《民事诉讼标的理论研究》,法律出版社 2003 年版,第 25 页。李浩主编:《民事诉讼法学》,高等教育出版社 2007 年版,第 134 页。张卫平:"论诉讼标的及识别标准",载《法学研究》1997 年第 4 期。

会被驳回。但理论和实务的难点在于，诉讼标的理论学说林立，任何一种理论都难以成为实务操作标准。

由于诉讼标的概念的复杂化和多元化，以该理论为分析工具处理部分请求问题，也会因分析者所采用的诉讼标的学说的不同而得到不同结果。诉讼标的理论先后出现旧诉讼标的说（旧实体法说）、新诉讼标的说（诉讼法说）、新实体法说、诉讼标的相对性说等，这些学说并不是前后继承代替，而是始终并存，相互论战。[1]在相互论战过程中，各学说论者为应付反对者的批评，不断修正自己的理论，这样做的结果是导致诉讼标的理论更加混乱，变成了可以多维理解，可以随诉的种类、诉的阶段而调整的概念。

二、诉讼标的理论乱象中的部分请求

在诉讼标的各学说理论至今仍处于"关公战秦琼"的混乱局面之时，[2]以一种矛盾理论为分析工具来判断部分请求的正当性，似乎难以在逻辑上自洽，这本身有可能像"西西弗斯推巨石"所做的无用功。为验证运用诉讼标的理论为分析工具是否可以判断部分请求的合法性，下文将主要套用旧诉讼标的说（旧实体法说）、新诉讼标的说（诉讼法说）对部分请求情形下诉讼标的的识别问题进行讨论。

（一）旧诉讼标的说与部分请求

旧诉讼标的说（旧实体法说）认为诉讼标的就是原告于诉讼上提出的具体实体法上权利或法律关系的主张。就部分请求

---

[1] 参见吴英姿："诉讼标的理论'内卷化'批判"，载《中国法学》2011年第2期。

[2] 诉讼标的的实践在尤为混乱，正如严仁群教授所指出的那样，诉讼标的在我国实务仍呈纷乱状态，至少有三条路径并存。参见严仁群："诉讼标的之本土路径"，载《法学研究》2013年第3期。

可能适用的给付之诉而言，其诉讼标的就是实体法（私法）上的请求权或法律关系。[1]对于比较单纯的部分请求案例（设例1，甲对乙有1亿元债权，因考虑到乙的偿还能力，而明示暂时先请求其中1000万元。获胜诉确定判决后，另行提起请求剩余部分债权的后诉）而言，按照旧诉讼标的说，因为甲与乙之间仅存一个实体法上债权债务法律关系，甲对乙仅有一个债权，则部分请求1000万元的前诉的诉讼标的和剩余部分请求的后诉的诉讼标的应该为同一。对于比较复杂的部分请求案例（设例2，原告因人身损害赔偿向被告提起诉讼，请求医疗费获得胜诉判决，后又以尚需器官功能恢复训练所必要的康复费、适当的整容费以及其他后续治疗费为由，另行提起诉讼）而言，按照旧诉讼标的说，因为原告和被告之间仅存一个实体法上的侵权法律关系，前诉后诉的诉讼标的应为同一。另有学者认为，对于比较特殊的部分请求案例（设例3，某商业银行贷款100万元给某公司，双方约定月息为6.045‰。后某公司未按约定归还，某商业银行向某公司提起了本金归还之诉。获胜诉确定判决后，该商业银行又就该借款的约定利息单独提起诉讼）而言，按照旧诉讼标的说，前诉诉讼标的为本金债权，后诉诉讼标的为利息债权，前诉后诉的诉讼标的不同一。但按照处理本金与利息之分割诉讼的国内通说，本金债权和利息债权系同一个借贷法律关系之下的权利，诉讼标的应为同一，这与旧诉讼标的说存在差异。[2]

（二）新诉讼标的说与部分请求

新诉讼标的说（诉讼法说）批评旧诉讼标的说中直接以实体法上的请求权作为诉讼标的识别标准的观点，认为诉讼标的

---

[1] 参见李龙：《民事诉讼标的的理论研究》，法律出版社2003年版，第31页、第166页。

[2] 参见严仁群："部分请求之本土路径"，载《中国法学》2010年第2期。

概念及识别标准必须由诉讼法本身的观点构成。该说又分为以德国学者罗森贝克为代表的"二分肢说"和以德国学者伯特赫尔为代表的"一分肢说"。[1] 二分肢说（原因事实+诉的声明）主张：原告在起诉之时，仅需主张其希望的法律效果或者法律地位，不需要主张实体法上的权利或者法律关系。诉讼标的之内容不以实体法上请求权为根据，仅能以原告提出的原因事实和诉的声明为依据加以确定。按照二分肢说，对于比较单纯的部分请求案例（设例1）而言，原告在前诉后诉中提出的原因事实虽然相同，但诉的声明不相同（前诉请求1000万元部分债权，后诉可能请求剩余部分债权），因此前诉后诉诉讼标的不同一。对于比较复杂的部分请求案例（设例2）而言，原告在前诉后诉中提出的原因事实虽然相同，但诉的声明不相同（前诉请求医疗费，后诉请求器官功能恢复训练所必要的康复费、适当的整容费以及其他后续治疗费），因此前诉后诉诉讼标的不同一。一分肢说（诉的声明）认为：在离婚诉讼等情形下，离婚的原因事实也许并不能构成诉讼标的的要素，因为离婚案件的原因事实往往有很多种，也许是彼此厌倦、虐待，也许是遗弃或不忠等，也许是这些原因的综合。原告的起诉目的就是解除婚姻关系，原因事实不过是请求的理由，若以原因事实来判断诉讼标的，则有多少个原因事实就成立多少个诉讼标的，这显然不对。故而，应该把原因事实从识别标准中去掉，仅保留诉的声明为识别标准。按照一分肢说，对于比较单纯的部分请求案例（设例1）而言，前诉之诉的声明为请求给付部分债权1000万元，后诉之诉的声明为请求给付剩余部分债权，前诉后诉之诉的声明不同，因此诉讼标的也不同一。

---

[1] 李浩主编：《民事诉讼法学》，高等教育出版社2007年版，第134页。

三、诉讼标的理论不能否定部分请求

请求剩余债权的后诉能否提起，取决于请求部分债权的前诉的既判力客观范围是否及于全部债权。否定说认为部分请求判决的既判力及于全部债权，而非仅限于部分债权，此为否定说的主要理由之一。

这一观点实际上是建立在大陆法系的传统公式"诉讼标的＝既判力客观范围"的基础之上的。按照此公式，诉讼标的的识别决定既判力客观范围的大小。否定说的支持者对诉讼标的的识别显然采用的是旧诉讼标的说（实体法说），该学说将实体法上的请求权直接当作诉讼标的。根据旧诉讼标的说，部分请求的前后两诉容易被理解为是基于同一债权请求权，其诉讼标的为同一，从而，否定说支持者得出后诉系前诉的重复起诉的结论。不过，新旧诉讼标的学说之争执由来已久，至今并未分出胜负。譬如，甲对乙有100万元债权，甲先诉乙偿还40万元，那么甲还能否提起请求剩余部分60万元的后诉？这是一个典型的部分请求案例，按新诉讼标的说的观点，诉讼标的由原告的诉之声明确定，前诉判决的既判力客观范围仅及于部分请求之债权，剩余部分债权非判决效力所及，应当允许甲提起后诉；按旧诉讼标的说的观点，诉讼标的为全部债权之法律关系，既判力客观范围及于剩余部分债权，甲不得提起后诉。从德日及我国台湾地区的学说判例来看，对于此等案例采新诉讼标的说的居多，我国大陆地区实务中亦是如此。[1]因此，对于是否认可部分请求，我们应从案件的具体情况出发，而不应拘泥于理论矛盾的泥沼之中。另外，大陆法系理论一般认为既判力只

---

[1] 参见王娣、钦骏："民事诉讼标的理论的再构筑"，载《政法论坛》2005年第2期。

是及于判决主文中的判断，不及于判决的理由部分，[1]而部分请求的前诉判决的主文判断仅针对部分债权，所以，从这一点来看，既判力客观范围并不会否定部分请求。

四、既判力客观范围与部分请求

部分请求否定说以既判力客观范围为理由提出的论据，能不能否定部分请求呢？既判力是指确定判决的判断被赋予共有性或者拘束力，[2]也被称为实体确定力或者实质确定力。日本学者新堂幸司教授认为终局判决一经得到确定，该判决针对当事人请求所作的判断即成为规制当事人双方此后法律关系的规范，以后如果双方再对同一事项发生争议，则不认可当事人提出与此相反的主张，并且当事人不能对该判断提出争议，法院亦不能再作出与之相反或者抵触的判断。[3]

部分请求的前诉判决既判力能否遮断剩余部分请求，是能否提起后诉请求剩余部分债权的关键，这与既判力作用范围密切相关。既判力作用范围是既判力解释论上的一个非常重要的领域，主要涉及前诉既判力遮断的面积有多宽、前诉既判力的界限在哪里、在何种意义上后诉可等同于前诉等问题。简言之，既判力作用范围又可分为，既判力客观范围、既判力主观范围和既判力时间范围，与部分请求问题相关的主要是既判力客观范围。

从解释论上来看，既判力客观范围的含义是，从诉的客体之角度出发，考察确定判决之内容在何种广度的范围内产生遮

---

[1] 参见［日］新堂幸司：《新民事诉讼法》（第三版补正版），林剑锋译，法律出版社2005年版，第482页。

[2] 参见［日］高桥宏志：《民事诉讼法：制度与理论的深层分析》，林剑锋译，法律出版社2003年版，第477页。

[3] 参见［日］新堂幸司：『新民事訴訟法』，弘文堂1998年版，第403页。

断或者覆盖的作用，从而给予此作用范围内的纷争以终局性解决。在客体层面上既判力作用所要解决的问题是：前诉判决确定后，后诉有可能会牵扯到前诉中的某些事实，那么后诉法院应当依据前诉判决的何种内容作出相应判断（既判力之积极作用），对于当事人在后诉中提出的与前诉有关的何种事实或者证据应该不予认可（既判力之消极效果=遮断效、失权效）。

部分请求问题中，剩余部分请求的后诉是否能够被允许提起，取决于不同的学者对前诉判决既判力客观范围的不同解释。主张前诉判决既判力及于全部债权者否定剩余部分请求，主张前诉判决既判力仅及于部分债权者认可剩余部分请求。虽然我国现行《民事诉讼法》尚未明确界定判决既判力的客观范围，但是大陆法系传统的主流观点认为判决既判力客观范围仅限于判决主文中的判断。判决主文亦被称为判决结论，系法院针对当事人请求对象之直接判断，换言之，系对当事人提起的作为诉讼请求的法律关系是否存在而作出的判断，是针对原告请求趣旨的回应。法院在判决主文中的判断可以说是对当事人所争议的权利义务的判断，[1]基于此，大陆法系传统主流观点认为判决既判力客观范围等同于诉讼标的的范围也等于法院在判决主文中的判断。

法院对部分请求的前诉在判决主文上的判断，严格来讲，仅是对原告在前诉中提出诉讼请求的部分债权之判断。[2]因此，前诉部分请求判决的既判力客观范围不能覆盖剩余部分请求，对原告提出的请求剩余部分债权的后诉理应予以承认。

另外，有学者认为，新堂幸司教授等学者认为既判力应该

---

[1] 参见林剑锋：《民事判决既判力客观范围研究》，厦门大学出版社2006年版，第58页。

[2] 例如，《德国民事诉讼法》第322条第1款规定："判决中，只有对于以诉或反诉而提起的请求所为的裁判，有确定力。"

及于全部债权，所以不应该认可后诉，但根据既判力原理，这种见解也不能成为法院驳回请求剩余部分债权后诉的理由。因为根据新堂教授所定义的既判力——"终局判决一经得到确定，该判决针对当事人请求所作的判断即成为规制当事人双方此后法律关系的规范，以后如果双方再对同一事项发生争议，则不认可当事人提出与此相反的主张，并且当事人不能对该判断提出争议，法院亦不能再作出与之相反或者抵触的判断"，那么在前诉胜诉的情形，既然前诉判决确定全部债权存在，则按既判力的定义后诉法院对债权的存在不能作出与前诉判决相矛盾的确认，故而对胜诉原告的剩余部分债权诉求应该予以受理，并基于前诉判决既判力支持原告的请求。[1]

五、不必囿于理论困境

如上文所述，诉讼标的的识别和既判力客观范围的大小是部分请求的主要争论焦点。但大陆法系各个国家和地区围绕诉讼标的和既判力理论本身，学说林立，各有优点和缺陷之外。我国民事诉讼法学界对上述理论的争论也从未停止过，实务界对诉讼标的的识别和既判力客观范围的认定也比较混乱，将诉讼理论搁置在司法实践之外。所谓民事诉讼理论，就是人们关于民事诉讼法（广义）的制定、运用的认识和论述。科学的民事诉讼理论应当是对民事诉讼法制定、运用规律的认识和论述，是人们对长期以来民事诉讼实践活动的经验总结和概括。[2]现在，部分请求的这些理论无法有效地指导实践，用没有形成定论的学术理论去解释部分请求问题，犹如群盲抚象，难以解决

---

[1] 参见严仁群："部分请求之本土路径"，载《中国法学》2010年第2期。
[2] 参见张卫平："我国民事诉讼法理论的体系建构"，载《法商研究》2018年第5期。

现实问题。因此,莫不如从保护当事人的程序利益的角度出发,附一定限制条件,采用胜诉说,承认部分请求。毕竟民事诉讼制度是为保护当事人利益而设,民事司法资源也是由公众负担的。

2015年最高人民法院在一起再审案件中,没有囿于传统理论的束缚,采用部分请求肯定说,对该案的部分请求和时效问题作出了裁判。其判决主要内容为:"再审申请人全州药业集团有限公司(以下简称全州公司)因与被申请人华北制药集团销售有限公司(以下简称华药公司)买卖合同纠纷一案……向本院申请再审……全洲公司申请再审称:一、华药公司的起诉超过了诉讼时效。从2006年10月至2013年9月的7年之间,华药公司非常明了全洲公司还欠其4 529 690.82元余款并未处理,但其既不向全洲公司主张权利,亦不向法院等相关机构寻求权利救济。华药公司的行为明显是怠于行使追回余款的权利,根据诉讼时效制度的立法意图,华药公司应当要承担怠于行使权利的不利法律后果。河北省高级人民法院(以下简称河北高院)依据《最高人民法院关于审理民事案件适用诉讼时效制度若干问题的规定》(以下简称《时效制度规定》)第十一条认为人民法院审理案件的期间应当视为权利人持续主张权利的过程,故华药公司的主张并未超过诉讼时效有所不当。因为如果把整个诉讼时效拉长,按照河北高院的判决计算,在非特殊情况下,华药公司可能受法院保护的最长时效已经远远超过法律规定的最长诉讼时效二十年。诉讼程序期间具有一定的不确定性,若按照河北高院的做法,无疑是把法律规定的审限制度的不利后果由全洲公司承担,即全洲公司因河北高院怠于行使职权的行为,失去了诉讼时效抗辩的权利,这明显是与法律规定相违背的。其次,根据《中华人民共和国民法通则》(以下简称《民法通则》)第一百四十条之规定,引起诉讼时效中断的事由是权利人的有效主张。如若认为人民法院审理案件的期间属于权利人持续主张权利的过程，那么过程中应有权利人不断有效的权利主张行为，而非法院依职权审理案件的行为，因此石家庄中院受理华药公司主张债权行为之刻起，华药公司已经完成且只有一个有效的时效中断事由，此后是法院依据职权审理案件的行为，在案件受理之刻起也是时效重新起算之刻。二、本案的受理明显违反了一事不再理民事诉讼原则。本案的起诉和石家庄中院（2006）石民三字第00187号民事判决书都以《审核报告》作为计算欠款的依据，并在此基础上对华药公司的诉请进行了判决，表明涉案欠款已在（2006）石民三字第00187号案中处理完毕，该判决对整个涉案欠款作出终局性的处理，对双方当事人均具有拘束力，当事人不能对涉案欠款再行进行争议，华药公司再次对涉案欠款提起诉讼违反了'一事不再理'的民事诉讼原则，其起诉应予驳回。综上，河北高院混淆两种行为的做法，无疑使关于诉讼时效制定的规定成为一纸空文……被申请人华药公司提交答辩意见称：一、华药公司的起诉并未超过诉讼时效。（一）在华药公司起诉全洲公司的第一起诉讼判决生效前，剩余债权金额无法确定，华药公司无法准确知道权利受侵害的情形，剩余债权的诉讼时效不应当从起诉时中断并重新起算。（二）华药公司起诉部分债权，诉讼时效中断及于剩余债权。（三）剩余债权诉讼时效中断后开始起算的时间为河北高院判决生效送达后。（四）全洲公司向长沙市雨花区人民法院起诉华药公司，要求支付折让款、市场开发费、药品奖励款、退货款一案，与本案的对比来看，全洲公司在诉讼时效问题上秉持了双重标准。（五）本案二审判决中关于诉讼时效计算的观点与诉讼时效相关制度的立法宗旨及最高人民法院相关司法解释的观点一致，正确无误。二、华药公司的起诉并不违反一事不再理的民事诉讼原则。华药公司是针对同一债权的两次独立诉讼,两次诉讼虽当事人相同,但诉讼标的及诉讼请求均不相同,且符合最高人民法院《时效制度规定》第十一条之规定,故全洲公司的起诉并不违反一事不再理的民事诉讼原则。综上,全洲公司拖欠货款的事实清楚,证据确实充分,华药公司的起诉不超过诉讼时效期间且不违反一事不再理原则,请求最高人民法院依法维持河北高院生效判决,驳回全洲公司的再审申请。"

"本院认为,本案再审审查的焦点主要有二:其一为华药公司主张的案涉债权是否超过诉讼时效期间;其二为本案是否违反一事不再理原则。一、关于案涉债权是否超过诉讼时效期间的问题。据已查明的事实可知,2006 年 9 月 14 日,华药公司与全洲公司就历年销售欠款数额进行了对账,该对账单显示合计:发货(华药)108 652 699.11 元,付款(全洲)99 650 000 元,说明双方已就历年的销售欠款数额进行了统一结算,并由此可以确定尚未支付的欠款总额,故双方间已由分次的买卖关系转化为统一的欠款关系。2006 年 10 月 25 日,华药公司向石家庄中院诉请全洲公司支付部分欠款,但在一审庭审中明确表示并未放弃其余部分债权。因此,依据《时效制度规定》第十一条权利人对同一债权中的部分债权主张权利,诉讼时效中断的效力及于剩余债权,但权利人明确表示放弃剩余债权的情形除外之规定,华药公司于 2006 年向全洲公司主张部分欠款应认为构成对剩余债权诉讼时效的中断。双方当事人对于诉讼时效期间重新起算的时点产生争议,全洲公司认为自案件受理之日起即应重新起算诉讼时效期间,而非河北高院在二审判决中所述的人民法院审理案件的期间应当视为权利人持续主张权利的过程,诉讼时效期间应从法院审理终结、判决生效之日重新起算。本院认为,依据《时效制度规定》之立法精神,权利人提起诉讼以及后续参与诉讼审理的活动均应视为权利人持续主张和实现自身权利的过程，均可发生诉讼时效中断的效力。因此，本案二审判决将（2011）冀民二终字第35号民事判决书向华药公司送达的2011年9月19日作为诉讼时效期间重新起算的时点并无不当，华药公司于2013年8月16日提起本案诉讼并未经过诉讼时效期间，故对于全洲公司认为本案已过诉讼时效期间的再审申请理由，本院不予支持。二、关于本案是否违反一事不再理原则的问题。本院认为，本案与2006年华药公司提起的诉讼（以下简称为前诉）虽为同一当事人，但从事实角度而言，华药公司据以主张债权的事实基础在前诉中主要为双方间交易对账形成的债权债务，本案中则增加了在前诉过程中形成的审计机构报告之事实；从诉讼请求角度而言，因金钱类债务的可分割性，当事人声明不同的两个诉讼请求各自有别，华药公司在前诉中所主张的债权与本案中所主张的债权，属于同一债权中各自不同的部分。前诉中仅对华药公司此前的诉讼请求作出了判决，而本案中其提出的剩余部分债权之诉请非前诉判决效力所及。因此，全洲公司认为本案违反一事不再理原则依据不足，本院不予支持。"[1]

第二节 部分请求与诉讼成本

20世纪50年代以来，世界上很多国家遭遇了"司法危机"，民事司法制度无法满足现实的需求成为困扰很多国家的共同问题。在许多国家中，高额诉讼费用与漫长诉讼过程已成为阻碍人们获取司法救济的拦路石，人们无法获取保障权利与解决纠纷有效的路径。[2]

---

[1] 最高人民法院（2015）民申字第1127号民事裁定书。
[2] 参见王立峰："接近正义：理念与现实"，载《学习时报》2006年11月20日，第3版。

如上文所述，在当事人提起部分请求的原因中，基于诉讼成本的考虑无疑是众多原因中最为重要，也是最为普遍的一种。因此诉讼成本的高低、诉讼成本的构成以及诉讼成本构成是否合理成为与部分请求存在极高关联度的问题。

一、诉讼成本的构成

从国际视野来看，将成本这一原属于经济学范畴的概念引入诉讼法学分野，进而形成诉讼成本的概念，缘于20世纪60年代。[1]民事诉讼作为一种重要的纠纷解决手段，在民事纠纷解决的终局性和彻底性上具有无可代替的地位，但是不能忽略的一个问题是，"诉讼纯粹是一种损失"[2]"无论审判能够怎样完美地实现正义，如果付出的代价过于昂贵，则人们往往只能放弃通过审判来实现正义的希望。"[3]日本学者棚濑孝雄先生认为"生产正义的成本分为两个部分：国家负担的审理成本和当事人负担的诉讼成本，法律基于一定的政策考虑，或将一部分审理成本转化为诉讼成本，或将一部分诉讼成本转化为审理成本"[4]。我国学者方流芳教授根据我国实际情况将民事诉讼成本构成界定为三部分：法院收取的诉讼费用、律师费用和非法秘密开支。[5]诉讼成本又可以分为风险成本和实际成本。诉讼风险成本是涉及诉讼的主体对将来可能发生的不利益的预测，其

---

[1] 参见赵钢、占善刚："诉讼成本控制论"，载《法学评论》1997年第1期。
[2] [美]迈克尔·D. 贝勒斯：《法律的原则——一个规范的分析》，张文显等译，中国大百科全书出版社1996年版，第37页。
[3] [日]棚濑孝雄：《纠纷的解决与审判制度》，王亚新译，中国政法大学出版社1994年版，第266页。
[4] [日]棚濑孝雄：《纠纷的解决与审判制度》，王亚新译，中国政法大学出版社1994年版，第283~296页。
[5] 参见方流芳："民事诉讼收费考"，载《中国社会科学》1999年第3期。本书也采用方流芳教授对民事诉讼成本的分类方法。

可影响诉讼主体的行为决策及行为过程；实际成本是涉及诉讼的主体实际在诉讼中花费的成本。这两种成本既相互联系又相互影响，对诉讼实际成本预测得越准确，相关主体在诉讼中风险就越小，行动就越正确；另一方面，诉讼实际成本又受相关主体对风险的预测或行动、政策法规等的影响。诉讼风险成本既存在于当事人或律师的考量之中，也存在于法院或法官的考量之中，如对法院或法官的考核、社会评价，这些诉讼风险成本都会影响到相关主体的诉讼行为。

部分请求这种起诉的方式是基于当事人的需求从司法实践中自发产生的，其主要作用与功能就是为当事人（特别是原告）节约诉讼成本和降低诉讼风险。那么，在司法实践中诉讼成本究竟有多高，应不应该那样高？这也是从司法政策的角度来检讨部分请求之合理性的重要依据和路径。

二、诉讼成本与部分请求

（一）法院收取的诉讼费用之性质

部分请求的重要目的之一是节约诉讼费用，分析法院收取的诉讼费用之性质，是判断部分请求正当性的重要依据。法院收取的诉讼费用是一种狭义的诉讼费用，是指当事人因民事诉讼活动而需向法院交纳及支付的费用。[1]实际上，我国由《民事诉讼法》规定的诉讼费用也是狭义上的，其主要由两部分构成，其一为案件受理费用或其他申请费用，其二为由当事人负担其他诉讼费用。与其他国家不同的是，我国所指的诉讼费用

---

[1] 相对于此，广义的诉讼费用是指当事人因进行民事诉讼而支出的一切费用，亦即参诉费用，即诉讼当事人参加民事诉讼活动所付出的费用和所承受的经济负担，其包括裁判费用和当事人费用（当事人向法院支付的非审判费用及当事人支出的其他参诉费用）。参见廖永安等：《诉讼费用研究——以当事人诉权保护为分析视角》，中国政法大学出版社2006年版，第12页。

其实就是审判费用,并不包括当事人费用。现在理论界对法院收取的诉讼费用之性质争议比较大,主要存在惩罚说、税费说、规费说以及折衷说四种代表性学说。惩罚说主张,诉讼费用最终一般由败诉方承担,亦即败诉方需对因自己行为造成的损失承担责任,既然如此,那么负担诉讼费用就是对违反法律规定的一方当事人的一种经济惩罚。[1]税费说认为,作为司法机关之一的法院本身就是由纳税人交纳的税费所设置并维系,法院为纳税人定分止争是其分内之事,因为法院的经费及工作人员的工资报酬皆为国家预算所涵盖,再向当事人征收费用属于重复收费。规费说认为,民事诉讼的目的在于保护当事人的私权,与国家公共利益无甚关联,法院在民事诉讼活动中的审判行为乃是国家对当事人给予的特别服务,故而当然不能像刑事诉讼那样由国家财政来负担。折衷说认为,免费诉讼就是将诉讼成本全部转嫁给整个社会,如果按照法院实际开支全额收取诉讼费用则是国家把其履行公共职能的成本转移给当事人,故而合理的民事诉讼成本分担原则应该是在两个极端中寻求折中。折衷说以方流芳教授为代表,且多数学者支持该说。[2]笔者亦赞成折衷说。从折衷说的见解来看,既然诉讼费用的分担应在公共职能与个人利益之间寻求折衷,那么诉讼费用的收取就应该考虑到当事人的个人利益,因此,应当适度支持以节约成本为主要目的的部分请求。

---

[1] 参见廖永安等:《诉讼费用研究——以当事人诉权保护为分析视角》,中国政法大学出版社2006年版,第13页。
[2] 参见傅郁林:"诉讼费用的性质与诉讼成本的承担",载《北大法律评论》2001年第1期。

(二) 诉讼成本与部分请求

1. 美国的诉讼成本与部分请求

部分请求在美国原则上不合法。因为美国法中确立有禁止分割请求原则（Rule against splitting a cause of action），所以原则上部分请求被禁止。基于此，对同一诉讼原因的请求实行纠纷一次性解决原则，避免重复诉讼，防止浪费法院和当事人（特别是被告）的资源与成本。不过，在美国为什么能够确立禁止分割请求原则？其主要原因在于美国采用的是诉讼费用定额制，即美国联邦法院的案件受理费不是按照争议金额或诉讼标的额来收取，而是按定额收取固定费用。原告即使一次性请求全部债权，也不会存在诉讼费用上的障碍。[1]不论诉讼请求额的多寡，1999年美国联邦地区法院原则上每个案件定额收取案件受理费150美元，美国联邦上诉法院每件定额征收案件受理费100美元，美国联邦最高法院每件定额征收案件受理费300美元，联邦各州法院的情况也大致相同。[2]另外，美国的律师费用是由当事人双方各自分别负担。因此，低廉的司法收费加之不需要负担对方的律师费用，这种美国式的诉讼成本使得原告在起诉时无需过多地考虑成本问题，故而以节约诉讼成本为主要作用的部分请求起诉方式，自然在美国也没有存在的必要。

2. 德国的诉讼成本与部分请求

如前文所述，部分请求这一起诉方式发端于德国判例，而德国法院一般也对这种以节约诉讼成本为主要目的的起诉方式

---

[1] 参见［日］小林秀之：『新版アメリカ民事訴訟法』，弘文堂1996年版，第260页。

[2] 之所以联邦上诉法院采取较低收费，而联邦最高法院收取的案件受理费却较高，是为了鼓励上诉，保障上诉权，而向联邦最高法院上诉并非当事人普遍享有的权利，出于节约司法资源，故作此规定。参见廖永安：《诉讼费用研究——以当事人诉权保护为分析视角》，中国政法大学出版社2006年版，第331页。

采取较为宽松的态度，不仅承认明示的部分请求，在一定条件下还认可默示的部分请求。与美国定额收取案件受理费不同的是，德国案件受理费一般以争议的数额、交易的数额或者诉讼标的额为基础进行计算。德国民事诉讼法学者在讨论诉讼费用问题时，常常围绕这样两个矛盾且两难的命题展开：保障当事人不被诉讼费用阻挡在法院大门之外；阻止当事人滥用诉权。学者们认为诉讼费用的一个重要功能就是鼓励当事人诚实，阻止当事人滥用诉权，其基本观点为：遵守法律的人无需负担诉讼费用，因为他会胜诉；反之，违法的人自然应该负担诉讼费用。[1]在德国，败诉一方的当事人要承担全部法定诉讼成本，这里面包括了作为审判费用的公共成本以及作为当事人费用的私人成本。[2]近年来，德国法院诉讼费用的收费标准不断被提高，可以说德国民事诉讼费用制度，对于"生产正义的成本"怎样在当事人与法院之间进行分配的问题上，并没有过多地向当事人一方倾斜。在诉讼成本较高的背景下，出现选择部分请求起诉方式以降低成本、避免风险的当事人较多的现象自然也就不奇怪了。

3. 日本的诉讼成本与部分请求

如前所述，部分请求这一起诉方式虽然发端于德国，但在

---

[1] 当然，这个观点不一定完全正确，因为实践中行为合法的当事人因为诉讼技术、证明困难等因素的制约并不总是能够胜诉。另外，有些案件的诉讼费用的负担与否与当事人行为是否合法关系不大，比如离婚案件。但总体来时，这些例外情况下的不公正只能是诉讼费用制度下当事人不得不忍受的。参见廖永安：《诉讼费用研究——以当事人诉权保护为分析视角》，中国政法大学出版社2006年版，第258页。

[2]《德意志联邦共和国民事诉讼法》第91条（负担费用的原则与范围）规定，①败诉的当事人应当负担诉讼的费用，尤其是应当偿付对方当事人因达到伸张权利或防卫权利的目的而支出的必要费用。应偿付的费用也包括对方当事人的必要的旅费，以及对方当事人因必须遵守期日而致荒废时间所受的损失。关于此点，准用对于证人偿付费用的规定。②胜诉当事人对于律师的法定报酬和支出费用，在各自诉讼中均应偿付之。参见谢怀栻译：《德意志联邦共和国民事诉讼法》，中国法制出版社2001年版，第19页。

日本的司法实践中出现了许多部分请求判例，日本民事诉讼法学者对部分请求问题的研究也十分丰富，有些方面甚至超过了德国。对于财产权上的请求，日本采用依诉讼标的额确定诉讼费用，诉讼费用比率随诉讼标的额递增而递减的方式，并且起诉时当事人必须按一定比例预交手续费。近年来，日本学者对依诉讼标的额确定诉讼手续费制度的合理性提出了质疑，认为现行手续费随诉额递增的制度容易阻碍人们接受司法服务，因为过高额度的手续费可能使本应该通过诉讼获得司法救济的当事人放弃提起诉讼，故有侵害市民权利之嫌，尤其在一般收入的个人成为高额诉讼的当事人的情况下。[1] 日本与欧美诸国相比提起诉讼率较低，这固然与国民性格有关，但诉讼费用与律师费用负担较高更是重要因素。

遭受损害的原告因为不堪高额的诉讼费用与律师费，而不能提起诉讼保护自身权利，这实际上是对宪法上"保障接受裁判的权利"之实质侵害。从立法论上看，虽然有诉讼救助制度，却不能从根本上解决问题。

与部分请求紧密相关的诉讼费用，在广义上包括向法院交纳的诉讼费用和律师费用。诉讼费用问题在日本民事诉讼法修改过程中，虽经学界和实务界多次讨论，但最终还是未获立法上的解决。

日本诉讼费用比较高，虽然有诉讼费用减免规定，[2]，但由于其确定程序过于复杂，导致诉讼费用减免规定利用者寥寥。[3]

---

〔1〕 参见王亚新：《社会变革中的民事诉讼》，中国法制出版社2001年版，第281页。

〔2〕 参见日本『民事訴訟法』第82~86条（訴訟上の救助）。

〔3〕 譬如，1995年诉讼费用减免的申请件数为：地方裁判所410件，简易裁判所10件，与全部诉讼总量相比，申请减免比例极低。参见［日］高中正彦：「訴訟費用の負担と確定手続き」，『新民事訴訟法大系』，青林書院1997年版，第228页。

日本的律师费用与其明治时期民事诉讼法效仿的范本德国法不同，[1]并未包含在诉讼费用之中，在民事诉讼法框架范围外由当事人各自负担。不过，在侵权行为之情形，判例理论认为在相当因果关系的范围内，可以让被告承担原告的诉讼费用。[2]

侵权案件中利用部分请求起诉的情况较多，这也引起了诉讼费用及律师费用等立法问题的讨论。以下这个日本部分请求判例直接与诉讼费用相关：公司经营者 A 于步行途中，被 Y 驾驶汽车撞倒后成为植物人，Y 负全责。禁治产者 A 的妻子 X 成为其监护人，X 欲提起全部损害赔偿请求额为 5 亿日元的诉讼，但因须交纳 162 万日元的诉讼费用，故改为先行提起请求额为 1 亿日元的诉讼。设问：①在 X 未明示 1 亿日元为部分请求且完全胜诉后，是否允许提起剩余部分 4 亿日元的请求？如果最初提起诉讼时认为损害只有 1 亿日元，但获得胜诉判决后发生 4 亿日元后遗症，则该当如何？②X 明示 1 亿日元为部分请求，后又提起剩余部分 4 亿日元请求，是否应该允许？未明示的部分请求，对被告防御权侵害甚大，存在干扰法院司法判断之虞。被告 Y 以 X 的全部请求为 1 亿日元为前提，而设计防御活动，前诉法院也以此为前提进行诉讼指挥。

多数学说支持判例的观点，"前诉获得胜诉判决后，又主张剩余部分请求只是诉讼标的的一部分而提起后诉，这无论如何也不应当允许。"[3]基于此，虽然设问①原则上不被允许，但如果后遗症发生在前诉胜诉之后，那么 X 想在前诉中提出请求也无

---

[1] 德国、英国等国采用律师费用败诉者承担制度，换言之，胜诉者的律师费用也由败诉者负担。与律师费用各自负担制相比，权利人可能因考虑到败诉时须承担对方律师费用而导致权利行使困难。

[2] 参见［日］最判昭 44·2·27 民集 23 卷 2 号第 441 页。

[3] ［日］最判昭 32·6·7 民集 11 卷 6 号第 948 页。

从提起，故即使没有明示也应当认可。日本最高法院认为，后遗症损害的诉讼标的与前诉并非同一，前诉判决既判力不及于后遗症诉讼。〔1〕不过，有学者认为，既判力的时间界限〔2〕才是前诉判决既判力之所以不及于后诉的原因。〔3〕对于设问②明示的部分请求，从诉讼费用的角度考虑，原则上应当是合法的。因为，如果要求本就遭受损害的原告负担高额诉讼费用，将否定其"接受裁判的权利"（《日本宪法》第3条）。对于被告和法院而言，在原告明示部分请求的情况下，并不会造成太大负担。对原告反复多次进行部分请求的行为，可以违反诉讼上的信义则（《日本民事诉讼法》第2条）为由，以诉权滥用来处理。

4. 我国的诉讼成本与部分请求

随着近年来我国司法改革的深入，政法经费保障工作得到逐步推进，政法经费保障将由先前地方财政承担，"分灶吃饭、分级负担、分级管理"的体制逐步转变为中央和地方"明确责任、分类负担、收支脱钩、全额保障"的体制，并建立分类保障政策和公用经费正常增长机制。但由于多种因素的制约，这项改革进展缓慢。由于以扩大诉讼收费来"保运转"、提高待遇、甚至与本地区其他机关财政及待遇等状况之间进行攀比等因素的影响，部分法院具有"赢利化"倾向，其行动遵循"准市场"原理。王亚新教授曾指出："可以把法院与当事人之间的这种微妙关系或相互作用设想为一个持续并隐而不显的博弈过程。"〔4〕

---

〔1〕 参见［日］最判昭42·7·18民集21卷6号第1559页。

〔2〕 既判力时间界限是指，判决既判力只能及于事实审口头辩论终结时之前的事项。

〔3〕 参见［日］新堂幸司：『民事訴訟法（第二版補正版）』，弘文堂1990年版，第228页。

〔4〕 参见王亚新教授为廖永安教授所写书序，廖永安等：《诉讼费用研究——以当事人诉权保护为分析视角》，中国政法大学出版社2006年版，第3页。

我国法院收取的诉讼费用与德国、日本的情况基本同样，对于财产请求案件也是按照请求金额或价额交纳诉讼费。

（1）原告高估请求金额的风险。根据社会生活的日常经验，人们在发生纠纷涉及损害赔偿时，受损害的一方常常会提出较高的索赔数额，这是由日常生活经验法则决定的，人们往往习惯于将市场交易的讨价还价原理运用到纠纷解决中，所谓"喊起天，还起地"（四川俚语），意即在预估对方会压低自己的请求数额的逻辑基础上，认为只有"叫价"高才不至于在对方的"还价"中吃亏。这种纠纷解决思维在当事人彼此缺乏信任、对损害结果估计不足以及法律和专业知识贫乏的案件中尤为突出。

按照国务院 2007 年实施的《诉讼费用交纳办法》的规定，原告、反诉人和上诉人需要将其诉讼请求折合为金钱数额，并以此为依据计算诉讼费用。但由于司法实践中，极少存在当事人的诉讼请求与法院生效判决完全一致的例子，所以诉讼变成了一场当事人预先注入赌金，法院必然成为赢家的博弈游戏。[1]这是因为，在案件未经实质性审理之前，虽然法院与当事人均不能判断诉讼请求金额是否会和判决作出的判断相一致，但是按照原告在起诉时提出的诉权请求金额计算出来的诉讼费用最终都会归属于法院，[2]法院始终是这场博弈的赢家。在原告高估诉讼请求金额的场合，有时原告最终通过诉讼所获赔偿甚至不足以抵销诉讼费用的损失。例如，原告提出 100 万元诉讼请求额，预交案件受理费 13 800 元，法院判决赔偿 1 万元，如此，

---

[1] 参见方流芳："民事诉讼收费考"，载《中国社会科学》1999 年第 3 期。
[2] 即使法院判决被告赔偿的金额少于原告索赔金额，被告向原告返还的诉讼费用按照法院判赔金额递减，但这只是对被告有利，对原告来说，其所交纳的其余诉讼费用仍然归属于法院。当然，根据《诉讼费用交纳办法》第 21 条第 2 项的规定，当事人在法庭调查终结前提出减少诉讼请求数额的，按照减少后的诉讼请求数额计算退还。

被告则只需向原告返还案件受理费 50 元，而原告预交的其余 13 750 元就归属于法院。

司法实践中，还有一些因原告高估诉讼请求额，而导致获得的赔偿不足以弥补诉讼成本的实例。例如，1993 年张杰庭诉日本丰田汽车股份有限公司人身损害赔偿案：原告驾驶丰田轿车发生事故，因安全气囊未在发生碰撞时打开致原告受损。原告向法院起诉日本丰田汽车公司要求赔偿 100 万元。法院经审理认为被告存在对安全气囊说明不充分的缺陷，判决被告赔偿 13 685 元。但是，同时判决被告承担案件受理费 557 元，原告承担案件受理费 14 403 元。这样，加上原告支付的律师费 25 000 元，原告通过这个诉讼中获得的利益为 -26 302 元。[1]

（2）原告胜诉却负担诉讼费用的风险。按照国务院 2007 年实施的《诉讼费用交纳办法》第 29 条第 1 款的规定，诉讼费用由败诉方负担。在诉讼费用已由原告先行预交的情况下，这里将会产生诉讼费用如何由败诉方承担的问题。在被告胜诉的场合，诉讼费用将由原告承担，并不会产生诉讼费用的退还或转移承担的问题，在原告胜诉或部分胜诉的场合，将会产生这个问题。但是，该《诉讼费用缴纳办法》并未明确如果原告胜诉，其预交的诉讼费用应当如何退还。在原告胜诉或部分胜诉时，对于原告预交的诉讼费用的退还或转移承担，在被告不主动偿还的场合，司法实践中通行的做法并不是由法院直接退还本不应由其负担的诉讼费用，而是让原告凭生效判决与诉讼费用预交收据，申请法院强制执行对方的财产以充抵诉讼费用，此时作为胜诉方的原告还需就诉讼费用的强制执行预先交纳相应的

---

[1] 参见"张杰庭诉日本丰田汽车股份有限公司人身损害赔偿案"，北京市海淀区人民法院编：《审判案例选析》，中国政法大学出版社 1997 年版，第 98~104 页。转引自方流芳："民事诉讼收费考"，载《中国社会科学》1999 年第 3 期。

执行申请费用。如果因为被告无可供强制执行的财产、法院没有认真执行或没有执行能力等"执行难"或"执行乱"因素，那么原告预交的诉讼费用在胜诉之后仍将由自己负担。[1]虽然现在有些法院改变了以往的做法，在原告胜诉时法院就退还其预交的诉讼费用，但这还未形成一种普遍的规范。

美国法官波斯纳指出："从经济学的角度来看，诉讼制度的目的就是要使两类成本之和最小化。"[2]他这里所说的这两种成本是诉讼制度运行成本和错误司法判决成本。

诉讼费用比率随诉讼标的额递增而递减的方式——不是惩罚，而是赢利，标的额大的案件和标的额小的案件所费程序都差不多。

既然法院收取当事人诉讼费用不可避免，那么部分请求这种能够为当事人节约诉讼费用[3]的起诉方式也就有了适合其生长的土壤，有了能印证其合理性的来源。毕竟，"把国家预算的1/3花在诉讼制度上是谁都不会答应的事"[4]。因此，加大诉讼资源的投入常常是不现实的，因为一定时空条件下可利用的社会物质资源总量有限，而国家能够投入到诉讼中的资源也有限——资源的利用受到诉讼成本的约束，资源投入太多将使国家资源

---

[1] 有批评者认为，法院将胜诉原告预交的诉讼费用作为强制执行的内容，实际上是凭借掌握司法权力的优势地位，强迫原告形成一种新的债务，即法院将本该由自己承担的、无法向败诉被告收取诉讼费用的风险转嫁给胜诉原告。参见贾红印、李红跃："让胜诉方垫付诉讼费不妥"，载《人民法院报》1998年1月7日，第二版。

[2] [美]理查德·A. 波斯纳：《法律的经济分析》（下），蒋兆康译，中国大百科全书出版社1997年版，第717页。

[3] 如上文所述，部分请求主要为原告节约诉讼成本，但在一定条件下也对被告有利。

[4] [日]谷口安平：《程序正义与诉讼》，王亚新、刘荣军译，中国政法大学出版社2002年版，第45页。

难以承受其成本。[1]是故,基于诉讼经济的原理考量,应该在一定条件下合理地运用部分请求起诉方式。

三、对"诉讼不经济"的反思

部分请求否定说有一个重要理由,即部分请求会因"法院重复审理导致诉讼不经济"[2]。换言之,部分请求有悖于诉讼经济原则。这种观点实际上是对诉讼经济原则的误解。诉讼经济原则第一次在法学文献中的使用,是在1913年德国学者Friedrich Stein的民事诉讼法注释书中;第一次在判例中的使用,是在1934年的德国帝国法院的判决中。[3]后来,日本引入这一概念,并在一些文献和判例中使用。诉讼经济原则提倡的是提高效率,以降低司法成本。但是,诉讼经济原则主张降低司法成本的收益应当归于两个方面,一为国家,二为当事人,换言之,诉讼经济原则提倡不仅应节约法院诉讼资源,也应为当事人降低诉讼成本。[4]不仅如此,邱联恭教授还认为:"因诉讼经济或诉讼促进之谋求所获致之程序利益,在一定范围内应归属于当事人之一造享有或由两造共享。"[5]部分请求虽然在一定程度上可能会增加法院的负担,但其可在一定条件下为当事人节约诉讼成本,这也符合诉讼经济原则的宗旨。因此,部分请求符合诉讼经济原则的第二个目的,否定说学者认为部分请求会

---

〔1〕 参见左卫民:"刑事诉讼的经济分析",载《法学研究》2005年第4期。

〔2〕 [日]松村和德:「一部請求論(一)——近時の最高裁判例を題材にして」,『法政論叢』第17号,2000年,第40頁。

〔3〕 参见吴从周等:"初探诉讼经济原则——一个法律继受的后设描述",载《法学丛刊》2010年第217期。

〔4〕 参见[日]高田昌宏:「民事訴訟における訴訟経済について」,『早稲田法学』第62卷4号,1987年,第47頁。

〔5〕 邱联恭:《程序利益保护论》,三民书局2005年版,第8页。

造成诉讼不经济,其实质上只看到了诉讼经济原则的一个侧面。

四、关于原告每次请求 1 元伤害被告之检讨

如前所述,部分请求否定说支持者曾假设过一个极端的例子来批判部分请求,即"债权人将 1000 万日元的债权分割 1000 万次(每次 1 日元)来分别提起诉讼"[1]。正是这样一个极端的假设命题让人们极易从一开始就对部分请求持否定态度,并提出如下理由。但这些理由是否都能成立,本部分将对此再进行检讨。"债权人将 1000 万日元的债权分割 1000 万次(每次 1 日元)来分别提起诉讼。"此系否定说学者假设的原告通过恶意诉讼,增加被告的应诉之累,最终伤害被告以泄私愤的极端例子。对这个极端的例子,我们也可以用极端假设来反推其逻辑的合理性,检讨原告这样做,能否真的达到其目的。我们可以假设这样的设例真的在我国发生,原告将 1000 万元的债权分割为 1000 万次来提起诉讼,而这样的诉讼也被法院受理,那么结局会是怎样呢?首先,按我国《民事诉讼法》的规定,起诉应当提交起诉状,那么原告应当提交 1000 万份起诉状;其次,原告若无特殊原因,应当亲自到法院提交诉状,那么原告至少应当去法院 1000 万次;最后,原告至少需完成 1000 万次以上的出庭或 1000 万次的执行申请。姑且不论诉讼风险,我们即使假设原告在这 1000 万次的诉讼中都胜诉,但原告所支出的诉讼成本将远远不止 1000 万元。再考察被告这一方的情况,被告洞悉原告系恶意之后,完全可以在第一次败诉后,不再去法院出庭,而听凭法院缺席审判,其结果也就是支付本应偿还的 1000 万元,而不会有其他额外的负担。如此一来,原告的恶意诉讼不仅没有伤害到被告反而伤

---

[1] [日] 高桥宏志:《民事诉讼法制度与理论的深层分析》,林剑锋译,法律出版社 2003 年版,第 86 页。

害到自己，这种偷鸡不成反蚀米的事情在现实中是没有哪个原告愿意去做的。因此，否定说的这一极端设例在现实逻辑中是不能成立的。

五、部分请求增加法院负担之检讨

从表面上看，允许部分请求会增加法院受理案件的次数，会增加法院负担，消耗司法资源，这也是否定说学者的主要理由之一。但部分请求是否真的增加法院的负担？其实，由于部分请求的前后两诉的审理对象大多为同一法律关系，在前诉中，法院必定会对法律关系的基础问题（全部债权）作出判断，这些判断可以成为预决事实，根据2001年最高人民法院《关于民事诉讼证据的若干规定》，[1]该预决事实可为后诉法官引用。因此，部分请求关于剩余债权的后诉，对法院来说，负担应该是很轻的。

河南省周口市有一个判例，原告基于同一笔借款债权法律关系，先诉请偿还本金后诉请偿还利息，法院没有囿于传统理论的束缚，支持了原告的诉讼请求，且因该案所涉及的借款事实及责任认定已被前诉人民法院发生法律效力的裁判所确认，从而为后诉法院节约了审理成本。其判决主要内容为："……本院可以确认以下案件事实：2014年6月20日，被告幕墙门窗与原告签订借款合同一份。合同约定：'被告幕墙门窗向原告借款1 000 000元，借款期限从2014年6月20日起至2014年8月19日止，月利率4%，被告尹若玉自愿为该笔借款提供连带责任保证担保，保证期限为自幕墙门窗借款期限届满之日起两年。'同日，被告幕墙门窗作为借款人向原告出具收到1 000 000元的收据一份，被告幕墙门窗作为借款人、被告尹若玉作为担保人又

---

[1] 根据该司法解释第9条的规定，已为人民法院发生法律效力的裁判所确认的事实，无需当事人举证证明。

向原告出具借到1 000 000元的借据一份。2016年5月13日，被告荣发地产与原告签订借款补充协议一份，协议约定：'荣发地产自愿以"馨莲茗苑"1号楼904室、1004室、1104室、1304室和2号楼1708室、1808室共6套房产为幕墙门窗的1 000 000元借款抵押担保，并以馨莲茗苑1号楼1304室、1104室，2号楼1708室、1808室共4套房产为原告办理了房屋预告登记证明。'2016年8月，原告唐秋玲向本院提起诉讼，要求被告幕墙门窗、尹若玉、荣发地产偿还其借款1 000 000元及利息，利息从2014年10月10日计算到2016年8月10日，按月息2分计算，本息共计1 440 000元。2016年12月19日，我院作出（2016）豫1602民初2866号民事判决书，内容为：'一、被告周口市徽商幕墙门窗有限公司于本判决生效之日起10日内向原告唐秋玲偿还借款1 000 000元及利息27万元（从2014年10月10日至2016年8月10日，按月息2分计算）。二、被告安徽荣发房地产有限公司、被告尹若玉对被告周口市徽商幕墙门窗有限公司所负债务承担连带责任。三、驳回原告其它诉讼请求。'判决书送达后，被告幕墙门窗、尹若玉对该判决不服并提出上诉，周口市中级人民法院经过审理，于2016年12月19日作出（2016）豫16民终3581号民事判决书，内容为：'一、维持周口市川汇区人民法院（2016）豫1602民初2866号民事判决第二项、第三项；二、变更周口市川汇区人民法院（2016）豫1602民初2866号民事判决第一项为：周口市徽商门窗有限公司于本判决生效之日起10日内向唐秋玲偿还借款920 000元及利息23.48万元（从2014年10月10日至2016年8月10日，按月息2分计算）。'2016年12月22日，周口市中级人民法院作出的（2016）豫16民终3581号民事判决书生效。本院认为，原、被告双方因借款合同纠纷产生的借款本金920 000元及2014

年 10 月 10 日至 2016 年 8 月 10 日的利息债权，我院一审及周口市中级人民法院二审已对其进行审理并作出生效判决。在一、二审中，原告唐秋玲并未明确表示放弃案涉借款本金对应的 2014 年 6 月 20 日至 2014 年 10 月 9 日的利息及 2016 年 8 月 11 日后的利息债权，我院一审亦未向原告唐秋玲释明是否放弃本案所涉债权，因此原告先就本金及部分利息提起诉讼，再就其余利息另行主张权利并不违反法律、行政法规的禁止性规定，对其要求给付下余利息的主张，本院予以支持。三被告辩称原告无权提起诉讼及其要求支付 2014 年 6 月 20 日至 2014 年 10 月 9 日的利息已超出诉讼时效的主张，不能成立。理由如下：1. 两个案件的诉讼请求虽同属于 920 000 元借款本金所产生的利息债权，但诉讼标的数额不同，产生的时间段不同，因此两个案件审理的并非同一事实，不适用一事不再理原则。2.《最高人民法院关于审理民事案件适用诉讼时效制度若干问题的规定》第十一条规定：'权利人对同一债权中的部分债权主张权利，诉讼时效中断的效力及于剩余债权，但权利人明确表示放弃剩余债权的情形除外。'本案中，被告未能举证证明原告已放弃涉案利息债权，故其以原告主张的利息已超出诉讼时效为由进行抗辩，缺少事实依据及法律依据，本院不予支持。被告荣发地产辩称其不应承担还款及支付相应利息的主张，亦不能成立，因本案所涉及的借款事实及责任认定已被人民法院发生法律效力的裁判所确认，庭审中，被告荣发地产未能提供相反证据推翻该生效判决认定的事实，故其以此抗辩，证据不足，本院不予支持。"[1]

六、标的额的算定应与当事人风险成正比例

民事诉讼成本大致由三部分构成，即法院收取的诉讼费用、

---

[1] 河南省周口市汇川区人民法院（2017）豫 1602 民初 1306 号民事判决书。

律师收取的代理费、非法秘密开支。[1]而这三种诉讼成本都和诉讼标的额的高低有密切关系,诉讼标的额越高,诉讼成本越高。不论诉讼成败与否,诉讼成本都将由胜诉或败诉的一方或两方付出。在法院、律师和当事人这三者间,从自身利益的角度考虑,前两者自然是希望诉讼标的额越高越好,而后者中的胜者也希望标的额越高越好。但诉讼有风险,左右胜败的因素很多,在争议没有被判决确定前,很难说清楚到底谁是胜者谁又是败者。诉讼胜败对于作为中立者的法院来说,自然是没有关系,也不应该有关系。但撇开其他的一切,若从经济利益的角度来说,法院总会是诉讼博弈的赢家,因为不论输赢其总会得到诉讼费,区别只是多少而已。律师和诉讼的胜败有一定关系,己方当事人胜诉,律师可获得更多的收益(包括名誉收益等)。一般来说律师代理费按诉讼标的额一定比例收取,在己方当事人胜诉时,标的额越大代理费越高,在败诉时,即使约定的是风险代理,律师也不至于蚀本。而当事人的处境与前两者不同,诉讼标的额越高,诉讼风险也就越高,而这样的风险最终总会落到当事人其中一方或双方。另外,从权利保护的角度来看,由于国家禁止当事人私力救济,但国家又必须履行保护私人权利的职责,作为代偿措施而设立民事诉讼制度以提供公力救济,[2]诉讼程序的设置理应以当事人利益为重心,兼顾司法资源的分配。因此,不能高估诉讼标的额,在计算诉讼标的额时应尽量符合当事人通过诉讼所能实际争取到的利益额,在一定条件下承认部分请求,能合理地解决这一问题。

---

[1] 参见方流芳:"民事诉讼收费考",载《中国社会科学》1999年第3期。本书的讨论范围不包括第三种"非法秘密开支"。

[2] 参见[日]小林秀之:『新民事訴訟法がわかる』,日本評論社2000年版,第73页。

第三节　明示加胜诉说的采纳

通过上述分析，基于对司法现实中原告诉讼成本的考虑，并出于对部分请求误解的反思，笔者认为应当采纳本书第二章第三节表述的明示加胜诉说。当然，对于为何应当以明示和胜诉作为判断是否允许后诉的标准，可做如下检讨。

一、部分请求"明示"的作用

如前所述，部分请求折衷说学者大多将原告"明示"作为允许其提起后诉请求剩余部分债权的条件之一，[1]但为何"明示"可以成为允许的"潜台词"？其法理基础何在？这不由得让人顿生疑窦。[2]部分请求的"明示"至少有两个作用，[3]即向被告传达信息作用及分断诉讼标的（限定请求范围＝限定既判力范围）的作用。

---

〔1〕　我国台湾地区学者陈启垂认为"原告明示其系就债权的一部为请求，并保留其余债权者，是公开的一部请求；原告未明示其系为一部请求者，则是隐藏的一部请求。公开的一部请求，不论诉讼标的及既判力的认定上，较无疑问"。参见陈启垂："一部请求及其判决的既判力"，载《月旦法学教室》2008 年第 66 期。

〔2〕　陈荣宗教授在肯定部分请求诉讼之余，也对此问题颇感费解："德日两国之判例，以原告是否明示保留残余为标准，或以原告之行为有无足以表示其请求之一部全部为标准，此种标准仅能作为法院认定有无一部或全部之事实存在依据而已，无法作为解释论之理论依据也。"他在其论文末尾提出这个问题，但未破解。参见陈荣宗：《民事程式法与诉讼权的理论》，台湾大学法律学系法学丛书编辑委员会 1984 年版，第 325 页。同样，木川统一郎教授和井上治典教授也对此疑惑不解，参见［日］木川统一郎：『民事訴訟法重要問題講義』，成文堂 1992 年版，第 314 頁。［日］井上治典：「判例評釈」，『私法判例リマークス（下）』，1999 年，第 80 頁。

〔3〕　参见［日］勅使川原和彦：「一部請求におけるいわゆる「明示説」の判例理論」，『早稲田法学』第 87 巻第 4 号，2012 年，第 65 頁。

第三章　现实语境下的部分请求思考

（一）向被告传达信息的作用

被告根据原告明示的部分请求，可以认识到还存在剩余部分请求的可能性。被告若想谋求纠纷一次性解决，则可以提起确认剩余部分不存在的反诉，从而避免重复应诉之累。[1]如果原告不直接明示其请求为部分请求，则被告可能会合理地期待本次诉讼系全部请求，故必须保护被告的这种合理期待。[2]反过来说，即使原告没有明示行为，被告也未期待不会有剩余部分请求，或被告期待不会有剩余部分请求但该期待不合理，在这样的情形下，显然传达信息就失去了意义。至少基于侵权行为的损害赔偿诉讼有过正面的判例。[3]

向被告传达信息的作用是原告通过明示行为，将自己要分割请求的信息传达给被告，以利于被告通过提起消极确认的反诉来实现纠纷一次性解决。但是，传达信息作用却无法回应这样的批判——为什么原告可以独自享有分割请求的利益，而被告为了回避多次应诉之累却必须要通过提起反诉来实现？从这个意义上说，传达信息作用实际上属于一个消极义务，即原告如果不明示，就不能分割请求。[4]原告的明示行为也可以看作

---

[1] 参见［日］高橋宏志：『重点講義民事訴訟法（上）第 2 版』，有斐閣 2011 年版，第 95 頁。

[2] 参见［日］高橋宏志：『重点講義民事訴訟法（上）第 2 版』，有斐閣 2011 年版，第 100 頁。日本最高法院在"最判昭和 32 年 6 月 7 日判決"中，认定前诉为默示的部分请求的判决既判力遮断后诉剩余部分请求，支持了必须保护"被告的这种合理判断"的观点。

[3] 参见最判平成 20 年 7 月 10 日。

[4] 日本学者竹下守夫教授认为，原告明示其请求为部分请求时（例如，広島高判昭和 46 年 3 月 23 日高民集 24 卷 1 号 55 頁），系原告向被告宣示不要期待不存在后诉剩余部分请求，如不提起消极确认的反诉，将不能排斥后诉剩余部分请求。参见［日］兼子一原著：松浦馨ほか『条解民事訴訟法（第 2 版）』，弘文堂 2011 年版，第 531 頁。

是一种行为义务。[1]另外，何种情形为即使没有明示行为被告也不会产生不会再诉的期待，以及何种情形为被告即使产生期待但该期待不合理，这两种情形与分断诉讼标的作用密切相关。

（二）分断诉讼标的的作用

这种观点以实体法上的债权分割自由及程序法上处分权主义为依据，将处分权主义绝对化，认为无论部分请求为明示还是默示，都应当承认剩余部分请求。[2]但是，现在的通说认为，完全不考虑司法实践中重复审理之累与重复应诉之累，而将实体法上权利分割行使自由的原理直接套用到程序法领域中的思维是不正确的。[3]另外，诉讼标的与诉讼申请范围也有区别，基于明示划定的诉讼申请范围不过是判决认可请求的上限，诉讼标的为全部请求权。既判力的范围与是否明示部分请求无关，及于全部请求权。[4]通说的观点与判例认为诉讼标的等于请求

---

[1] 日本学者三木浩一将明示行为视为一种行为责任，但笔者认为当属义务更为妥当。参见［日］三木浩一：「一部請求論の展開」，慶応義塾大学法学部編『慶応の法律学：民事手続法』，慶応義塾大学出版会2008年版，第203頁。

[2] 代表性的见解，参见［日］木川統一郎：「一部請求後の残額請求」，『民事訴訟法重要問題講義（中）』，成文堂1992年版，第306頁。还有观点虽然认为前诉部分请求的胜诉或败诉会影响剩余部分请求，但同样认为明示还是默示无关剩余部分请求。参见［日］松本博之、上野泰男：『民事訴訟法（第6版）』，弘文堂2010年版，第573頁。

[3] 参见［日］高橋宏志：『重点講義民事訴訟法（上）』（第2版），有斐閣2011年版，第98頁。

[4] 参见［日］兼子一：「確定判決後の残額請求」，『民事法研究第1巻』，酒井書店1950年版，第396頁。相对于此学者山本和彦认为，法院驳回剩余部分请求的判断并未出现在判决主文中，如果部分请求的判决既判力及于全部请求权，将违背日本民事诉讼法第114条第1款（确定判决的既判力仅限于判决主文）。参见，［日］山本和彦：『民事訴訟法の基本問題』，判例タイムズ社，2002年，第118頁。学者竹下守夫认为，如果把明示的部分请求的诉讼标的还当做全部债权的话，将违背原告的意思。［日］兼子一原著：松浦馨ほか『条解民事訴訟法（第2版）』，弘文堂2011年版，第531頁。

事项的范围，明示的意思表示可以分断数量上可分的债权，剩余部分请求不受前诉部分请求判决既判力的拘束。[1]

我国台湾地区有判例曾作出这样的司法裁断，即后诉提起剩余部分债权请求的范围应当以前诉的诉之声明作为隔断。其判决要旨为："……原告主张方面：被告乙××于2009年5月22日12时30分许，无照骑乘车牌号码000-000号重型机车，行经南投县草屯镇××路××××000号东侧，因路况不熟，且疏未注意车前状况，不慎撞击对向由原告所骑乘车牌号码000-000号重型机车，致原告受有头部外伤并颅内出血之伤害，因而造成精神异常行为无法自主，经医师建议需长期看护，本件业经本院少年法庭以2010年度少护字第14号审理在案……对被告抗辩所为陈述：原告于事故发生时有配戴安全帽，然被告既主张原告未佩戴安全帽，则应由被告举证证明。另依财团法人彰化基督教医院2012年1月16日失能鉴定报告书（下称失能鉴定报告书）所载，明确显示原告伤后经复健治疗仍遗存障碍，且中枢神经系统机能遗存显著失能，终身仅能从事轻便工作，已严重影响生活。又被告主张原告于事故发生前即无工作能力，且

---

[1] 部分请求全面否定说及部分请求限定范围否定说均非以既判力为依据否定剩余部分请求，而是以其他依据排斥剩余部分请求的。例如，竹下守夫教授依据以信义则为基础的失权效，参见［日］兼子一原著：松浦馨ほか『条解民事訴訟法（第2版）』，弘文堂2011年版，第611页。中野贞一郎教授依据以信义则为基础的禁反言（禁止矛盾举动）法理，参见［日］中野貞一郎：『民事手続きの現在問題』，判例タイムズ社1989年版，第85页。小松良正教授受美国法启示，依据必要请求合并规则，参见［日］小松良正：「一部請求理論の再構成」，『中村英郎教授古稀祝賀民事訴訟法学の新たな展開』，成文堂1996年版，第135页。山本和彦教授依据日本人事訴訟法第25条等的强制合并起诉规则的类推适用，参见［日］山本和彦：『民事訴訟法の基本問題』，判例タイムズ社2002年版，第103页。高桥宏志教授也没有根据诉讼标的乃至既判力，直接依据信义则否定剩余部分请求，［日］高橋宏志：『重点講義民事訴訟法（上）』（第2版），有斐閣2011年版，第112页。

需人看护云云,惟原告于 2008 年间即于久泰机电工程有限公司担任技师一职,当年度亦有年度所得约 200 000 元,显见原告于本件交通事故发生前绝非为无工作能力之人,亦无需由他人看护之情形……被告则以下列陈词,资为抗辩:原告系于 2009 年 5 月 22 日发生车祸而受伤,惟其迟至 2011 年 5 月 23 日始起诉请求损害赔偿,则原告之损害赔偿请求权依'民法'第 197 条之规定,已罹于 2 年消灭时效期间,故原告之请求系无理由。退万步言,纵认被告应负赔偿责任,原告请求之金额亦属过高……本院之判断:……民事诉讼中,所谓一部请求者,应系指在数量上为可分之金钱或其他代替物为给付目的之特定债权,由债权人任意将其分割而就其中之一部分为请求者称之,但就其余部分并无放弃其权利;亦即,于诉讼上,应可认一部债权属可分之诉讼标,其既判力之客观范围自应以诉之声明为限度……本件原告起诉仅一部请求被告乙、甲、丙连带给付其所受损害总额之 40%,参照前揭说明,自非法所不许……原告请求权之消灭时效期间是否届满部分:按消灭时效,自请求权可行使时起算。因侵权行为所生之损害赔偿请求权,自请求权人知有损害及赔偿义务人时起,二年间不行使而消灭。又以日、星期、月或年定期间者,其始日不算入。以日、星期、月或年定期间者,以期间末日之终止,为期间之终止。于一定期日或期间内,应为意思表示或给付者,其期日或其期间之末日,为星期日、纪念日或其他休息日时,以其休息日之次日代之。'民法'第 128 条前段、第 197 条第 1 项前段、第 120 条第 2 项、第 121 条第 1 项、第 122 条分别定有明文。经查,本件交通事故发生于 2009 年 5 月 22 日,原告于 2011 年 5 月 23 日提起本件诉讼,有本件交通事故之相关资料附于少护卷,并有本院收案章戳附于起诉状可稽,应堪认定。惟本件交通事故既发生于 2009 年 5 月 22

日，而原告之请求权时效期间为 2 年，其始日不算入，则应于 2011 年 5 月 22 日 24 时届满，惟该日系星期日，依前揭规定，应以次日即 2011 年 5 月 23 日为权利行使期间之末日，是原告于 100 年 5 月 23 日起诉时，其侵权行为请求权之消灭时效期间尚未届满，乃堪认定。被告关于消灭时效完成之抗辩，洵无可取……综上，原告因本件交通事故所受之损害，得向被告乙××主张之损害为医疗费用 37 965 元、看护费用 360 000 元、薪资损失 2 996 940 元、非财产上损害 1 000 000 元，总计损害总额为 4 394 905 元，原告起诉仅一部请求所受损害总额之 40%，其得请求之金额应为 1 757 962 元，扣除原告已请领之强制汽车责任保险金 607 330 元，其一部请求被告乙××给付损害额 1 150 632 元，乃属有据……一部请求被告乙××、甲××、丙××连带给付 1 150 632 元及自 2011 年 7 月 19 日起至清偿日止，按周年利率 5%计算之迟延利息，为有理由，逾此范围之请求，为无理由，应予驳回。"[1]

日本则有判例依据"判决主文＝对诉讼标的之判断＝既判力客观范围"的规则，在即使明示也未能分断诉讼标的之场合，是因为判例认为前后二诉之诉讼标的不具备差异性，所以不能依据明示来分断诉讼标的。[2] 日本最判昭和 34 年 2 月 20 日判决对于明示的部分请求的消灭时效问题，判断如下：……仅有诉讼上的主张显然不能满足时效中断条件所要求的——"裁判上的请求"，而应该是关于诉讼标的的请求。由于原告仅仅是请求法院在判决主文上判断一个债权的一部分是否存在，因此，

---

〔1〕 我国台湾地区南投地方法院 2011 年度诉字第 192 号民事判决。
〔2〕 中野贞一郎教授以"既判力的双面性"批判这种观点，参见〔日〕中野贞一郎：『民事手続きの現在問題』，判例タイムズ社 1989 年版，第 93 頁。

明示的部分请求的诉讼标的范围是债权的一部分而非全部。[1]日本最判昭和37年8月10日判例[2]认为，明示的部分请求之情形，只有明示的部分债权才是诉讼标的，剩余部分债权构成别的诉讼标的，前诉部分请求判决的既判力不及于后诉剩余部分请求。该判例以后，判例上一般视明示的部分请求为妥当。

日本判例与学说虽然较一致地折衷承认剩余部分请求，但是在理论构成上，特别是后发后遗症及扩大损害之情形，却存在较大分歧。相对于学说上的"基准时后的新事由""期待可能性"等理论，判例主要从是否明示以及怎样明示的角度展开评价。例如，昭和42年最判[3]及昭和61年最判[4]。昭和42年最判在采用昭和37年最判所引用的"明示说"后，表述道"……本件诉讼被上告人于前诉口头辩论期日后不得不接受再次手术，因此请求再次手术所需治疗费用。根据上述事实，前诉与本件诉讼分别为各自不同的诉讼标的，前诉确定判决的既判力不及于本件诉讼"。对于症状固定以后的后遗症损害赔偿，可以提起包括一次性给付和定期金给付的将来给付请求。对于确实无法预计的后发后遗症，虽然在前诉阶段没有"明示"，但应该解释为不需要附加相当于"明示"的行为。另外，昭和61年最判中，"以前的土地所有者对'假换地'[5]的不法占有者提起将来给付之诉。请求在返还假换地之前的期间内，因妨害其

---

[1] 参见民集13卷2号209页，判时178号3页。
[2] 参见民集16卷8号1720页。
[3] 该判例为后发后遗症案件（前诉确定判决后，发生受伤当时不能从医学上预见的必须治疗的后发后遗症），参见最判昭和42年7月18日（民集21卷6号1559页，判时493号22页，判夕210号148页）。
[4] 该判例为扩大损害案件，参见最判昭和61年7月17日（民集40卷5号941页，金法1157号30页）。
[5] 日本不动产术语，为推进公共设施及宅地利用的整备改善，在土地交换之前，按比例先交由土地所有权者使用的土地。

使用收益而产生的损失,按每月一定比例的金额支付。获得胜诉判决后,原告又以土地价格上涨为由,对被告提起新的诉讼,请求补正相当的差额"。对此,法院承认了原告诉讼请求,判决理由如下:"对于土地所有权者的假换地返还之前持续发生的损害赔偿请求,因土地价格上涨所产生的差额损失系不可归责原告的原因,若对此种侵害置之不理,恐将导致土地返还更难实现,故可将前诉视为部分请求,前诉判决既判力不及于后诉差额损失请求。比照相邻土地的出租金价格,认定相当损害额。"[1]日本法院这种"可将前诉视为部分请求"的判断,应该属于对部分请求是否明示的一种回顾式评价。昭和61年最判这种扩大损害型案件与昭和42年最判那种后发损害型案件不同,它不是后发的新事实,而是由于货币价值或物价(不动产价格)的变动,损害额与前诉基准时的预见相比明显扩大。不过,这两种类型在前诉中均不存在"明示"的行为,前诉判决既判力不及于后诉请求的依据在于,前诉损害赔偿额没有预测准确。[2]

不过,日本学者对昭和42年最判与昭和61年最判的"部分请求论",大多持批判态度。[3]从平成20年最判来看,判例

---

[1] 最判昭和61年7月17日。

[2] 根据昭和61年最判的调查官平田浩对该案的解说,"……虽然原告在前诉中未明示部分请求,但由于差额在前诉时点难以预测,原告作为普通人一定会保留剩余部分请求。因此,前诉与后诉的关系为部分请求和剩余部分请求的关系"。

[3] 学者畑瑞穗对判例的批评主要在于对明示如何理解,他认为在后发后遗症及扩大损害案件中,前诉未能预见的部分是一种拟制的明示。参见[日]畑瑞穗:「一部請求と残部請求」,伊藤真·山本和彦編『民事訴訟法の争点』,有斐閣2009年版,第122頁。赞成判例结论,但反对判例理论构成的学说主要有:学者新堂幸司认为,前诉请求与后诉请求系不同债权,故而诉讼标的也不同。参见[日]新堂幸司:『新民事訴訟法 第5版』,弘文堂2011年版,第338頁。学者五十部丰久将其看作既判力的时间界限问题。参见[日]五十部豊久:「一部請求と残部請求」,鈴木忠一·三ケ月章監修『実務民事訴訟講座1』,日本評論社,1969年,第83頁。

所言"明示"并非指"明示行为的有无"问题，而是对"明示"的"评价"问题。易言之，在前诉时点，虽然没有直接的明示行为，但存在间接的事实可以"评价"为明示行为，承认这个"评价"是由于将后发后遗症或扩大损害类型置于部分请求论的范围以外之故。[1]日本学者敕使川原和彦认为，昭和42年和昭和61年这种类型的判例，不仅把"明示"作为"事实（明示行为的有无）"来考虑，还将其作为"评价"的问题来检讨。在前诉时点，即使原告没有自觉意识到"剩余部分"（连能够间接地评价为明示的行为也没有），这两个判例也是将其放在部分请求论中来考虑的。但是，这两个判例不是明示行为有无的问题，在必须承认剩余部分请求的场合，应该是"评价"的问题。部分请求论中，作为判例理论的"明示说"在实务中处理着包括后发后遗症及扩大损害的案件，在此对其理论构成可检讨如下：后发后遗症及扩大损害的案件中，在前诉时点原告因未意识到剩余部分的存在，确实无法明示部分请求。[2]或者，即使意识到存在剩余部分，但保留不知将来是否会真实发生的后发后遗症及扩大损害诉求，也不能实现向被告传达信息的作用。更进一步说，被告即使提起消极确认将来可能会发生

（接上页）学者山本弘根据将来预测的特殊性，认为应该承认既判力的缓和。参见［日］山本弘：「将来の損害の拡大・縮小または損害額の算定基準の変動と損害賠償請求訴訟」，『民事訴訟雑誌』42号，第25頁。学者高桥宏志认为，可以类推适用《日本民事诉讼法》第117条（变更判决之诉）。

[1] 例如，学者竹下守夫评论平成20年最判："从客观上看，原告对剩余部分请求的保留为被告所知晓，即为明示的部分请求。但是，在后发后遗症之情形，前诉后诉各不相同，即使没有明示的部分请求也可承认后诉请求。只要存在可以'评价'为'明示'的事实就可以认可明示。从这个意义上讲，这也是接近'明示＝事实（行为）'的见解。"参见［日］兼子一原著：松浦馨ほか『条解民事訴訟法（第2版）』，弘文堂2011年版，第531頁。

[2] 日本平成20年最判。

剩余债务不存在的反诉，这样的反诉请求也不可能被承认。因此，对被告而言，即使得到"明示"也无计可施。当然，对于传达信息作用的两个例外——（1）即使没有直接明示行为，也不会使被告产生不会有再诉的期待；（2）即使产生了期待，但该期待不合理，则本身不要求明示。在（1）、（2）的情形中，诉讼标的分断作用是以回顾评价的方式实现的，[1]但也存在重复应诉及重复审理等非效率的问题。当然，对于这个问题，也有判例理论认为，把没有直接明示的行为"评价"为"保留"，这样的评价将使被告承受应诉之累，不合理也不公平。[2]至少，后发后遗症或扩大损害的案件，如果以明示说来处理，会显得缺乏说服力。[3]

二、胜诉后才能再诉剩余债权

从部分请求折衷说出发，既然允许部分请求这一诉讼方式，那么原告在提起部分请求的前诉胜诉之后，提起剩余部分请求的后诉自不待言。这里的关键问题在于，原告败诉之后是否还应当允许其提起再诉请求剩余部分。

从大陆法系德国和日本两国的情况来看，即使部分请求折衷说在两国也存在较大分歧。德国和日本虽然都有视胜诉和败

---

[1] 日本学者佐瀬裕史认为："欲理解原告设定的诉讼标的范围为何会因部分请求是否明示而发生变化，需先检讨原告未曾在诉状上表示的意思，为何会被判例考虑？……部分请求的难点在于对诉讼请求的内容确定，在原告没有明示（包括直接或间接）时，如果允许探求原告的合理意思，则可以消解剩余部分请求问题。"参见［日］佐瀬裕史：「判例批評（平成20年最判）」，『ジュリスト』第1376号，第154頁。

[2] 参见［日］三木浩一：「一部請求論について——手続運営論の視点から」，『民事訴訟法雑誌』(47)，2001年，第34頁。

[3] 参见［日］勅使川原和彦：「一部請求におけるいわゆる「明示説」の判例理論」，『早稲田法学』第87巻第4号，2012年，第69頁。

诉而区别加以对待的见解，但就总体来说，日本较为严格，德国较为宽容，两国的基本分歧和基本倾向大相径庭。[1]德国的部分请求折衷说学者对于原告在起诉时是否明示其请求为部分请求的问题上较为宽容，认为在前诉胜诉的情况下，不论是明示还是默示的部分请求，前诉判决既判力均不及于剩余部分请求（亦即允许提起后诉请求剩余部分），但是在前诉败诉的情况下，如果前诉为默示的部分请求，则前诉判决既判力及于剩余部分债权（亦即不允许提起后诉请求剩余部分，因为这"涉及第一个判决对后续债权之诉的裁判的先决效力，其导致的结果是该后续之诉不应被视为不合法而应被视为无理由被驳回"）[2]。日本的部分请求折衷说学者大都认为默示的部分请求的场合，原告一般不能就剩余部分债权另行起诉，在明示的部分请求的场合，只有在原告前诉为胜诉时才允许其对剩余部分债权提出再诉。[3]

对于原告在部分请求的前诉败诉后能否提起再诉请求剩余部分债权的问题，结合我国民事诉讼实际情况，应当予以否定。其理由如下：第一，从既判力角度来说，我国现行民事诉讼法

---

[1] 参见蒲菊花："部分请求理论的理性分析"，载《现代法学》2005年第1期。

[2] 参见［德］汉斯-约阿希姆·穆泽拉克：《德国民事诉讼法基础教程》，周翠译，中国政法大学出版社2005年版，第330页。

[3] 日本学者三月章认为：在采用"起诉的程序申请费对应与诉讼标的额大小来逐段增减收取"的诉讼费用制度下，原告出于"减少程序申请费交纳"的考虑，采用"先以部分的小额请求来提起诉讼，并以此来了解法院对于其提出的这部分请求的态度，如果法院承认原告的这部分请求，那么就提起剩余部分请求的再诉"之战术具有相当合理性。三月章教授的这个观点就是肯定必须在前诉胜诉的基础上才能提起后诉请求剩余部分。参见陈荣宗：《民事程序法与诉讼标的理论》，台湾大学法律学系法学丛书编辑委员会1997年版，第317~318页。

第三章 现实语境下的部分请求思考

的相关司法解释[1]是承认前诉判决中关于基础事实的判断具有预决效力,例如,合同是否成立、侵权行为有无发生。而且,实务部门在司法实践中也是这样做的。[2]既然在原告提起部分请求的前诉中已经对基础事实做出了否定性的判断,那么在前诉败诉之后原告再就剩余部分提起诉讼就会受到预决效力的拘束,后诉法院对基础事实也应当作出相同的判断。当然,如果原告有新的证据足以推翻前诉对基础事实的认定,可以申请再审[3]的方式主张权利,而不应试图通过另行提起的后诉推翻前诉判决的事实判断,因此,此种场合原告应申请提起再审而不是再诉。更何况,肯定部分请求的司法者是基于原告有节约诉讼成本等方面的正当理由,才允许原告进行分割起诉以保障权利,对于案件的基础事实问题却并不存在允许其多次争讼的必要性。[4]第二,相反,如果原告前诉胜诉,则意味着当事人所争议的基础事实关系已经得到前诉法院的肯定,那么对于原告请求剩余部分债权而提起后诉,法院应当基于预决效力规则[5]和公平原则,从司法政策的角度予以肯定。第三,如果原告在

---

[1]《最高人民法院关于适用〈中华人民共和国民事诉讼法〉若干问题的意见》第75条规定:"下列事实,当事人无需举证:……(4)已为人民法院发生法律效力的裁判所确定的事实……。"还有与之同样的规定为,2001年《最高人民法院关于民事诉讼证据的若干规定》第9条规定:"下列事实,当事人无需举证……(四)已为人民法院发生法律效力的裁判所所确认的事实……。"

[2] 笔者曾在重庆市江北区人民法院代理一个案件,法院是以前诉法院判决理由部分做出的借款关系成立的判断为后诉房屋所有权纠纷的预决事实的。

[3] 民事诉讼法规定的再审理由的其中之一为:有新的证据,足以推翻原判决、裁定的。

[4] 参见严仁群:"部分请求之本土路径",载《中国法学》2010年第2期。

[5] 预决事实无需证明,通称预决效力规则,是指为生效法律文书(包括法院裁判和仲裁裁决)所确认的事实法院可以直接认定,无须当事人举证证明的事实认定规则,属于证据规则上的免证规则之一。参见吴英姿:"预决事实无需证明的法理基础与适用规则",载《法律科学》(西北政法大学学报)2017年第2期。

其提起的部分请求之前诉中败诉,这通常意味着他所主张的权利赖以存在的基础事实关系被法院否定,这可以说是一种根本性的败诉,因此没有必要再允许其再诉。[1]当然,也许原告在前诉中以侵权为由提起诉讼,被法院判断为所主张的基础事实不成立遭到败诉后,再以合同违约提起后诉,此种情形前诉与后诉的基础事实关系不一致,但这是请求权竞合的问题,通常不适合于部分请求问题。第四,如果无正当理由,在前诉败诉后仍然再次起诉,可视为其违反诚实信用原则。

把对剩余债权的再诉限定在部分请求的前诉胜诉之后的意义是,部分请求败诉意味着法院在审理的过程中作出了债权不成立的判断,如果允许原告在败诉后再诉剩余债权,难免会有重复审理之虞,因此,应该以前诉部分请求的胜诉作为后诉剩余债权请求提起的前提条件。但需要明确的是,这里所说的部分请求败诉需要区分是全部败诉还是部分败诉,如果是全部败诉,则当然不能再诉剩余债权;如果是部分败诉,则需要区分情形具体分析,以确定是否能够对剩余债权提出请求。譬如,原告在前诉中请求赔偿医疗费30万元,并明言是部分请求,法院经审理后仅认可25万元,从而原告部分败诉,但原告若再次请求器官功能训练所必要的康复费,就应当允许。

第四节 其他理由

一、殊途同归:从诉的合并原理反推部分请求的正当性

诉的合并恰好是一个与部分请求相对的法律概念,前者是将两个或两个以上的诉合并为一个诉,后者是将一个诉拆分为

---

[1] 参见严仁群:"部分请求之本土路径",载《中国法学》2010年第2期。

两个或两个以上的诉。从形式上看两者站在截然对立的立场，但实质上两者却源于相同的法理——都是基于节约诉讼成本，避免司法资源的浪费。我国台湾地区的陈荣宗教授认为："民事诉讼法上之诉讼合并制度旨在使当事人可以节省劳力、费用和时间，并以防止裁判抵触为其作用。所以各国民事诉讼法均有共同诉讼之设定及诉的客观合并之规定。"[1]陈荣宗教授所言诉的合并是为节约当事人劳力、费用和时间等诉讼成本，部分请求产生于实践，其也是基于节约诉讼成本发展而来；陈荣宗教授所言诉的合并是为防止裁判抵触，这一点于部分请求而言，如以胜诉说为基础设计部分请求的实施程序，则也不会出现裁判抵触。因此，诉的合并与部分请求是从不同的角度以不同的路径维护诉讼经济原则，只不过殊途同归罢了。诉的合并在我国民事诉讼的立法和实践中被广泛应用，与之相比部分请求的价值却被长期忽视，为诉讼经济计，没有理由不合理地运用它。

二、部分请求不是"哀的美敦书"

哀的美敦书（拉丁文 ultimatum）意为最后通牒，作为国家间解决纠纷的最后手段，缺乏周旋余地，一旦发出即无法收回，如果收回则会授人以笑柄，并且常需要集结海陆空军队，陈兵于边境，以耗费大量战争成本为后盾。诉讼是权利救济的"最后一招"，也需要投入一定的诉讼成本，部分请求这一起诉方式具有先投入少量成本试探诉讼结果的功能，在确认无法取得胜诉结果时，可以不再提起剩余部分请求，与通常的全部请求起诉方式相比，可以节约诉讼成本，因为全部请求的场合，即使以调解方式结案或者当事人申请撤诉的，法院也要减半收取案

---

[1] 陈荣宗:《举证责任分配与民事程序法》（二），三民书局1984年版，第136页。

件受理费。[1]正所谓兵法有云:"上兵伐谋,其次伐交,其次伐兵。"部分请求这一起诉方式可以弥补全部请求诉讼的"哀的美敦书"式缺乏周旋余地的弱点,可成为一种诉讼谋略,为诉讼法律关系各方避免"攻城为下"之弊端。

---

[1]《诉讼费用交纳办法》第15条规定:"以调解方式结案或者当事人申请撤诉的,减半交纳案件受理费。"

第四章 我国部分请求之程序设计

实践是检验真理的唯一标准,实践可能恰恰是避免比较研究走入隔靴搔痒的"中国问题+西方理论=答案"[1]式伪三段论的一剂良方,将实施部分请求的程序设计起来,投入实践中去运作,"摸着石头过河"的方法也许更为实际。

从立法层面上看,我国民事诉讼法尚未对部分请求作出相关规定,2012年修订的《民事诉讼法》亦未回应司法实务中出现的部分请求问题。不过,早在2003年《最高人民法院关于审理人身损害赔偿案件适用法律若干问题的解释》[2]就开始回应现实对部分请求的需求,支持当事人以另行起诉的方式再次请求康复费、整容费及其他后续治疗费。另外,最高人民法院的司法解释也在时效问题上承认部分请求。[3]这些司法解释表明我国最高人

---

[1] 支振锋博士曾对当下中国的比较法研究提出过犀利批判。参见支振锋:"西方话语与中国法理——法学研究中的鬼话、童话与神话",载《法律科学》2013年第6期。

[2] 该解释第19条第2款规定:"医疗费的赔偿数额,按照一审法庭辩论终结前实际发生的数额确定。器官功能恢复训练所必要的康复费、适当的整容费以及其他后续治疗费,赔偿权利人可以待实际发生后另行起诉。但根据医疗证明或者鉴定结论确定必然发生的费用,可以与已经发生的医疗费一并予以赔偿。"

[3] 2008年的《最高人民法院关于审理民事案件适用诉讼时效制度若干问题的规定》第11条规定:"权利人对同一债权中部分债权主张权利,诉讼时效中断的效力及于剩余债权,但权利人明确表示放弃债权的情形除外。"

民法院并未停止过如何在司法解释上回应实践中出现的部分请求问题的尝试。

原告的进攻和被告的防御是民事诉讼程序的核心内容，如何保持当事人双方攻击防御的平衡是诉讼公平所要追求的价值目标。在保证诉讼公平的前提下，应尽量实现诉讼经济，以降低民事诉讼成本。随着部分请求反对理由层层面纱的揭开，笔者认为，鉴于部分请求能在一定条件下为当事人节约诉讼成本，为兼顾诉讼公平与诉讼经济，有必要借鉴明示加胜诉说，在我国附条件地肯定部分请求，在一定程度上默认当下司法的现实状况，于具体司法实务中可做如下程序上的设计，以打通通往个案实质公平的桥梁。

第一节 对（原告）提起部分请求的过滤

在社会转型期的当下，我们在推行一项改革措施的同时，不仅要考虑到这项改革措施所能带来的积极一面，更应当设想到这项措施可能被滥用的情形，[1]为防止当事人滥用权利，法院应在决定受理之前对原告提出的部分请求做如下过滤审查：

一、提起部分请求时须明示

如上文分析，原告提起部分请求时，须明示该请求为部分请求。规定原告提起部分请求时，须明白真实地告知对方自己

---

〔1〕 国家为鼓励蔬菜大棚种植而给予财政补贴的"农业大棚项目"，被滥用为"为响应国家关于建设社会主义新农村的政策，发展生产、生态、旅游、休闲为一体的现代化农业庄园，让市民享受理想的乡村田园生活"而建成小产权房或别墅的例子屡见不鲜，曾几何时，"上有政策，下有对策"变成了我国改革时期让人头疼的一个"缩影"，参见 http://finance.sina.com.cn/china/dfjj/20080115/08554405928.shtml，最后访问日期：2019 年 9 月 6 日。

的意图，这既是民事诉讼法上真实义务[1]的要求，也是协同主义[2]的需要。让原告承担明示义务的作用在于，原告在提出部分请求时，只要明确表示本次请求仅为部分请求，就可以使被告在应诉时认识到原告可能还会提出请求剩余部分的后诉，可在心理上做好准备，防止诉讼突袭。同时，被告认为不存在剩余债权时，也可以提出消极确认剩余债权不成立的反诉，抵销、吞并原告的主张，从而避免再度应诉之累。但是，对于后发后遗症或扩大损害的案件，则无需以前诉是否明示作为允许后诉提起的标准。

二、败诉后不能再诉剩余债权

如前所述，本书的基本观点为赞成折衷采用部分请求，但必须附相当限制条件，其中之一为原告败诉后不能再诉剩余部分债权，这也是部分请求折衷论中明示加胜诉说的基本立场。若原告在明示为部分请求的前诉中败诉，这一般意味着其所主张的基础事实关系被法院否定，则没有必要允许其再诉剩余部

---

[1] 在大陆法系对当事人在诉讼中真实义务的要求是伴随协同主义诉讼观的兴起而出现的。最典型的例子是《德国民事诉讼法》第138条第1款规定，当事人应就事实状况为完全而真实的陈述。作为一项具体的义务，而非对当事人的道德要求，当事人的真实义务要求当事人不得主张已知不真实的事实或提出不真实的请求。参见纪格非："我国民事诉讼中当事人真实陈述义务之重构"，载《法律科学（西北政法大学学报）》2016年第1期。

[2] 德国学者巴沙曼在其所著《社会的民事诉讼：在社会法治国家民事诉讼的理论与实务》一书中，对协同主义这一概念进行了诠释，作为一种理论和实践进路，指出了民事诉讼法今后的发展方向，他认为应当要求民事诉讼的所有参与者应当协同诉讼，强调民事诉讼应当从"自由主义"的民事诉讼向"社会的"民事诉讼转变。按照其观点，协同主义是与辩论主义完全不同的一种崭新的诉讼结构，它强调法院、当事人三方的协同关系。"从自由主义的民事诉讼到步入社会的民事诉讼"，也就是说，从诉讼中力量对比的角度来理解的话，诉讼步入了法官的指挥和援助的所谓作业共同体。还有学者认为，作业共同体是将裁判的基础实施呈现在诉讼中并加以确定时的一种相互配合，亦即法院与当事人之间的相互协助。参见唐力："辩论主义的嬗变与协同主义的兴起"，载《现代法学》2005年第6期。

分债权。况且，我国相关司法解释也是承认前诉判决中关于基础事实的判断具有预决效力。另外，原告在前诉败诉后仍然再次起诉，可视为其违反诚实信用原则。因此，必须将原告提起剩余部分的请求限定在前诉胜诉之后。

江苏省高级人民法院在一个判例中也持败诉后不能再诉剩余债权的观点，该判例的要旨为：为避免司法资源浪费，维护生效裁判权威，民事诉讼应当坚持"一事不再理"原则，对于已经获得确定效力的判决、裁定和调解书，当事人不得以同一事实与理由、就同一争议再次起诉；也不得将同一争议标的额切分后在多个管辖法院或进行多次诉讼。……"一事"，系指同一合同标的争议之整体，其对此不能分割开来提起若干次乃至无数次的诉讼，或者说其即使将同一争议标的分割起诉，法院只能认为其所争议之"事"已经诉讼处理，其也不能就所谓被切分之其他部分再行诉讼。另一方面，司法审判作为一种有限的国家资源，其以全体纳税人的税款为支撑，故任何当事人都不能也不应对其进行糜费和滥用，而原告的此种将同一争议标的不断进行切分诉讼的行为是对诉讼资源的糜费和滥用，也妨碍了其他公民对该项资源的正当利用，这也正是前述条款精神中一事不再理原则的重要价值之所在。故杨善兵提起的本案诉讼与被调解的前案诉讼应被认定为属于"一事"范畴，而不应再予受理。……不论原告方是否故意昧而不明、暗留伏笔，亦皆与原告不合法律精神的切分式诉讼技巧相关联，而诉讼上之任何技巧均不应也不能诱裹卷挟他人真实意思并加以利用或阻碍公平正义之法律精神在裁判中的实现。……不论其当初是否即经谋算，或对整个进程中相关方意思发展演变的游移转化是否有不当利用企图，基于合法、公正和诚信的考虑，其均不能被法院认可。综前所述，本案原告若在实体上存在胜诉的事实和理由,其尚可就前案之调解书提出再审申请,而非就本案提出再审申请,但其并无实体上胜诉之事实和理由,故对于其就本案之申诉,应从一事不再理角度予以驳回。[1]

三、原告再诉剩余债权的次数限制

为有效避免被告应诉之累和法院重复审理之烦,使部分请求这一起诉方式在兼顾原告利益的同时,实现利益衡平的最优化,还应该规定原告再诉剩余债权的次数限制。权利救济是有限度的,对当事人权利救济的次数限制,在民事诉讼法中并不鲜见,例如,对判决、裁定的上诉仅以一次为限;对回避决定不服的复议申请仅以一次为限。因此,对原告再诉剩余债权也应规定次数限制,次数一般应以一次为宜,在后发后遗症等特殊情形时,可以适当放宽次数,要让部分请求诉讼的原告明白权利也有用尽之时,[2]这也可以看作是对纠纷一次性解决原则的一种变通适用。

四、确定适用部分请求案件的债权数额

日本学者棚濑孝雄将"生产正义的成本"分为国家负担的审判成本和当事人负担的诉讼成本,如何在法院和当事人之间合理地分配"生产正义的成本"是民事诉讼的难题。[3]部分请

---

[1] 参见江苏省高级人民法院(2012)苏商申字第256号民事裁定书。

[2] 在知识产权法领域,权利用尽原则是立法者在平衡知识产权人特权或专有权和社会公众利益的基础上提出的,作为对权利人行使特权的限制,该原则首先由美国司法机关提出,随后得到许多大陆法系国家的援引。参见任军民:"我国专利权利用尽原则的理论体系",载《法学研究》2006年第6期。笔者认为,对部分请求诉讼原告再诉剩余债权的次数限制可以类推适用权利用尽原则。

[3] 参见[日]棚濑孝雄:《纠纷的解决与审判制度》,王亚新译,中国政法大学出版社2004年版,第268页。

求的主要作用在于为当事人节省诉讼费用的支出,但如果对所有的案件都许可部分请求,势必增加法院审理之累。我国台湾地区学者吕太郎认为,所谓诉讼经济不外是追求利润与支出成本之间的互动状态,诉讼经济很大程度上是受制于国家财政的,如果国家财政足够充足,诉讼不花钱也是可能的。[1]然而在现实中,国家不可能也不应该不计成本地提供免费诉讼,因为"免费诉讼意味着诉讼成本全部转移给整个社会,按法院的实际开支全额征收讼费则意味着国家将履行公共职能的成本转移给诉讼当事人,故合理的司法政策总是在两个极端之间寻求折中"。[2]如果对原告提出的部分请求不加限制一概应允,则势必会造成对法院司法资源的不经济,因此,立法或司法机关应规定争议债权必须达到一定数额才能提起部分请求。具体数额可根据各地区的经济发展水平确定。

五、前诉与后诉的当事人须为同一

如前所述,因为连带债务的债权人请求权具有较高自由度,可向连带债务人中的一人或数人行使请求权,可向不同债务人同时或先后请求,可请求其全部或部分履行。连带之债的债务人中,可能有的履行能力较强,有的履行能力较弱,因此,有学者认为,根据连带之债的性质,债权人可自由决定向连带债务人中的何人请求履行何种程度的债务,其本身允许当事人以分割债权的形式进行部分请求。[3]但是,笔者认为,在我国当下民事诉讼法学界和实务界对部分请求这一起诉方式还存在相

---

[1] 参见吕太郎:"民事诉讼法研究会第一百零五次研讨会记录",载《法学丛刊》2010年第217期。
[2] 参见方流芳:"民事诉讼收费考",载《中国社会科学》1999年第3期。
[3] 参见蒲菊花:"部分请求理论的理性分析",载《现代法学》2005年第1期。

当阻力的情况下，如果允许债权人在连带债务诉讼中自由寻找被告提起部分请求诉讼，则有可能引起部分请求诉讼主体的紊乱，使部分请求否定论者更有理由排斥部分请求，从而使以节约诉讼成本为目的的部分请求就此止步。因此，在部分请求诉讼的改革方面，是否也应当借鉴李浩教授对民事司法改革的见解"宁可慢些，但要好些"，[1]放慢脚步，在连带债务诉讼情形时，规定部分请求与剩余债权请求的前诉与后诉的当事人须为同一。

六、提起部分请求须有正当理由

鉴于部分请求这一起诉方式在为原告节约诉讼成本的同时，可能产生增加被告应诉之累与法院审理之累的可能。因此，有必要对原告设定说明为何要提起部分请求的正当理由之义务，原告的这种说明应该是一种疏明。疏明是相对于证明的一种当事人行为，是指为了实现迅速与简便之处理，在虽未达到证明度的情况下，当事人通过证据等加以印证，从而使法官作出大致确定之推论的状态。[2]原告必须疏明其提起部分请求的原因，且必须符合以下正当理由之一，才能采用部分请求这一起诉

---

[1] 李浩："宁可慢些，但要好些——中国民事司法改革的宏观思考"，载《中外法学》2010年第6期。

[2] 在疏明中，为了突出实现迅速处理，不仅减轻或缓和证明度，证据方法也仅限于可立即进行调查之证据方法（如《日本民事诉讼法》第188条：疏明仅限于立即可以进行调查的证据）。例如，限于在庭审中的证人询问、自己持有文书物件的验证等。在日本旧民事诉讼法中，还为达到这种及时性目的，考虑到可利用证据方法可能灭失，法院可以依据材料，让当事人或法定代理人提供保证金或就其主张之真实性进行宣誓，并视为已经获得疏明（日本旧民事诉讼法第267条第2项），若将来，判明为虚假陈述时，可以处以没收保证金或罚款之制裁，不过由于实务中几乎没有利用该制度，所以1996年日本修改民事诉讼法时废除了该条。参见［日］新堂幸司：《新民事诉讼法》，林剑锋译，法律出版社2008年版，第373页。

方式。

(一) 被告可供执行的财产数额与全部债权数额相差比较大

如前所述，由于执行难问题在我国客观存在，且司法实践中尚无有效途径克服之，为避免出现"赢了官司赔了钱"的尴尬局面，如果被告可供执行的财产数额与全部债权数额相差较大时，应允许原告提出部分请求，这样既可保护原告的胜诉利益，又可为被告留有一定东山再起的机会。

(二) 基于情势变更的部分请求

对于一些在判决确定后，债权债务关系仍会因情势变更而发生变化的诉讼〔如后遗症治疗费、被扶（抚）养人生活费〕，当事人很难在第一次起诉时准确地掌握全部债权数额，出于举证难易程度及仅能暂时提出部分诉讼资料等因素的考虑，当事人可能会选择部分请求。当情势发生变更（如后遗症加重、物价上涨）时，再提出剩余部分请求。例如，人身侵权的案件，已有较充分的证据显示受害方将有后遗症的发生，但一时难以确定全部损害数额；还比如，某些治疗周期较长的案件，其治疗持续时间将跨越审理期限，此等全部损害赔偿额一时难以确定的种种情形也应是提出部分请求的正当理由之一。早在2003年的《最高人民法院关于审理人身损害赔偿案件适用法律若干问题的解释》第19条第2款就规定："……器官功能恢复训练所必要的康复费、适当的整容费以及其他后续治疗费，赔偿权利人可以待实际发生后另行起诉。"该规定的趣旨实际上就是基于为使原告及时弥补因被告侵权而遭受的损害，从效率角度出发采取的措施，这一点其实和纠纷一次性解决原则的出发点并不矛盾。有观点认为，后遗症损害不能适用部分请求理论，理由是对后遗症这种后发性损害，当事人之所以没有在前诉中请求，是由于其根本没意识到还存有后遗症，所以在前诉中不可能提出部分请求。前诉判决对不能预测的后遗症损害不具有既判力，故后遗症请求不属于部分请求。[1]但不可否认现实中也存在如下情形，即有些后遗症虽然在前诉中已经预见到且已明示为部分请求，但不能准确预测后遗症在将来可能加重的程度，对这种情况应该认可部分请求。[2]

（三）被告持续侵权或持续违约

在被告持续侵权或持续违约的情况下，为及时救济自己的权利，原告只能就对方已经发生的侵权行为或违约行为起诉，这种起诉一般为部分请求。因为在前诉判决确定后，侵权行为或违约行为依然存在，继续给原告造成了新的损失，虽然以新的损失为由提出的后诉可能与前诉的诉讼标的相同，但法院也应该允许原告就新的损失再次提起诉讼。例如，在一起商标侵权案件中，原告要求被告停止侵权，获胜诉判决后，被告仍继续侵权，原告再次起诉要求赔偿新的损失。当然，如果持续的侵权行为或违约是可以明确预测的，则可以告知原告一并提出将来给付之诉。[3]例如，承租人在租赁期满后拒不搬出，这种情形可以按照日租金明确计算出将来可能造成的损害。

（四）损失大小事实难以证明或不能证明

部分请求诉讼中涉及的证明困难问题主要是损害额难以证明或不能证明，此种情况应当允许原告就能够证明的部分损害数额先行提出部分请求，待搜集到能够证明剩余部分损害数额的证据之时，再诉剩余部分，以实现诉讼效率。损害赔偿额不能证明或证明存在重大困难的情形大致可归纳如下：（1）相对

---

[1] 参见［日］坂本正幸：「一部請求の適法性に関する小論——専門家論理と管轄を中心として」，『島大法学』50（3/4），2007年，第7页。

[2] 这种见解为日本被多数判例接受且在理论上亦为多数说。参见［日］伊藤真：『民事訴訟法（第3版）試験対策講座』，弘文堂2002年，第208页。

[3] 参见严仁群："部分请求之本土路径"，载《中国法学》2010年第2期。

于争议金额的数额，当事人举证所需费用明显不相当且存在失衡的情况。比如，建筑物因火灾而遭受损害，但因该建筑物本身年久失修而致折旧损害部分与因该次灾害所致毁损部分，不能明确识别区分的情形。(2) 由于该损害物难以进行市场估价，导致难以掌握其交换价值的情形。(3) 当事人人数众多，导致难以分别予以计算的情形。[1] (4) 由于侵权行为而产生的抚慰金赔偿请求的情形。(5) 基于小孩死亡而产生的期待利益赔偿请求的情形。[2]

（五）原告无力承担全部诉讼费用

如前所述，由于我国诉讼费用比较高，特别是在一些诉讼标的额较高的案件的场合，原告可能因为自身经济问题而无力一次性预先交纳全部诉讼费用，导致其不能就全部债权提起诉讼。在这种情况下，应该允许原告先就部分债权提起诉讼，待前诉判决执行后或者原告有经济能力之后，再对剩余部分债权提起后诉。不过，对于如何判断原告是否系无力一次性交纳全部诉讼费用的问题，应当要求其以适当的证据疏明。具体而言，如果原告符合法定《诉讼费用交纳办法》中诉讼费用减免缓交条件的，则依法准许其减免缓交的申请。如果不符合诉讼费用救助条件，则可以作出准许部分请求的决定。另外，如果提出部分请求的数额与全部债权的数额相差不大，则也不应当允许，因为这种情况下部分起诉与全部起诉的诉讼费用非常接近。例如，原告对被告有一个 100 万元债权，原告提出无力承担全部诉讼费用而先部分请求 90 万元，由于 100 万元债权的诉讼费用

---

[1] 参见邱联恭：《程序利益保护论》，三民书局 2005 年版，第 38 页。
[2] 参见 [日] 伊藤真：「損害額の認定——民事訴訟法二四八条の意義」，『原井龍一郎先生古稀祝賀・改革期の民事手続法』，法律文化社 2000 年版，第 56 页。

与 90 万元债权的相差无几，原告的这一理由就不能视之为正当理由，因此不能允许其提出的部分请求。

(六) 原告被告达成进行试验诉讼的合意

如前所述，原告提起部分请求诉讼的动机，相当一部分是出于利用试验诉讼来试探法院对争议的判断，从而避免诉讼成本损失的风险。[1]部分请求肯定论学者中有人认为，原告这种以先提起小额请求来试探法院判断的办法，具有相当合理性。但是，部分请求否定论学者反驳认为，原告在预测法官心证之时可以扩张其请求数额。[2]对于这个问题，严仁群教授认为，否定论学者的这一反对理由在我国本土是不切实际的，因为实践中虽有部分法院针对部分案件试行判前释法，但是大多数法官还是不愿告知原告可以扩张请求额，譬如原告仅请求精神损害赔偿 1 万元，法官经审理后认为可以赔偿 5 万元，但现实中绝大多数不愿也不敢做这样的释明，因此大多数原告还是无法准确预测法官的心证。何况，即使一审法官公开了心证，但也有可能被二审法院推翻其心证结果。[3]

虽然根据以上分析，在我国以小额请求作为试探的试验诉讼可以成为原告提起部分请求的正当理由之一，但是也有必要对这一理由做相应限制。原告进行试探性诉讼是为了避免和降

---

[1] 参见 [日] 三木浩一:「一部請求論について——手続運営論の視点から」,『民事訴訟法雑誌』(47), 2001 年, 第 35 頁。

[2] 如前所述，我国台湾地区在 2000 年"民事诉讼法"修改时专门新增第 244 条，允许原告"于请求金钱赔偿损害之诉，原告得在第一项第二款之原因事实范围内，仅表明其全部请求之最低金额，而于第一审言词辩论终结前补充其声明"，该条实际上就是立法者站在部分请求否定论基础上以允许扩张请求数额对否定论做出的修正。但是，但是从司法实践来看，2000 年台湾地区新增的"民事诉讼法"第 244 条第 4 项规定却并非像学者解说的那样简单和乐观，台湾一些法院仍然坚持"若债权人未明示抛弃剩余债权，法院就应当承认剩余部分请求"的观念。

[3] 参见严仁群:"部分请求之本土路径"，载《中国法学》2010 年第 2 期。

低诉讼成本的风险,如果对原告这样的起诉不设置限制条件,则有过于偏向原告而忽视被告利益之虞。如前所述,对于那些曾经资产上亿而今濒临破产,迫切需要资金重整旗鼓以偿还剩余债务的被告来说,部分请求对被告方还有利。在这类情形中,被告甚至期待原告发动的是部分请求诉讼,而非全部请求诉讼。在原告提起试验诉讼的部分请求时,如果被告也同意原告以部分请求方式进行试验诉讼,那么就可以认为此时的部分请求也是符合被告利益的。[1]亦即,这个时候的部分请求已经兼顾了原告被告双方的利益,法院应该允许这种合意性的部分请求。

第二节 法院对部分请求的应对

一、法官应积极运用释明权

释明权源于德文"Aufklarung sreckt",又被称为阐释权或阐明权。释明(Aufklarung)之原意是指使不明确的事项变得明确。在诉讼法中,释明系指法院出于明确争议事实的目的,通过对事实上及法律上的有关事项向当事人发问、提醒或启发,从而促使当事人提出相应主张或证据之活动。与此相应地,释明权就成了法院协助当事人收集相关诉讼资料的职权和义务。[2]释明权的特征可归纳为:第一,释明权主体是法院,释明是法官的一种权利和义务复合的职权,属于法院诉讼指挥权范畴;第二,释明权行使目的是促使当事人完整陈述主张或事实,从而排除不当的主张,补足不充分的证据材料;第三,释明权的行

---

[1] 参见严仁群:"部分请求之本土路径",载《中国法学》2010年第2期。
[2] 参见唐磊、朱传生:"释明权:幽灵还是精灵",载《社会科学研究》2006年第5期。

使方式为通过向当事人询问、提醒或启发,促使其对诉讼主张、诉讼资料予以澄清、补充和修正;第四,释明权的适用范围只能限于当事人提出的主张或陈述不清楚、不充分或自相矛盾,应提出的证据材料没有提出等情形。[1]

从促进提高纠纷解决效率的角度出发,对于部分请求诉讼法院应当积极运用释明权,最大限度地消解因部分请求而可能出现的后诉,减少法院与被告可能面临的审理和应诉之累。第一,在原告未明示其请求为部分请求时应要求其说明情况。如果原告未明示其请求为部分请求,那么法院应当询问其该请求是否为部分请求。因为释明制度的存在一般被认为是以还原真实和追求真实为目的,从大陆法系国家释明权的具体运行状况来看,释明制度亦含有维护及有利于当事人实现其权利的意图。它的理念为,法院裁判应该以真实为基础,此乃大陆法系民事诉讼法追求的价值所在,这个理念表明只有基于案件真实情况而作出的裁判,才为公正的裁判(当然也有一些例外,比如在法律要件事实真伪不明时,也尽可能用拟制的真实为基础,客观证明责任规范之适用是这种例外)。[2]因此,为追求原告的真实意图,法院在发现原告未就全部债权提出请求时,应当询问其原因,以保障其实现自己的全部实体权利。不可否认的是,在我国确实存在当事人缺乏诉讼程序知识的现象,有的当事人提起人身损害赔偿请求,却不知除请求医疗费用之外,还可以请求护理费用、误工费用、营养费用等;有的当事人提起清偿租金的请求,却不知还可以请求利息;如此种种,如果法院遇

---

[1] 参见蔡虹:"释明权:基础透视与制度构建",载《法学评论》2005年第1期。

[2] 参见张卫平:"民事诉讼'释明'概念的展开",载《中外法学》2006年第2期。

此类情形，能够耐心地询问原告的真实意图，让其知晓还存在遗漏的请求事项，则可以在很大程度上消解原告提出后诉请求剩余部分之可能，这也符合"纠纷一次性解决"之精神。默示的部分请求其实应该分为无意和有意两种情形。无意的默示部分请求如前述这种遗漏诉讼请求的部分请求属一例，另外还有后发后遗症也属此类情形。有意的默示部分请求（原告有意以部分请求方式起诉，但未明示其起诉为部分请求）就比较多，比如，上文所归纳的类型中的——规避级别管辖型部分请求、特定费用项目限定型部分请求、抵销考虑型部分请求、（被告）资力考虑型部分请求、总额不明型部分请求、试验诉讼型部分请求等均属于此类情形。有意的默示部分请求是原告出于为最大限度地实现自己实体利益的目的而采取的一种诉讼策略，但如前所述，如果部分请求的意图不予以明示，将给被告乃至法院造成相当的不利益，而且，日本的判例及学说大多不承认这种有意的默示部分请求，本书也主张只应该附条件地承认明示的部分请求。因此，对上述有意的默示部分请求，法院在察觉到原告提出的是部分请求时，也应该积极行使释明权，告知原告如果不予以明示其请求为部分请求将承担的后果，避免原告遭受不利益。

　　法院除了对原告积极释明以消解其可能提出的请求剩余部分的后诉之外，还应该积极向被告释明，提醒告知其如果认为原告所主张的债权不存在或者认为剩余部分债权不存在，或者是反对原告以部分请求的方式提起诉讼，那么可以提起消极确认之诉，[1]以消解原告可能提起的后诉。

　　法院还应该告知原告和被告，法院在本案判决中对基础事

---

[1] 当然，如前文中我国台湾地区黄国昌教授所指出的那样，对原告证明困难的案件，法院应当慎用对被告告知可以提起消极确认之诉。参见黄国昌：《民事诉讼理论之新开展》，北京大学出版社2008年版，第363页。

实关系的判断,将对可能发生的请求剩余部分债权的后诉产生重大影响,双方应当在本诉中积极进行充分地攻击防御,以防止因为自己的疏忽而造成自己在后诉中的被动地位。

当然,也有学者认为应当谨慎运用释明,否则可能会伤及法院的中立。例如,法院对一方当事人积极释明,而对另一方当事人消极释明,厚此薄彼、此消彼长,损害一方当事人的利益,进而伤害法院的司法公信力。在提倡司法能动主义的同时,不能让"瘦子跟着胖子减肥",损害法院的中立性。虽然释明权之行使在一定程度上有利于实现实质正义,但是释明权同时也是一把"双刃剑",有可能在行使它的时候损害程序正义。[1]但是,正因为释明权是"双刃剑",所以掌握好释明权的边界问题(即行使释明权的范围),就既可以尽量磨平其损害程序正义的一边的"刃",又可以尽量磨利其有益于实现实质正义一边的"刃"。释明的边界有二,其一,释明的目的边界在于其不能背离保护权利、维护实质正义的释明主旨以及防止突袭裁判等。例如,时效制度的主旨和释明制度的主旨相反,故应当禁止时效释明。其二,释明的事实边界除不能超出当事人主张的事实之外,还应包括当事人虽未主张但已呈现于法官面前的事实。对于后者的释明应当视其具有合理扩张辩论主义范围的功能,如经释明后当事人仍未主张这类事实,法院仍应当采用,因为法院不能漠视已经呈现的真相,这种对辩论主义的突破是必要的,

---

〔1〕 张卫平教授曾指出:"我国法院体制改革的趋势更多地是限制法官的能动性,而不是扩大法官的能动性,是限制法官的权力,而不是扩张法官的权力,而释明制度的本质是强调法官的能动性,因而与当下限制法官能动性的趋势是相背离的。在当下的司法状态下,我们更应该小心地维护法院和法官的中立,而不是进一步动摇这种中立。对此,我们应该有一个清醒的认识,防止陷入盲目地追求时髦的游戏之中。"参见张卫平:"民事诉讼'释明'概念的展开",载《中外法学》2006年第2期。

当然也应是有限的。在释明的边界内，除时效之外，法院对其他当事人未主张的权利均应当释明。[1]因此，在部分请求诉讼中，为保障诉讼效率和保障当事人的实体权利，法院应当积极释明。

二、宽待增加诉讼请求消解请求剩余部分的后诉提起

在部分请求诉讼的案件中，若原告在诉讼的后期阶段向法院提出要求增加诉讼请求，如果该增加诉讼请求是根据本案基础事实而产生，那么从纠纷解决的效率和成本的角度考虑，即使增加诉讼请求的申请提出得较迟，也应该尽量允许。增加诉讼请求包括诉的声明增加和请求原因事实增加。诉的声明增加又分为两种情形，一种为实质增加，譬如，在原先的确认之诉后又增加给付之诉，其程序效果为，被告必须对原有防御做出调整，并且使得审理成本增加。由于部分请求诉讼是以请求给付为目的的，所以部分请求不大可能存在实质增加的情况；另一种为形式上的增加，譬如，人身损害赔偿请求从原来的 10 万元增加到 30 万元，再譬如，基于合同违约原来请求 50 万元后又追增到 100 万元，此为一种简单的数量增加，部分请求诉讼类型中的试验型部分请求、（被告）资力考虑型部分请求大多属于此种情况。而请求原因事实增加则极可能成为诉的声明增加的直接原因，譬如，在同一人身损害赔偿诉讼中，原告先请求赔偿 10 万元医疗费，后因后遗症致伤情恶化而追增请求 10 万元医疗费，还譬如，因被告违约原告先请求 50 万元，后因该合同未能全面履行而给第三人造成损害，为此原告须承担相应责任，故又追增 50 万元请求，由此可见，诉的声明增加和请求原因事

---

[1] 参见严仁群："释明的理论逻辑"，载《法学研究》2012 年第 4 期。

实增加之间具有直接因果关系。[1]部分请求诉讼类型中的总额不明型部分请求、后遗症型部分请求均属于此种情况。

增加诉讼请求属于诉的变更中的一种，诉的变更包括两种情形：一为诉讼请求在量上的变更，也就是诉讼请求数额的变更——增加或缩减；二为诉讼请求在质上的变更，也就是诉讼请求性质的变更。例如，将侵权之诉变更为合同之诉。[2]对部分请求诉讼而言，原告只会增加诉讼请求，而不会缩减其诉讼请求的数额，否则便不是部分请求。如试验性部分请求、被告资力考虑型部分请求那样，原告也不会变更诉讼请求的性质，采用部分请求诉讼的原告往往在其提起的请求剩余部分后诉中，只是从量上进行诉讼请求的增加，而不会去改变前诉的基础事实，从质上去增加。

我国关于增加诉讼请求的规定非常简单。[3]从司法解释来看，对于增加诉讼请求，《民事诉讼法》没有规定期限，但是《最高人民法院关于适用〈中华人民共和国民事诉讼法〉若干问题的意见》规定的是在"法庭辩论终结前"提出，《最高人民

---

[1] 参见毕玉谦："诉的变更之基本架构及对现行法的改造"，载《法学研究》2006年第2期。

[2] 参见张卫平、李浩：《新民事诉讼法原理与适用》，人民法院出版社2012年版，第242页。

[3] 2012年修改的《民事诉讼法》第51条仅规定"原告可以放弃或者变更诉讼请求。"1991年《最高人民法院关于适用〈中华人民共和国民事诉讼法〉若干问题的意见》第156条规定："在案件受理后，法庭辩论结束前，原告增加诉讼请求，被告提出反诉，第三人提出与本案有关的诉讼请求，可以合并审理的，人民法院应当合并审理。"1999年《最高人民法院关于适用〈中华人民共和国合同法〉若干问题的解释（一）》第30条又规定："债权人依照合同法第一百二十二条的规定向人民法院起诉时作出选择后，在一审开庭以前又变更诉讼请求的，人民法院应当准许。对方当事人提出管辖权异议，经审查异议成立的，人民法院应当驳回起诉。"但是，2002年的《最高人民法院关于民事诉讼证据的若干规定》第34条第3款规定："当事人增加、变更诉讼请求或者提起反诉的，应当在举证期限届满前提出。"

法院关于适用〈中华人民共和国合同法〉若干问题的解释（一）》规定的是在"一审开庭前"提出，而《最高人民法院关于民事诉讼法证据的若干规定》规定是在"举证期限届满前"提出。三个司法解释的规定，从增加诉讼请求的提出期限上来说，一个比一个短，意味着对待增加诉讼请求的态度一个比一个严苛。[1]但是，我们应该客观地看待增加诉讼请求这一在诉讼过程中发生的现象，随着诉讼的进行，现实生活中与纠纷有关的情况可能会发生新的变化，如果过于严苛地以提出期限来限制增加诉讼请求，则有可能导致原告在本案终结后另行起诉，这显然对当事人双方都不利，也浪费司法资源，所以应该宽待增加诉讼请求，从而实现纠纷一次性解决的目的。从法律体系论上来看，也应当宽待当事人对诉讼请求的增加，因为法治社会之"法"，就是法治社会的规则系统，既包括国家颁布的各类法律法规等正式规则，也包括社会自治组织、团体等制定的自治性规范，还包括各类群体中的地域习惯、商业习惯等发挥调整社会关系作用的无形性规则。因此，法治社会的规则系统在构成上是多元的，展现其规则内部及其规则与行动之间的宽容与融通。[2]

对于部分请求诉讼而言，只要原告是在一审法庭辩论终结之前增加提出剩余部分请求都应当允许。例如，原告先请求赔偿10万元医疗费，后因后遗症致伤情恶化而追增请求10万元医疗费；原告先请求赔偿10万元医疗费，后又因护理费、康复费、误工费而追增请求10万元医疗费等，都应该允许。因为，就技术论而言，诉讼由原告启动，所谓"无原告则无法官"，原

---

〔1〕 参见严仁群："宽待诉的变更"，载《江苏行政学院学报》2010年第4期。
〔2〕 参见江必新、王红霞："法治社会建设论纲"，载《中国社会科学》2014年第1期。

告的起诉是发动程序的前提，而且在无被告反诉之时，原告的诉讼请求就是牵引诉讼方向与进程的驱动器，被告的答辩仅具被动性与防御性，不能必然地成为推进诉讼进程的主导力量。[1]因此，对增加诉讼请求的宽容，在消解了原告提起剩余部分请求的动力之后，诉讼程序也就会在本次诉讼之后自然关闭，不会再次启动，从而消解部分请求。如前所述，从我国台湾地区的立法例来看，也印证了对增加诉讼请求的这份宽容。我国台湾地区 2000 年"民事诉讼法"特别新增第 244 条第 4 项[2]规定，以立法方式承认对明示的部分请求在一审言词辩论终结前的增加诉讼请求，以消解可能发生的再诉。

三、小额诉讼程序不得适用部分请求

小额诉讼程序是美国、法国、德国、日本以及我国台湾地区等为了弥补正式司法在满足民众接近司法的需求方面所存在的缺陷，立足于制度利用者（当事人）而非制度运行者（司法者）的立场而设计的。[3]与传统简易程序相比，小额诉讼程序具有如下特点：第一，传统的简易程序是按照诉讼争议的性质、复杂程度或诉讼标的额为标准划分的，小额诉讼程序则更为单纯，基本上限定于债权债务纠纷（当然在一般侵权、邻里争议、租赁争议、交通事故等纠纷中也有采用），在国外，一般被设计

---

[1] 参见毕玉谦："诉的变更之基本架构及对现行法的改造"，载《法学研究》2006 年第 2 期。

[2] 我国台湾地区 2000 年"民事诉讼法"第 244 条第 4 项规定："第一项第三款应受判决事项之声明，于请求金钱赔偿损害之诉，原告得在第一项第二款之原因事实范围内，仅表明其全部请求之最低金额，而于第一审言词辩论终结前补充其声明。其未补充者，审判长应告以得为补充。前项情形，依其最低金额适用诉讼程序。"

[3] 参见傅郁林："小额诉讼与程序分类"，载《清华法学》2011 年第 3 期。

成独立于一般简易程序的特别程序。第二,小额诉讼程序简便、完全按照常识化方式运行。第三,注重调解,小额诉讼程序一般采取调解与审判一体化方式,可以在审理过程中采用谈话的方式使原告被告之间对话,法官积极规劝促使当事人和解,在原告被告争执不下时,往往直接提出解决方案。第四,小额诉讼程序具有十分明确的价值取向——低成本与高效率。第五,小额诉讼程序从形式和性质上看,属于一种民事诉讼程序,在原则上由职业法官主持审判,所以与各种法院附设的非讼程序(ADR)有着明显的区别,它本身还是法院诉讼活动的组成部分,目的在于为当事人提供一种低成本的简便的司法救济手段。[1]

我国2012年修订的《民事诉讼法》在其第162条[2]增加了"小额诉讼程序"。[3]但是,立法者在《民事诉讼法》中增加该程序时的价值和目标定位上,立法者期待的是分流案件或分解司法压力,而非主要为了弥补正式司法程序在便民诉讼方面的缺陷。但是,由于我国实际司法状况与西方为代表的国外司法环境并不一致,我国民事司法是在简单的民事关系和传统民事争议的基础上建立起来的以调解为重心、以职权主义为理念的诉讼程序,而这些正是西方司法制度所不具备而需要通过小额诉讼程序才能体现的重要特点。[4]在草案制定之前和草案

---

[1] 参见范愉:"小额诉讼程序研究",载《中国社会科学》2001年第3期。

[2] 第162条规定:"基层人民法院和它派出的法庭审理符合本法第一百五十七条第一款规定的简单的民事案件,标的额为各省、自治区、直辖市上年度就业人员年平均工资百分之三十以下的,实行一审终审。"

[3] 但是也有学者认为该规定实际上并不能构成一个独立的程序制度,充其量只能是"小额案件的一审终审",例如,刘学在:"小额案件一审终审制之质疑",载《中国审判》2012年第6期。

[4] 参见傅郁林:"小额诉讼与程序分类",载《清华法学》2011年第3期。

讨论之中，这个中国式的"小额诉讼程序"就饱受各种争议。其中一个重要的担忧是，一旦在中国打开了小额诉讼程序这个潘多拉盒子，它是否会沦为当事人滥诉工具。在该担忧尚未消解之际，如果允许部分请求，那么当事人把一个标的额高的大案子拆分为若干个进行部分请求，利用小额诉讼程序的一审终审制损害对方程序利益怎么办？[1]笔者认为，在小额诉讼程序已成立法事实无从改变的背景下，为消弭部分请求与小额诉讼之间的矛盾，不妨借鉴我国台湾地区"民事诉讼法"的规定，[2]为防止当事人恶意利用小额诉讼程序损害对方当事人的上诉权，应明确规定小额诉讼程序不得适用部分请求，但如果当事人已声明不就剩余部分另行起诉的除外。

四、法院提示被告及时异议或反诉

部分请求反对理由之一是，如果允许原告提起部分请求，会增加被告应诉之累，使诉讼的攻击防御失去平衡。针对这种忧虑，可以通过赋予被告提出异议的权利，以达到诉讼攻击防御之平衡。例如，原告主张被告没有全部履行的能力，因此本

---

〔1〕 参见第3期金杜—明德法治沙龙《聚焦小额诉讼程序》范愉、傅郁林、王亚新等专家学者的讨论：http://www.civillaw.com.cn/article/default.asp?id=54555，最后访问时间：2013年1月29日。

〔2〕 我国台湾地区"民事诉讼法"第436-16条规定："当事人不得为适用小额程序而为一部请求。但已向法院陈明就其余额不另起诉请求者，不在此限。"该条关于小额诉讼程序立法实际上暗合了部分请求的明示说。该立法主要目的在于，为避免原告就不属小额事件之请求，割裂而为部分请求，以利用小额程序的一审终审及管辖规则，损害被告利益，故规定当事人不得为适用小额程序而为部分请求。但是，如果原告已向法院陈明就其余额不另起诉请求，则不会损害被告利益，并且出于对原告选择权的尊重，自无禁止之必要。倘若已陈明不另起诉，嗣又另行起诉者，则应依我国台湾地区"民事诉讼法"第249条第1项第6款规定，以其诉不合法裁定驳回之。参见袁春兰："两大法系小额诉讼程序的比较分析"，载《河北法学》2005年第4期。

次诉讼仅部分请求100万元,此时,如果被告不愿意对方部分请求,则在可以疏明自己有全部履行能力的情况下,提出异议反驳原告提出的部分请求,这样也就避免了多次应诉。当然,被告选择这样做需要预估因须全部履行而给自己带来的风险。除此之外,被告还可以在原告第一次起诉部分债权时,提出消极确认剩余债权不存在的反诉,以消解可能发生的后诉,避免应诉之累。

第三节 部分请求衍生问题的处理

本节所分析的两个问题(时效和抵销),它们是因部分请求而衍生出来的特殊问题,并非每一个部分请求诉讼都会涉及,是以笔者在本章最后部分予以程序设计上的考量。

一、时效问题的处理

部分请求诉讼中的时效问题是,假若原告仅就债权提起部分请求诉讼,那么究竟在何种范围内产生诉讼时效中断呢?换言之,究竟是在被提起部分请求的部分债权范围内,还是在全部债权范围内产生诉讼时效中断的效果。从严格角度来讲,这主要涉及实体法的问题,但由于该问题是由部分请求所引起的,所以本书也对其做相应讨论。

日本学者认为,《日本民法》第147条(时效的中断事由)规定:"时效因以下事由中断:(1)请求;(2)扣押、临时扣押或临时处分;(3)承认。"据此,请求是时效中断的理由之一。但问题在于对该条"请求"的理解。亦即,该条的"请求"是否必须是判决主文中判断的对象——作为诉讼标的的主张?还是,只要是诉讼上的主张都属于该条的"请求"。这是一

第四章 我国部分请求之程序设计

个跨越实体法与诉讼法两个领域的问题。[1]对时效中断之本质的理解,由于根据的不同而分为不同见解。实体法说认为,时效中断的根据为权利人的权利主张,权利人以一定诉讼上的形式把其不是"权利上的睡眠者"这一事实明确地表达了出来。[2]因此,《日本民法》第147条采取的并非是限制式列举,只要与此类似的权利主张都应当为扩张的范围,[3]时效中断效果及于剩余部分债权。相对于此,诉讼法说认为,时效中断的根据是,当事人为权利得到诉讼系属的效果及谋求既判力的确定。日本曾有判例判决认为诉讼时效中断的效果仅产生于提起部分请求的部分债权,而剩余部分债权不发生诉讼时效中断的效果。例如,日本最高法院昭和34年2月20日判决[4]认为,仅限提起部分请求的部分债权才产生诉讼时效的中断,并认为该剩余部分请求是在消灭时效完成后提出的请求,故对原告所提出的剩余部分请求不予承认。易言之,该判决主张,只有明示的部分债权才能构成诉讼标的,所以诉讼时效中断的效果仅产生于提起部分请求的部分债权,剩余部分债权不发生中断的效果。这个判例关于诉讼时效中断范围的观点与该判例主张的允许当事人另行起诉请求剩余部分债权的立场存在着严重矛盾,因此受到强烈批判。批判该判例的理由为,"一方面允许当事人在对明示的部分请求之情形下对剩余部分债权提起再次诉求,但是另一方面可以再次诉求的剩余部分债权却因为消灭时效的完成(不产生诉讼时效中断的效果)而被驳回",这好比"左

---

〔1〕 参见[日]石田穰:「裁判上の請求と時效中断——時效中断」,『法学協会雑誌』第90卷第10号,第1310頁。

〔2〕 参见[日]我妻栄:「確認訴訟と時效の中断」,『法学協会雑誌』第50卷第6号,第218頁。

〔3〕 参见[日]我妻栄:『民法講義Ⅰ』,第218頁。

〔4〕 参见《日本最高裁判所民事判例集》,第13卷第2号,第209頁以下。

手予右手夺"一样的矛盾逻辑。[1]换言之,虽然允许提起部分请求,但又不认可剩余部分的时效中断效果,这通常会造成原告在请求剩余部分债权时因诉讼时效过期而被驳回诉讼请求,而枉费诉讼费用,考虑到这个问题,原告可能就不敢采用部分请求方式提起诉讼。从该判例在此限度范围内承认原告提起剩余部分债权的另行起诉,也可以看出这是该判例法官在综合考虑原告的利益,被告的应诉之累、法院的重复审理之累等因素之后做出的意在谋求达到利益平衡的结果。不过,在这种谋求利益平衡的思想指引下,在提出部分请求必要性较高的人身侵权损害赔偿诉讼那样诉讼时效期间较短(一年)的情形中,若前诉因上诉等原因费时过长,则将导致原告因时效届满而不能提起请求剩余部分债权的后诉。

我国台湾地区的民事诉讼实务界对部分请求时效问题的司法判断存在一定分歧。[2]我国台湾地区"高等法院"的一个判例支持了部分请求的中断时效及于请求权的剩余部分。其判决要义为:"……本件上诉人主张:原审共同被告赖××系××贸易有限公司(下称××公司)股东,于'民国'1997年12月27日与伊签具保证书,保证××公司对伊所负之一切债务于新台币(下同)一亿元限额内,与主债务人××公司负连带清偿责任。讵自1998年12月16日起,××公司因对伊约有5559万元之债务陆续到期,乃于同年月18日向伊申请展期,经伊总行于同年月28日核准。讵赖××借其为××公司股东及与负责人林××系姻

---

[1] 参见[日]高桥宏志:《民事诉讼法:制度与理论的深层分析》,林剑锋译,法律出版社2003年版,第99页。

[2] 不过,总体而言,我国台湾地区实务界还是认为只就起诉部分有中断时效之效果,并不当然及于嗣后将余额扩张请求的部分。温俊富:"一部请求的时效中断效力——日本时效抗辩案例考察(上)",载《司法周刊》2017年9月1日,第2版。

第四章　我国部分请求之程序设计

亲（姑嫂）关系之便，预悉××公司财务周转失灵，进而利用该公司申请展期期间，迅于1998年12月24日与被上诉人即其妹赖××通谋虚伪意思表示，将其本人所有之台北市××区××段4小段461号土地及坐落其上第1798建号房屋（下称系争房地），向台北市大安地政事务所办理买卖移转登记，并于1999年1月18日办妥登记，然惟恐买卖登记不及无法脱产，乃于该买卖移转登记前先将系争房地与被上诉人李××共谋虚伪设定第三顺位最高限额抵押权600万元（第一、二顺位抵押权分别为台湾银行240万元、120万元，且均未贷用款项），于1999年1月14日经台北市大安地政事务所办妥上开不实之抵押权设定登记，致伊取得台湾台北地方法院1999年度裁全字第96号准予假扣押之民事裁定后，因受被上诉人间通谋虚伪买卖及设定抵押权而未能执行假扣押执行，伊之债权显受有损害，嗣赖××系争房地移转登记后之1999年2月10日再持以向××银行抵押贷款300万元，现已部分清偿余额为286万元等情，爰依'民法'第184条第1项后段、第185条、第213条及第215条规定，先以追加之先位声明求为命原审共同被告赖××、被上诉人赖××就系争房地1999年1月18日以买卖为原因所为之所有权移转登记涂销，并命被上诉人连带给付伊286万元，及自起诉状缮本送达之翌日起至清偿日止，按年息百分之五计算之利息；如不能涂销所有权登记，则应负全部损害赔偿之责，爰以原起诉之请求改列为备位声明并减缩请求为命被上诉人连带给付伊551万元，及自起诉状缮本送达之翌日起至清偿日止，按年息百分之五计算利息之判决（按上诉人于原审原仅请求被上诉人连带赔偿600万元本息，迄本院前审始追加上述先位声明，并减缩原审之赔偿金额600万元本息减为551万元本息，改列为备位声明）。声明：（一）先位部分：被上诉人赖××就系争房地1999年1月18

日以买卖为原因办理之所有权移转登记均应予涂销。被上诉人应连带给付上诉人286万元，及自起诉状缮本送达之翌日起至清偿日止，按年息百分之五计算之利息。第2项部分，愿供担保请准宣告假执行。（二）备位部分：原判决除赖××部分外废弃。被上诉人应连带给付上诉人551万元，及自起诉状缮本送达之翌日起至清偿日止，按年息百分之五计算之利息。愿供担保，请准宣告假执行。被上诉人则以：上诉人为受本公司管辖之分支机构，其起诉主张之诉讼目标为侵权行为损害赔偿请求权，并非其业务范围，应无当事人能力；且其既非自然人亦非法人，显非因犯罪而受损害之人，应不得提起附带民事诉讼，其提起本件刑事附带民事诉讼为当事人不适格。又上诉人于原审仅以'民法'第184条第1项前段请求，其于本院复主张被上诉人以违背善良风俗之方法加损害于上诉人，显已追加诉讼目标，伊不同意上诉人诉之追加。又赖××与赖××为姊妹关系，就系争房地之移转，并非共谋脱产之虚伪买卖，而李××与赖××间之抵押权登记，亦系因赖××欲向李××借款而设定，且上述之抵押权设定及所有权移转，均在上诉人办理提存之前，自无毁损债权之问题，上诉人自无受有286万元或551万元之损害。至上诉人诉请涂销系争房地所有权移转登记部分，既已在其知悉系争房地所有权移转登记二年之后，且请求赔偿金钱与请求涂销登记为不同之诉，上诉人请求伊等赔偿金钱，仅发生请求伊等赔偿金钱之时效中断而已，并不使请求涂销登记之时效亦随之中断，该涂销登记部分之请求权，依'民法'第197条第1项规定，已罹于时效等语，资为抗辩。答辩声明：对造追加之诉及上诉均驳回。如受不利判决，愿供担保请免为假执行。……综上，按'民法'第213条第1项、第3项、第214条及第215条所定之'回复原状'及'金钱赔偿'，均仅属债权人请求损害赔偿之方法,两者间具有法定'任意之债'之性质,该有代替权人(债权人或债务人)固得以'金钱赔偿'之代替给付补充'回复原状'之原定给付(称之为代替权、补充权或替补权)。惟代替权之行使为要物行为,必须有代替给付之提出,原定给付义务始归于消灭,倘代替权人仅为代替给付之请求者,债务人原定给付之义务并未因而失其效力,代替给付与原定给付间仍存有代替、补充或替补之不可分关系(并非可分而独立存在),与债权人就可分之债为一部请求或请求权竞合之复数请求权乃独立存在未尽相同。是依侵权行为所生损害赔偿请求权之方法,起诉请求'金钱赔偿'之代替给付,其中断时效之效力,自可及于请求'回复原状'之原定给付。"[1]

我国台湾地区也有一些判例不认可部分请求的中断时效不及于债权剩余部分。例如,有判例认为:"……查上诉人在事实审辩称:美商 J. Baker Inc. 委托太平洋公司向伊订购系争女鞋。伊于 1996 年 4 月间转向被上诉人购买时,特别要求鞋上要有蝴蝶结装饰,并约定 1996 年 8 月 15 日为装船日,因被上诉人工厂迟延,至 1996 年 8 月 23 日始通知验货。太平洋公司为免迟延过久致国外客户取消订单,仅以目视方式大略检查后,即赶装上船。货交客户后,即发现有蝴蝶结易脱落等瑕疵。伊即将情通知被上诉人委托制造之六辰公司,并要求被上诉人将系争女鞋移出客户仓库。六辰公司已承认有此瑕疵,但被上诉人接获系争女鞋有瑕疵之通知后,对瑕疵存在之事实不争执,亦未要求鉴定或提出报告,只是一再延宕而不予处理,致伊遭客户要求退款及赔偿美金十七万六千一百四十七元六分,因而受有损害。伊已为解约之表示,被上诉人自无请求价金之权利云云(见一

---

[1] 我国台湾地区 2005 年度上更(一)字第 76 号民事判决。

审卷一一二至一一四页、二审卷六一至六四页、九〇页、一三八至一四二页),并提出上诉人公司、太平洋公司、六辰公司之传真及客户还款请求书为证。准此,能否谓上诉人就系争女鞋之瑕疵未尽举证责任,已非无疑。原审未遑详查,或命鉴定,遽为不利于上诉人之认定,不免速断;且就受托制造系争女鞋之六辰公司自承制作流程有问题,请求上诉人寄回女鞋一节,认为仅系商业性回应,不足资为系争女鞋有瑕疵之证据,尤属可议。……所谓一部请求,系指以在数量上为可分之金钱或其他代替物为给付目的之特定债权,债权人任意将其分割而就其中之一部分为请求,但就其余部分不放弃其权利者而言。就实体法而言,债权人本得自由行使一部债权;在诉讼上,则为可分之诉讼目标,其既判力之客观范围以诉之声明为限度,自应认仅就已起诉部分有中断时效之效果。……次查所谓一部请求,系指以在数量上为可分之金钱或其他代替物为给付目的之特定债权,债权人任意将其分割而就其中之一部分为请求,但就其余部分不放弃其权利者而言。就实体法而言,债权人本得自由行使一部债权;在诉讼上,则为可分之诉讼目标,其既判力之客观范围以诉之声明为限度,自应认仅就已起诉部分有中断时效之效果。被上诉人请求上诉人给付美金十二万四千八百四十八元,折算新台币似逾三百万元,被上诉人为假扣押之执行行为时,仅请求就上诉人在花旗银行台北分行之存款在新台币三百万元范围内发扣押命令,倘仅为一部请求,能否就全部债权有中断时效之效果,亦待查明。上诉论旨,指摘于其不利部分之原判决不当,求予废弃,非无理由。"[1]又如,"……原告最初明示就数量上为可分之金钱或其他代替物为给付目的之特定债权为分

---

[1] 我国台湾地区 2002 年度台上字第 629 号民事判决。

割,并仅对其中数量上之一部债权而起诉,尚未放弃其余残额部分债权之请求(即学说上所称之'一部请求')者,于实体法而言,固得自由行使该一部债权,惟在诉讼法上,乃为可分之诉讼目标,其既判力之客观范围仍以该起诉之声明为限度,且祇就该已起诉部分有中断时效之效果,其因'一部请求'而起诉之中断时效,并不当然及于嗣后将其余残额扩张请求之部分。……查被上诉人因上诉人公司等人于隔邻兴建房屋而受损害,并就其损害先于第一审请求系争房屋修缮费用,又于原审扩张请求房屋折价损害,显将同一侵权行为所生可分之损害赔偿债权,分割为数次而请求,依上说明,应认其仅就已起诉部分有中断时效之效果。原审见未及此,徒以被上诉人扩张请求部分与起诉之基础原因事实同一,应以起诉之时点计算时效等由,进而为上诉人不利之论断,自有可议"。[1]再如,"……为一部请求者,就实体法而言固得自由行使该一部债权,惟在诉讼法上乃为可分之诉讼目标,其既判力之客观范围仍以该起诉之声明为限度,且祇就该已起诉部分有中断时效之效果。从而因一部请求而起诉之中断时效,并不当然及于嗣后将其余残额扩张请求之部分"。[2]还有,"……为一部请求者固得自由行使该一部债权,惟在诉讼法上乃为可分之诉讼标的,其既判力之客观范围仍以该起诉之声明为限度,且祇就该已起诉部分有中断时效之效果。故因一部请求而起诉之中断时效,并不当然及于嗣后将其余残额扩张请求之部分……。惟查上诉人于原审上诉时,已表明就超过一百万元部分提起上诉,则原审审理范围仅余三百九十五万六千一百十二元,乃原审未遑注意,竟判命上诉人给付四百五十四万零七元,显属诉外裁判,于法自有未

---

[1] 我国台湾地区 2005 年度台上字第 1677 号民事判决。
[2] 我国台湾地区 2009 年度台上字第 511 号民事判决。

合。次按为一部请求者,就实体法而言固得自由行使该一部债权,惟在诉讼法上乃为可分之诉讼目标,其既判力之客观范围仍以该起诉之声明为限度,且祇就该已起诉部分有中断时效之效果。从而因一部请求而起诉之中断时效,并不当然及于嗣后将其余残额扩张请求之部分。查被上诉人因上诉人于 2011 年 12 月 23 日过失为侵权行为而受损害,并就慰抚金之损害先于 2013 年 12 月 20 日起诉时请求上诉人给付一百万元,又于第一审审理中之 2014 年 5 月 8 日扩张请求另一百万元,显将同一侵权行为所生可分之损害赔偿债权,分割为二次而请求,依上说明,应认其仅就已起诉部分有中断时效之效果。原审见未及此,徒以被上诉人扩张请求部分与原起诉之慰抚金无从分割,不得一部请求,应以起诉之时点计算时效等由,进而为上诉人不利之论断,自有可议。上诉论旨,指摘关此部分之原判决违背法令,求予废弃,非无理由"。[1]

我国台湾地区民事诉讼法学者也在梳理日本理论与实践的基础上,结合我国台湾地区"民法"第 125 条、第 131 条、第 137 条[2]等关于时效的规定对因部分请求起诉而中断消灭时效的范围做出了相应研究。陈荣宗教授曾设例如下:"设有当事人因金钱借贷十万元新台币涉讼,债权人从'1956 年'开始可以行使借款返还请求权,债权人在'1969 年'时提起请求返还借款 6 万元新台币的一部请求诉讼,获得胜诉确定判决。'1975 年'债权人又起诉债务人请求返还剩余借款 4 万元新台币,债

---

[1] 我国台湾地区 2017 年度台上字第 1010 号民事判决。
[2] 我国台湾地区"民法"第 125 条规定:"请求权,因十五年间不行使而消灭。但法律所定期间较短者,依其规定。"第 131 条规定:"时效因起诉而中断者,若撤回其诉,或因不合法而受驳回之裁判,其裁判确定,视为不中断。"第 137 条第 1 项、第 2 项规定:"时效中断者,自中断之事由终止时,重行起算。""因起诉而中断之时效,自受确定判决,或因其他方法诉讼终结时,重行起算。"

务人抗辩称借款4万元新台币的请求权已因时效而归于消灭，债权人再抗辩称：当事人间的借款10万元新台币本为同一债权，'1969年'债权人因起诉而产生的时效中断效果应当及于全部债权，故而剩余4万元新台币的借款请求权不产生时效消灭的效果。"[1]我国台湾地区学者对于这个设例的见解也分为两种。第一种见解主张时效中断的效果可及于全部债权，该见解认为数量上可分的同一债权，如果当事人双方就该债权有分期偿还的约定，债权人就已届清偿期的部分债权提起诉讼，则因起诉而产生的时效中断效果也应及于剩余部分。其次，诉讼系属中原告如果有声明增加诉讼请求金额时，因为此并非为追加新的权利主张，所以也不会就追加诉讼请求金额的部分债权产生时效中断的问题。第二种见解主张时效中断的效果仅及于起诉的部分债权而不及于全部债权，对数量上可分的同一债权，若原告只起诉债权的一部分，则原告请求法院在判决主文中作出判断的仅为被起诉的那一部分债权而非全部债权，故而这个诉讼的诉讼标的仅为部分债权而不是全部债权。由此推之，因起诉而产生的时效中断效果的范围只能及于诉讼标的（部分债权），不能及于非诉讼标的的剩余部分债权。对于这两种见解，从诉讼法的角度考察，部分请求的起诉是否可以对全部债权产生时效中断的效果，这个问题又涉及诉讼标的的概念问题。陈荣宗教授认为，支持第一种见解认为时效中断的效果及于全部债权的学者，在逻辑上一定会主张部分请求诉讼的诉讼标的是全部债权；支持第二种见解认为时效中断效果仅及于部分债权的学者，在理论上必然应当认为部分请求诉讼的诉讼标的仅限于部分债权。从时效中断所带来的利益来看，第一种见解显然对原告有利，但

---

[1] 陈荣宗：《民事程序法与诉讼标的理论》，台湾大学法律学系法学丛书编辑委员会1984年版，第306~307页。

从部分请求之后原告是否可以再诉请求剩余部分债权来看，显然第一种见解又对原告不利，反倒是第二种见解对原告有利。[1]

笔者认为，陈荣宗教授实际上指出了部分请求与时效中断问题在传统诉讼标的理论上的悖论，我们应当这样来分析这个问题：从部分请求论的角度来说，支持第一种见解的学者就其所持的理论立场来说，应该是部分请求否定论者，因为该见解主张即使提起的是仅针对部分债权的请求，其诉讼标的也是全部债权，那么按照传统的"诉讼标的＝既判力客观范围"的公式，则应该得出部分请求诉讼判决的既判力及于全部债权，而出现请求剩余部分债权的后诉不得提起结局。但是，这样的结局恰恰又是支持第一种见解的学者所不愿意看到的，因为该见解真正主张的是，时效中断的效果及于全部债权，从而使原告可以不受时效的拘束，以保障请求剩余部分债权的后诉能够顺利地提出（从这个意义上说第一种见解的目的在于保护原告），部分请求否定论所带来的结局让支持第一种见解的学者希望通过时效中断保护原告的努力化为了泡影。同理，支持第二种见解的学者应该是部分请求肯定论者，按照第二种见解虽然可以得出前诉部分请求的判决既判力仅及于前诉部分债权，对剩余部分债权还可以提出后诉请求的结论，但是第二种见解主张的时效中断效果不能及于剩余部分债权的观点带来的"左手予右手夺"的结局，却让原告的实际利益大打折扣，这显然有违部分请求肯定论者的初衷。因此，笔者赞成跳出传统诉讼标的理论的羁绊，从民法的时效中断制度的立法目的上寻找根据，即起诉是权利人对其权利所作出的意思表示，权利人通过起诉的形式明确表明其并非为权利上的睡眠者的态度，因此只要权利

---

[1] 参见陈荣宗：《民事程序法与诉讼标的理论》，台湾大学法律学系法学丛书编辑委员会1984年版，第308页。

人有了起诉的行为，不论该起诉是为部分债权还是为全部债权，都应当视为对全部债权有时效中断的效果。实际上民事实体法对时效中断的条件所采取的态度相当宽容，申请仲裁、申请破产、主张抵销甚至"当事人一方提出要求"都可以成为时效中断的条件，因此在民事程序法上没有理由以诉讼标的为理由人为地设置权利救济的时效上障碍。

与日本、我国台湾地区实务界和理论界对部分请求诉讼的诉讼时效问题存在较大争论相比，我国大陆地区对该问题的态度较为明确。例如，最高人民法院在下面这个判例中，明确支持了主张部分请求的债权的中断时效及于剩余部分债权。"原审法院认为，第一被上诉人与第二被上诉人签订的两份借款合同及其与上诉人签订的两份保证合同，均系当事人真实意思表示，不违反法律、行政法规的禁止性规定，合法有效，各方当事人均应予以遵守。第二被上诉人未按照合同约定按时归还借款利息，上诉人未按照合同约定履行连带清偿义务，均构成违约，依照合同约定和法律规定应承担违约责任。本案一审争议焦点为：第一被上诉人提起本案诉讼是否违反一事不再理原则；第一被上诉人提起本案诉讼是否超过诉讼时效；如果没有超过诉讼时效，第一被上诉人主张的利息数额应该如何认定。一、关于第一被上诉人提起本案诉讼是否违反一事不再理原则的问题。《中华人民共和国民事诉讼法》第十三条第二款规定：'当事人有权在法律规定的范围内处分自己的民事权利和诉讼权利'。第一被上诉人作为债权人，对自己合法享有的利息债权按照时间段进行分割，并据此设定诉讼标的，虽然客观上会导致法院审理的不经济，但并不违反法律规定。而且第一被上诉人在 2010 年 3 月 10 日提起的诉讼中除了请求判令偿还借款本金 18 700 万元外，对于利息部分明确请求偿还 10 008 244.49 元（利息计算至 2008 年 10 月 20 日），而在本案中，第一被上诉人的诉讼请求则是偿还 18 700 万元借款本金在 2008 年 10 月 21 日至 2012 年 11 月 15 日期间的应付利息，两次起诉的诉讼请求在时间段、数额上并不相同。第一被上诉人将上述合同项下的利息按不同时间段分别起诉，并不违反一事不再理的法律原则。第二被上诉人、上诉人关于第一被上诉人提起本案诉讼违反一事不再理原则的抗辩理由不能成立，该院不予采信。二、关于第一被上诉人提起本案诉讼是否超过诉讼时效的问题。2007 年 12 月 20 日，第一被上诉人向第二被上诉人送达了《贷款提前到期通知书》，2007 年 12 月 21 日，第一被上诉人向上诉人送达了《担保人履行责任通知书》和《贷款提前到期通知书》，2009 年 10 月 27 日，第一被上诉人再次向上诉人送达了《担保人履行责任通知书》，2010 年 3 月 10 日，第一被上诉人将第二被上诉人、上诉人诉至法院。上述行为表明，第一被上诉人持续行使权利，截至 2010 年 3 月起诉时未超过诉讼时效期间。本案中，第一被上诉人所主张的 18 700 万元借款本金在 2008 年 10 月 21 日至 2012 年 11 月 15 日期间的利息，以第一被上诉人上一次 2010 年 3 月 10 日的起诉为时间节点，可以分为两部分：第一部分为 2008 年 10 月 21 日至 2010 年 3 月 10 日期间的利息，该部分利息在第一被上诉人 2010 年 3 月 10 日起诉时已经产生并开始独立计算诉讼时效期间，和 2008 年 10 月 20 日之前产生的利息按照借款合同约定虽然是分期计算，但仍属于同一债权，根据《最高人民法院关于审理民事案件适用诉讼时效制度若干问题的规定》第十一条'权利人对同一债权中的部分债权主张权利，诉讼时效中断的效力及于剩余债权，但权利人明确表示放弃剩余债权的情形除外'的规定，第一被上诉人对这一时间段内利息的请求权因第一被上诉人 2010 年 3 月 10 日的起诉行为而发生诉讼时效中断的效果,而与第一被上诉人 2010 年 3 月 10 日的起诉相应的二审判决作出时间是 2012 年 10 月 22 日,2013 年 3 月 28 日第一被上诉人针对该部分利息提起诉讼,并未超过诉讼时效期间;第二部分是 2010 年 3 月 11 日至 2012 年 11 月 15 日期间的利息,该部分利息在第一被上诉人 2010 年 3 月 10 日起诉时并未产生,作为清偿期尚未届至的利息之债,从属于本金之债,主张本金债权而发生的诉讼时效中断效力当然及于该部分利息债权。同时根据《最高人民法院关于审理民事案件适用诉讼时效制度若干问题的规定》第五条'当事人约定同一债务分期履行的,诉讼时效期间从最后一期履行期限届满之日起计算'的规定,2010 年 3 月 10 日第一被上诉人针对 18 700 万元借款本金提起诉讼,2012 年 10 月 22 日最高人民法院作出二审判决,该部分利息债权的最后一期计算到 2012 年 11 月送达时,故 2013 年 3 月 28 日第一被上诉人针对该部分利息提起诉讼,也未超过诉讼时效期间。第二被上诉人、上诉人关于第一被上诉人提起本案诉讼已超过诉讼时效的抗辩理由不能成立,该院不予采信……。最高人民法院认为,根据双方当事人的上诉、答辩意见,本案二审的争议焦点为:一、第一被上诉人提起本案诉讼是否违反一事不再理原则;二、本案是否超过诉讼时效;三、第一被上诉人将贷款利息按时间分段主张是否造成上诉人无法向第二被上诉人追偿的后果;四、原审法院关于罚息的判决是否适当……。一、关于第一被上诉人提起本案诉讼是否违反一事不再理原则的问题。《中华人民共和国民事诉讼法》第一百二十四条第五项规定:'对判决、裁定、调解书已经发生法律效力的案件,当事人又起诉的,告知原告申请再审,但人民法院准许撤诉的裁定除外。'根据本案查明的事实,对于案涉 18 700 万元贷款所产生的利息债权,第一被上诉人采取了按照时间段对诉讼标的进行分割并分别主张的权利行使方式，先后形成了2010年诉讼以及本案诉讼。2010年诉讼中，第一被上诉人除主张借款本金18700万元外，还明确主张计算至2008年10月20日的借款利息；而在本案中，第一被上诉人则主张上述借款在2008年10月21日至2012年11月15日期间产生的利息。两个案件的诉讼请求虽同属于18700万元借款本金所产生的利息债权，但诉讼标的数额不同，产生的时间段不同，因此两个案件审理的并非'一事'。第一被上诉人提起本案诉讼并不违反《中华人民共和国民事诉讼法》第一百二十四条第五项之规定。原审法院认定本案不违反一事不再理原则，并无不当。上诉人上诉主张第一被上诉人提起本案诉讼违反一事不再理原则，缺乏事实及法律依据，最高人民法院不予支持。二、关于本案是否超过诉讼时效的问题。第一被上诉人在本案中主张18 700万元借款本金于2008年10月21日至2012年11月15日期间产生的利息，其中2008年10月21日至2010年3月10日期间的利息在第一被上诉人2010年3月10日提起诉讼之时已经产生，属于已届清偿期而尚未清偿消灭的利息之债，诉讼时效应当独立计算。但该部分利息与2008年10月21日之前的利息同属于18700万元借款本金之债，属于同一债权。按照《最高人民法院关于审理民事案件适用诉讼时效制度若干问题的规定》第十一条'权利人对同一债权中的部分债权主张权利，诉讼时效中断的效力及于剩余债权，但权利人明确表示放弃剩余债权的情形除外'的规定，第一被上诉人在2010年诉讼中对2008年10月20日之前利息主张权利而引起诉讼时效中断的效力及于本案利息债权。对于2010年3月11日至2012年11月15日期间的利息，因在2010年诉讼时尚未产生，属于清偿期尚未届至的利息之债，从属于本金之债，其诉讼时效与本金之债诉讼时效相同，因此第一被上诉人对于本金债权主张权利引起诉讼时效中断的效力及于该部分利息之债。2010 年案件于 2012 年作出二审判决,至此诉讼时效期间重新起算,因此第一被上诉人在 2013 年 3 月 28 日提起本案诉讼时并未超过二年的诉讼时效期间。上诉人上诉主张本案已超过诉讼时效,缺乏事实和法律依据,最高人民法院不予支持。但是,由于第一被上诉人宣布贷款提前到期并要求第二被上诉人、上诉人一次性偿还本息,本案利息债权已不属于分期履行的情形,因此一审判决适用《最高人民法院关于审理民事案件适用诉讼时效制度若干问题的规定》第五条,即'当事人约定同一债务分期履行的,诉讼时效期间从最后一期履行期限届满之日起计算',作为本案未超过诉讼时效的法律依据之一,确属不当,最高人民法院予以纠正。上诉人上诉提出适用上述司法解释错误的意见,最高人民法院予以支持,但该问题不影响本案未超过诉讼时效的认定结论。三、关于第一被上诉人按时间分段主张利息债权是否造成上诉人无法向第二被上诉人追偿之后果的问题。如原审法院所述,第一被上诉人针对本案借款合同项下的债权采取分诉主张的方式,的确导致法院审理的不经济以及当事人诉讼成本的增加,但此不经济、成本增加的诉讼方式不能成为免除或减少债务人、保证人责任的理由。上诉人承担担保责任后,能否向第二被上诉人追偿,取决于第二被上诉人的偿债能力,而非第一被上诉人行使诉讼权利的方式。上诉人在诉讼中亦未提交证据证实第一被上诉人的分诉行为与其不能向第二被上诉人追偿的后果之间存在必然的因果关系,故其上诉主张缺乏事实和法律依据,最高人民法院不予支持。"[1]

---

[1] 最高人民法院(2014)民二终字第 147 号,中国农业银行股份有限公司陕县支行与方大炭素新材料科技股份有限公司、三门峡惠能热电有限责任公司金融借款合同纠纷二审民事判决书。

就我国立法和司法实践而言,《民法通则》中有诉讼时效的规定,[1]另外,最高人民法院的司法解释[2]更是在时效问题上承认部分请求。[3]相对于我国立法是否正面肯定部分请求的暧昧态度,最高人民法院的司法解释在诉讼时效问题上对部分请求作出了明确回应。按照该司法解释的规定,当事人对同一债权中的部分债权主张权利(部分请求)的场合,剩余部分债权的诉讼时效也一并中断,并且诉讼时效中断的效果应当维持至部分请求判决确定之时,也就是说剩余部分债权的诉讼时效从此时才又开始重新计算。

二、抵销问题的处理

在部分请求诉讼中,如遇被告主张抵销,则有可能产生这样的问题,即对于被告主张抵销的部分债权是从原告提出的部分债权中,还是从剩余部分债权中予以扣除?对于该问题在德国和日本存在外侧说、内侧说及按份说三种观点。[4]高桥宏志教授举例说明:债权人先行请求 1000 万元债权中的 700 万元部分,此时债务人主张抵销 300 万元。对此,外侧说的观点认为,应从剩余部分债权中扣除抵销债权,故法院应该作出承认 700 万元请求的判决;内侧说的观点认为,应从提起部分请求的 700 万元中扣除抵销债权 300 万元,故法院应该作出承认 400 万元请

---

[1] 我国《民法通则》第 140 条规定:"诉讼时效因提起诉讼、当事人一方提出要求或者同意履行义务而中断。从中断时起,诉讼时效期间重新计算。"

[2] 即 2008 年的《最高人民法院关于审理民事案件适用诉讼时效制度若干问题的规定》。

[3] 该司法解释第 11 条规定:"权利人对同一债权中部分债权主张权利,诉讼时效中断的效力及于剩余债权,但权利人明确表示放弃债权的情形除外。"

[4] 参见[日]木川统一郎:「一部請求の訴えにおける過失相殺の取扱について」,『判例タイムズ』第 47 卷第 21 号 1996 年,第 49~50 頁。

求的判决；按份说则认为应该按比例在部分请求债权和剩余部分债权中分摊，设例中的抵销债权正好占到全部债权的 30%，因此，应该从外侧（剩余部分债权）中扣除 90 万元，从内侧（部分请求债权）中扣除 210 万元，最后法院应该作出认可 490 万元请求的判决。除此之外，也有观点主张，在未对全体债权数额进行确定时，也可以作出"从原告主张的债权数额中机械地扣除抵销债权数额"这样的处理，但如此一来，就会形成"原告主张的债权数额越大就会越有利于原告"的结果，因此从实质上来看，这种处理无疑不太妥当。[1]因此，当面对部分请求诉讼的抵销问题时，必须对全部债权数额做出判断，即使采取否定说立场也不例外。不过，当抵销债权占全部债权的比例较小，而剩余部分债权数额较大时，即使未对全部债权数额做出准确判断时，法院也可以认可部分请求。

日本的一个判例[2]曾采用外侧说，原告提起部分请求诉讼的原因是"因存在抵销之虞而提出部分请求"，其真实动机为因为被告可能要主张抵销，所以原告没有为全部债权数额承担诉讼成本风险的必要。法院最终判决支持原告请求，其判决的基础显然是将提起部分请求的债权作为了诉讼标的，但由于法院以剩余部分债权而为抵销，其审理范围又超越了诉讼标的，但无论怎样，法院所采的立场应为部分请求肯定说。同理，按份说由于也要从原告未曾提出请求的剩余部分债权中按比例扣除抵销债权，所以只要法院采用按份说，则意味则其所持观点为部分请求肯定说。倒是法院若采内侧说，由于抵销债权已经从提起部分请求的债权中扣除，是否还允许再诉剩余部分债权则

---

[1] 参见［日］高桥宏志：《民事诉讼法：制度与理论的深层分析》，林剑锋译，法律出版社 2003 年版，第 101 页。

[2] 参见日本最高裁昭和 48·4·5 判决，最高裁民集 27 卷 3 号 419 页。

尚需看后诉法院之态度。由此推之，外侧说和按份说由于其逻辑基础在于肯定部分请求，即支持原告提出剩余部分请求，所以法院只要采用此二说之一即可明确判断其为部分请求肯定论者，而法院若采内侧说则难以判定其是否支持部分请求肯定说，态度颇为暧昧。从这个角度讲，内侧说与否定说可能更具亲和力。但需要注意的是，如果法院采用外侧说先抵销剩余部分债权，那么虽然原告提起的是部分请求，本来不需要对剩余部分债权的存在和数额提供证明，但由于现在需要拿它来进行抵销，虽然法院还应该要求原告将其证明范围扩大到剩余部分债权，如此法院才能审查剩余部分债权是否可以和足够抵销。[1]特别是在侵权之诉时，可能外侧说的这个问题会显得尤为突出，因为在存在后遗症等因素的侵权之诉的原告往往不能像合同之诉那样事先确定债权总额，易言之，此种场合如果采用外侧说，则将使原告扩大证明范围，也会使法院扩大审理范围。同理，按份说同样也会使法院的审理范围扩大。基于此点，处理部分请求抵销问题时，宜采用内侧说。

---

[1] 参见严仁群："部分请求之本土路径"，载《中国法学》2010年第2期。

结 语

部分请求虽非常态诉讼形式，但若在我国能得到合理运用，对保护当事人的利益，完善民事诉讼法律制度具有积极意义。部分请求虽未在德、日等国家及地区的民事诉讼法中正式明确规定，但在司法实践中却存在大量实例。现在，我国法院也在实践中遇到一些部分请求的情形，黑格尔"存在即合理"的论断，虽然有其局限性，但部分请求这一法律现象却是在有适合其生长的土壤、营养、湿度、温度等条件同时具备的情形下，悄然破土而出的，它的产生自有它的合理性。如果能正确运用部分请求明示加胜诉说的相关理论和实践经验，并在运用程序上精心设计，则对丰富和细化我国民事诉讼法理论和实践大有助益。

部分请求是一个日久弥新的论题，随着我国民事诉讼法学的精细化发展，发生在德日那场旷日数十年且硝烟尚未退去的部分请求论战，或许即将在我国上演。笔者将继续关注部分请求理论与实践的演进，与之相关的诸如程序保障与纠纷一次解决之紧张关系等问题将割爱于后续研究计划。张卫平教授指出："毋庸置疑，改革开放四十年来我国民事诉讼立法取得了显著的成就。民事诉讼法经历制定到若干修改，逐步得以丰富和完善，为我国民事诉讼的运行提供有力的法律根据。但我们也应当客观地看到，我国民事诉讼法的立法任务还远远没有完成，还有许多修改事项急需纳入立法日程予以成就。"[1]期待我国法律界对部分请求这一现实问题作出立法上的回应。

---

[1] 张卫平:"中国民事诉讼法立法四十年",载《法学》2018年第8期。

参考文献

一、中文类参考文献

（一）著作类

1. 白绿铉、卞建林译：《美国联邦民事诉讼规则·美国联邦证据规则》，中国法制出版社 2005 年版。
2. 陈荣宗：《举证责任分配与民事程序法》（二），三民书局 1984 年版。
3. 陈荣宗：《民事程序法与诉讼标的理论》，台湾大学法律学系法学丛书编辑委员会 1984 年版。
4. 范光群：《民事程序法之问题及发展》，新学林出版股份有限公司 2007 年版。
5. 黄国昌：《民事诉讼理论之新开展》，北京大学出版社 2008 年版。
6. 李浩主编：《民事诉讼法学》，高等教育出版社 2007 年版。
7. 李龙：《民事诉讼标的理论研究》，法律出版社 2003 年版。
8. 李心鉴：《刑事诉讼构造论》，中国政法大学出版社 1992 年版。
9. 梁慧星：《法学学位论文写作方法》，法律出版社 2006 年版。
10. 廖永安等：《诉讼费用研究——以当事人诉权保护为分析视角》，中国政法大学出版社 2006 年版。
11. 林剑锋：《民事判决既判力客观范围研究》，厦门大学出版社 2006 年版。
12. 骆永家：《既判力之研究》，三民书局 1999 年版。
13. 邱联恭：《程序利益保护论》，三民书局 2005 年版。
14. 邱联恭：《口述民事诉讼法讲义（二）笔记版》，邱联恭讲述许士宦整理，1997 年版。

15. 张特生等：《民事诉讼法之研讨（四）》，民事诉讼法研究会 1990 年版。
16. 王亚新：《社会变革中的民事诉讼》，中国法制出版社 2001 年版。
17. 魏振瀛主编：《民法》（第 3 版），北京大学出版社 2007 年版。
18. 吴庆宝主编：《最高人民法院专家法官阐释民商裁判疑难问题》，人民法院出版社 2007 年版。
19. 张卫平、陈刚编著：《法国民事诉讼法导论》（序言），中国政法大学出版社 1997 年版。
20. 张卫平、李浩：《新民事诉讼法原理与适用》，人民法院出版社 2012 年版。
21. ［德］汉斯-约阿希姆·穆泽拉克：《德国民事诉讼法基础教程》，周翠译，中国政法大学出版社 2005 年版。
22. ［德］卡尔·拉伦茨：《法学方法论》，陈爱娥译，商务印书馆 2003 年版。
23. ［德］考夫曼：《法律哲学》，刘幸义等译，法律出版社 2004 年版。
24. ［美］理查德·A. 波斯纳：《法律的经济分析》（下），蒋兆康译，中国大百科全书出版社 1997 年版。
25. ［美］理查德·A. 波斯纳，《正义/司法的经济学》，苏力译，中国政法大学出版社 2002 年版。
26. ［美］迈克尔·D. 贝勒斯：《法律的原则——一个规范的分析》，张文显等译，中国大百科全书出版社 1996 年版。
27. ［日］高桥宏志：《民事诉讼法：制度与理论的深层分析》，林剑锋译，法律出版社 2003 年版。
28. ［日］谷口安平：《程序的正义与诉讼》，王亚新、刘荣军译，中国政法大学出版社 2002 年版。
29. ［日］棚濑孝雄：《纠纷的解决与审判制度》，王亚新译，中国政法大学出版社 2004 年版。
30. ［日］新堂幸司：《新民事诉讼法》（第三版补正版），林剑锋译，法律出版社 2005 年版。
31. ［日］新堂幸司：《新民事诉讼法》，林剑锋译，法律出版社 2008

年版。

32. [日]中村英郎：《新民事诉讼法讲义》，陈刚、林剑锋、郭美松译，法律出版社2001年版。

（二）论文类

33. 毕玉谦："诉的变更之基本架构及对现行法的改造"，载《法学研究》2006年第2期。

34. 蔡虹："释明权：基础透视与制度构建"，载《法学评论》2005年第1期。

35. 杜睿哲："论民事诉讼中的部分判决"，载《甘肃政法学院学报》2006年第5期。

36. 段文波："构建我国民事诉讼中间判决制度论——对德国和日本民事中间判决制度的借鉴"，载《政治与法律》2009年第10期。

37. 段文波："日本民事诉讼法上部分请求学说与判例评说"，载《环球法律评论》2010年第4期。

38. 范愉："小额诉讼程序研究"，载《中国社会科学》2001年第3期。

39. 方流芳："民事诉讼收费考"，载《中国社会科学》1999年第3期。

40. 傅郁林："诉讼费用的性质与诉讼成本的承担"，载《北大法律评论》2001年第1期。

41. 傅郁林："小额诉讼与程序分类"，载《清华法学》2011年第3期。

42. 傅郁林："修订我国民事诉讼法的基本思路"，载《东吴法学》2004年第1期。

43. 黄毅："损害赔偿额之酌定：基于诉讼公平的考量"，载《法学论坛》2012年第4期。

44. 季卫东："法律编纂的试行——在事实与规范之间的反思机制"，载《法治秩序的建构》，中国政法大学出版社1999年版。

45. 季卫东："要关注'试验诉讼'——当事人推动的制度变迁及其实证研究"，载徐昕主编：《司法程序的实证研究》，中国法制出版社2007年版。

46. 贾红印、李红跃："让胜诉方垫付诉讼费不妥"，载《人民法院报》1998年1月7日，第2版。

47. 江伟、段厚省："请求权竞合与诉讼标的理论之关系重述"，载《法学家》2003 年第 4 期。
48. 李浩："宁可慢些，但要好些 中国民事司法改革的宏观思考"，载《中外法学》2010 年第 6 期。
49. 刘学在："小额案件一审终审制之质疑"，载《中国审判》2012 年第 6 期。
50. 骆永家："辩论主义与处分权主义"，载《台湾大学法学论丛》1972 年第 1 卷第 2 期。
51. 骆永家："一部请求诉讼"，载《既判力之研究》，三民书局 1999 年版。
52. 吕太郎："民事诉讼法研究会第一百零五次研讨会记录"，载《法学丛刊》2010 年第 217 期。
53. 蒲菊花："部分请求理论的理性分析"，载《现代法学》2005 年第 1 期。
54. 任军民："我国专利权权利用尽原则的理论体系"，载《法学研究》2006 年第 6 期。
55. 唐磊、朱传生："释明权：幽灵还是精灵"，载《社会科学研究》2006 年第 5 期。
56. 王娣、钦骏："民事诉讼标的理论的再构筑"，载《政法论坛》2005 年第 2 期。
57. 王立峰："接近正义：理念与现实"，载《学习时报》2006 年 11 月 20 日，第 3 版。
58. 吴从周等："初探诉讼经济原则——一个法律继受的后设描述"，载《法学丛刊》2010 年第 217 期。
59. 吴英姿："诉讼标的理论'内卷化'批判"，载《中国法学》2011 年第 2 期。
60. 严仁群："部分请求之本土路径"，载《中国法学》2010 年第 2 期。
61. 严仁群："宽待诉的变更"，载《江苏行政学院学报》2010 年第 4 期。
62. 严仁群："释明的理论逻辑"，载《法学研究》2012 年第 4 期。
63. 袁春兰："两大法系小额诉讼程序的比较分析"，载《河北法学》2005 年第 4 期。
64. 张力毅："类型化基础上的部分请求规则路径选择——能动司法下的利益衡量"，载《公民与法》2011 年第 8 期。

65. 张卫平:"论诉讼标的及识别标准",载《法学研究》1997年第4期。
66. 张卫平:"民事诉讼'释明'概念的展开",载《中外法学》2006年第2期。
67. 赵钢、占善刚:"诉讼成本控制论",载《法学评论》1997年第1期。
68. 左卫民:"刑事诉讼的经济分析",载《法学研究》2005年第4期。

二、外文类参考文献

(一) 著作类

69. [日] 山本和彦:『民事訴訟法の基本問題』,判例タイムズ社2002年版。
70. [日] 高橋宏志:『重点講義民事訴訟法(上)』(第2版),有斐閣2011年版。
71. [日] 高橋宏志:『重点講義民事訴訟法』,有斐閣1997年版。
72. [日] 兼子一:『条解民事訴訟法』,弘文堂1986年版。
73. [日] 井上治典:『新民事訴訟法』,日本評論社1987年版。
74. [日] 酒井一:『判例評論』第483号。
75. [日] 林屋礼二:『民事訴訟法概要』,有斐閣1991年版。
76. [日] 鈴木正裕、青山善充:『注釈民事訴訟法』,有斐閣1997年版。
77. [日] 木川統一郎:『民事訴訟法重要問題講義』,成文堂1992年版。
78. [日] 三ヶ月章:『民事訴訟法』(第3版),有斐閣1993年版。
79. [日] 三ヶ月章:『日本民事訴訟法』,五南图书出版有限公司1998年版。
80. [日] 上田徹一郎:『民事訴訟法』(第2版),法学書院1997年版。
81. [日] 上田徹一郎:『判決効の範囲』,有斐閣1985年版。
82. [日] 松本博之、上野泰男:『民事訴訟法』(第6版),弘文堂2010年版。
83. [日] 我妻栄:『民法講義Ⅰ』,岩波书店新订1965年版。
84. [日] 小林秀之:『プロブレム・メソッド新民事訴訟法』,判例タイムズ社1997年版。
85. [日] 小林秀之:『新版アメリカ民事訴訟法』,弘文堂1996年版。

86. ［日］小林秀之：『新民事訴訟法がわかる』，日本評論社 2000 年版。
87. ［日］新堂幸司：『民事訴訟法』（第 2 版補正版），弘文堂 1990 年版。
88. ［日］新堂幸司：『訴訟物と争点効（上）』，有斐閣 1988 年版。
89. ［日］新堂幸司：『新民事訴訟法』（第 5 版），弘文堂 2011 年版。
90. ［日］新堂幸司：『新民事訴訟法』，弘文堂 1998 年版。
91. ［日］伊藤真： 『民事訴訟法（第 3 版）試験対策講座』，弘文堂，2002 年版。
92. ［日］中野貞一郎：『民事手続きの現在問題』，判例タイムズ社 1989 年版。
93. ［日］中野貞一郎：『民事訴訟法講義』（第 3 版），有斐閣 1995 年版。

（二）论文类

94. ［日］奥田昌道：「一部請求の訴え提起と時効中断の範囲」，『法学論叢』67（4），1960 年。
95. ［日］福冨哲也：「一部請求訴訟」，『东北福祉大学研究紀要』第 7 巻第 1 号，1982 年。
96. ［日］上田徹一郎：「判決効の範囲決定と実体関係の基準性——当事者権保障と代替的手続き保障充足の判断基準」，『民商法雑誌』93（3），1985 年。
97. ［日］松本博之：「一部請求後の残部請求訴訟と既判力・信義則」，鈴木正裕先生古稀祝賀『民事訴訟法の史的展開』，有斐閣，2002 年。
98. ［日］五十部豊久：損害賠償額算定における訴訟上の特殊性法学協会雑誌第 79 巻，1962 年。
99. ［日］西原道雄：「損害賠償額の法理」，『ジュリスト』（381）。
100. ［日］八田卓也：「別訴で一部請求をしている債権の残部を自動債権とする相殺の抗弁」，『法学セミナー』549，2000 年。
101. ［日］八田卓也：「明示的一部請求訴訟に対する相殺の抗弁と控訴」，『神戸法学雑誌』第 60 巻第 2 号，2010 年。
102. ［日］坂本恵三：「一部請求について—主としてドイツの判例・学説を手がかりとして」，『早稲田法学会誌』第 31 巻，1980 年。
103. ［日］坂本正幸：「一部請求の適法性に関する小論——専門家論理

と管轄を中心として」,『島大法学』50（3/4），2007 年。

104. ［日］坂田宏：「別訴において一部請求をしている債権の残部を自動債権をする」,『民商法雑誌』121（1），1999 年。

105. ［日］坂田宏：「金銭債務不存在の確認訴訟に関する一考察（二・完）」,『民事訴訟法雑誌』第 96 巻第 1 号，1987 年。

106. ［日］坂原正夫：「一部請求の趣旨が明示されていない場合の訴え提起による」,『法学研究』45（1），1972 年。

107. ［日］倉田卓次：「身体傷害による財産上および精神上の損害の賠償請求における一部請求」,『判例タイムズ』25（3），1974 年。

108. ［日］勅使川原和彦：「一部請求と隠れた訴訟対象」,『早稲田法学』75（3），2000 年。

109. ［日］勅使川原和彦：「一部請求におけるいわゆる「明示説」の判例理論」,『早稲田法学』第 87 巻第 4 号，2012 年。

110. ［日］川嶋四郎：「解釈による明示的一部請求」,『法学セミナー』54（6），2009 年。

111. ［日］高田昌宏：「民事訴訟における訴訟経済について」,『早稲田法学』第 62 巻 4 号，1987 年。

112. ［日］高中正彦：「訴訟費用の負担と確定手続き」,『新民事訴訟法大系』，青林書院，1997 年。

113. ［日］谷口知平：「一部請求の訴提起と時効の中断」,『判例時報』182（別本），1959 年。

114. ［日］吉村徳重：「既判力拡張における依存関係（一）」『法政研究』26（4），1960 年。

115. ［日］吉村徳重：「判例批評」,『判例タイムズ』（298）。

116. ［日］吉村徳重：「損害賠償請求訴訟の訴訟物」，小山昇ほか編『演習民事訴訟法』，青林書院，1987 年。

117. ［日］兼子一：「確定判決後の残額請求」,『民事法研究第 1 巻』，酒井書店，1950 年。

118. ［日］江藤介泰：「一部請求と残部請求」,『民訴法の争点』（新版），有斐閣，1988 年。

119. ［日］井上正三：「一部請求と残部請求」,『立命館法学』第 61 巻, 1965 年。

120. ［日］井上正三：「一部請求の許否をめぐる利益考量と理論構成」,『法学教室』第 2 期, 1971 年。

121. ［日］井上正三：「一部請求の可否について」,『法学教室』第 2 期, 1971 年。

122. ［日］井上治典：「判例評釈」,『私法判例リマークス（下）』, 1999 年。

123. ［日］木川統一郎、北川友子：「金銭債権の一部請求と相殺の抗弁」,『法学セミナー』46（31）, 1995 年。

124. ［日］木川統一郎：「一部請求の訴えにおける過失相殺の取扱について」,『判例タイムズ』第 47 巻第 21 号, 1996 年。

125. ［日］木川統一郎：「一部請求後の残額請求」,『民事訴訟法重要問題講義（中）』, 成文堂, 1992 年。

126. ［日］木川統一郎：判決の第三者に及ぼす影響——主として反射効の理論（三・完）,『法学新報』68（3）, 1961 年。

127. ［日］納谷広美：「一部請求と残部請求」,『民事訴訟法の争点（第 3 版）』, 有斐閣, 1988 年。

128. ［日］三ヶ月章：「一部請求判決の既判力論争の背景——訴訟理論における解釈論」,『判例タイムズ』第 14 巻第 13 号, 1966 年。

129. ［日］三木浩一：「一部請求論について——手続運営論の視点から」,『民事訴訟法雑誌』(47), 2001 年。

130. ［日］三木浩一：「一部請求論の展開」, 慶応義塾大学法学部編『慶応の法律学：民事手続法』, 慶応義塾大学出版会, 2008 年。

131. ［日］山本和彦：「判例評釈」,『民商法雑誌』第 120 巻第 6 号, 1999 年。

132. ［日］山本和彦：「一部請求」,『民事訴訟雑誌』第 45 巻, 1999 年。

133. ［日］山本和彦：「一部請求」,『判例タイムズ』第 974 号, 1998 年。

134. ［日］山本和彦：「一部請求訴訟で敗訴した原告が残部請求の訴えを提起することの許否」,『民商法雑誌』121（1）1999 年。

135. ［日］山本弘：「将来の損害の拡大・縮小または損害額の算定基準の変動と損害賠償請求訴訟」，『民事訴訟雑誌』42 号。

136. ［日］山本弘：「一部請求」，鈴木重勝、上田徹一郎編『基本問題セミナー民事訴訟法』，一粒社，1998 年。

137. ［日］山本克己：「自由心証主義と損害額の認定」，竹下守夫編集『講座新民事訴訟法Ⅱ』，弘文堂，1999 年。

138. ［日］山下満：「競売申し立て後における請求債権の拡張」，大石忠生編『裁判実務大系 7』，青林書院，1986 年。

139. ［日］上田徹一郎：「将来損害の分割払い請求——定期金賠償論と一部請求論の接点」，『判例タイムズ』40（7），1989 年。

140. ［日］上田徹一郎：「一部請求」，林屋小島編『民事訴訟法ゼミナール』，有斐閣，1985 年。

141. ［日］上野泰男：「明示の一部請求訴訟棄却判決の既判力」，『大阪市立大学法学雑誌』55（3/4），2009 年。

142. ［日］上野泰男：「明示的一部請求訴訟の訴訟物と判決効」，『ジュリスト』（1157），1999 年。

143. ［日］石川明：「一個の債権の数量的な一部請求についての判決の既判力」，『法学研究』第 36 巻第 11 号，1963 年。

144. ［日］石田穰：「裁判上の請求と時効中断——時効中断」，『法学協会雑誌』第 90 巻第 10 号。

145. ［日］松本博之：「一部請求の趣旨」，『民事訴訟雑誌』第 47 巻，2001 年。

146. ［日］松村和德：「不法行為と一部請求論」，『东北学院法学』71，2011 年。

147. ［日］松村和德：「一部請求論（一）——近時の最高裁判例を題材にして」，『法政論叢』第 17 号，2000 年。

148. ［日］畑瑞穂：「一部請求と残部請求」，伊藤真・山本和彦編『民事訴訟法の争点』，有斐閣，2009 年。

149. ［日］文字浩：「金銭再建の数量的一部請求訴訟で敗訴した原告が残部請求の提起について」，『南山法学』24（4），2000 年。

150. ［日］我妻栄：「確認訴訟と時効の中断」,『法学協会雑誌』第 50 巻第 6 号。
151. ［日］五十部豊久：「一部請求と残部請求」, 鈴木忠一・三ケ月章監修『実務民事訴訟講座 1』, 日本評論社, 1969 年。
152. ［日］五十部豊久：「一部請求と過失相殺」,『法学セミナー』(144), 1968 年。
153. ［日］五十部豊久：「一部請求と過失相殺 2」,『法学セミナー』(145), 1968 年。
154. ［日］五十部豊久：「一部請求と過失相殺 3」,『法学セミナー』(151), 1968 年。
155. ［日］五十部豊久：一部請求と残額請求実務民事訴訟講座Ⅰ, 1972 年。
156. ［日］小林秀之：「訴訟物と一部請求」,『法学セミナー』(515) 1997 年。
157. ［日］小林秀之：「一部請求と訴訟費用」,『法学セミナー』(515), 1997 年。
158. ［日］小林学：「別訴において一部請求をしている債権の残部を自動債権とする相殺の抗弁の許否」,『法学新報』106 (11/12), 2000 年。
159. ［日］小山昇：「金額請求について」,『民事訴訟雑誌』第 6 巻, 1960 年。
160. ［日］小室直人：「一部請求と過失相殺」,『ジュリスト』(363), 1967 年。
161. ［日］小室直人：「一部請求と過失相殺 2」,『ジュリスト』(381), 1967 年。
162. ［日］小室直人：「一部請求と過失相殺 3」,『ジュリスト』(431), 1969 年。
163. ［日］小室直人：「一部請求と上訴」,『山木戸還歴記念 実体法と手続法の交錯（下）』。
164. ［日］小室直人：「一部請求の訴訟上の取扱」,『法学教室』第 1 期第 1 号，1971 年。

165. ［日］小松良正：「アメリカの民事訴訟における一部請求をめぐる判例の展開—近時の判例を中心として」，『早稲田法学』第 72 巻第 4 号，1997 年。
166. ［日］小松良正：「一部請求理論の再構成」，『中村英郎教授古稀祝賀・民事訴訟法学の新たな展開』，成文堂，1996 年。
167. ［日］伊東乾：「一部請求」，『民事訴訟法研究』，酒井書店，1968 年。
168. ［日］伊藤真：「損害額の認定——民事訴訟法二四八条の意義」，『原井龍一郎先生古稀祝賀・改革期の民事手続法』，法律文化社，2000 年。
169. ［日］斎藤秀夫：「債権の一部請求訴訟提起と消滅時効中断の範囲」，『民商法雑誌』41（2），1959 年。
170. ［日］斎藤哲：「明示的一部請求に当たらないとして後訴における残部請求を棄却した事例」，『法学セミナー』46（11），2001 年。
171. ［日］中西正：「一部請求」，『法学セミナー』45（1），2000 年。
172. ［日］中野貞一郎：「金銭債権の一部請求と相殺」，『民商法雑誌』120（6），1999 年。
173. ［日］中野貞一郎：「一部請求論の展開（上）」，『判例タイムズ』第 50 巻第 21 号 1999 年。
174. ［日］中野貞一郎：「一部請求論について」，『民事手続の現在問題』，判例タイムズ社。
175. ［日］佐瀬裕史：「判例批評（平成 20 年最判）」，『ジュリスト』第 1376 号
176. ［日］佐上善和：「民事訴訟法（第二版）」，法律文化社，1998 年。

三、其他类

177. 谢怀栻译：《德意志联邦共和国民事诉讼法》，中国法制出版社 2001 年版。
178. ［日］裁判集民事 91 号 461 頁、訟月 14 巻 9。

179. ［日］大阪地判昭和 45 年 3 月 13 日下民集第 21 卷第 34 号。
180. ［日］大阪地判昭和 60 年 10 月 31 日交民第 18 卷第 5 号。
181. ［日］大阪高判昭和 37 年 12 月 25 日訟月第 9 卷第 3 号。
182. ［日］大判昭和 3 年 3 月 10 日民集第 7 卷 152 頁。
183. ［日］东京地判昭和 40 年 4 月 21 日下民集 16 卷 4 号。
184. ［日］东京地判昭和 52 年 8 月 22 日工業所有権法判例集。
185. ［日］東京地判昭和 62 年 5 月 18 日判時 1231 号 3 頁。
186. ［日］東京高決昭和 56 年 7 月 20 日判夕第 453 号。
187. ［日］東京高判昭和 57 年 5 月 11 日判夕 466 号 65 頁。
188. ［日］東京高判昭和 57 年 6 月 29 日判夕第 477 号。
189. ［日］福岡高判平成元年 3 月 15 日判時第 1324 号。
190. ［日］広島地判昭和 4 年 1 月 28 日判時第 567 号。
191. ［日］横浜地川崎支判平成 6 年 1 月 25 日判時第 1481 号。
192. ［日］横浜地判昭和 41 年 7 月 18 日判夕第 196 号。
193. ［日］金沢地判昭和 51 年 7 月 16 日交民第 9 卷第 4 号。
194. ［日］京都地判平成 5 年 11 月 26 日判時第 1476 号。
195. ［日］民集 13 卷 2 号 209 頁，判時 178 号第 3 頁。
196. ［日］民集 16 卷 8 号第 1720 頁。
197. ［日］名古屋高判昭和 49 年 8 月 30 日判時 769 号 53 頁；東京地判昭和 50 年 4 月 24 日判時 795 号 62 頁。
198. ［日］判例時報（178）第 3 頁，匿名コメント。
199. ［日］神户地裁尼崎支部判昭和 36 年 3 月 26 日交通事故下民集第 164 頁。
200. ［日］札幌地判昭和 48 年 1 月 23 日判夕第 289 号第 163 頁。
201. ［日］最判平成 6 年 11 月 22 日民集第 48 卷第 7 号。
202. ［日］最判平成 10 年 6 月 30 日（民集 52 卷 4 号 1225 頁）。
203. ［日］最判平成 20 年。
204. ［日］最判平成 20 年 7 月 10 日。
205. ［日］最判昭和 32·6·7 民集 11 卷 6 号 948 頁。
206. ［日］最判昭和 34 年 2 月 20 日民集 13 卷 2 号 209 页。二小法廷判决，日本最高裁昭和三一（オ）三八八号。
207. ［日］最判昭和 37 年 8 月 10 日民集第 16 卷第 8 号第 1720 页。
208. ［日］最判昭和 42 年 7 月 18 日（民集 21 卷 6 号 1559 页，判時 493 号 22 页，判夕 210 号 148 页）。
209. ［日］最判昭和 44·2·27 民集 23 卷 2 号第 441 页。
210. ［日］最判昭和 45·7·24 二小法廷判决，日本最高裁民集 24 卷 7 号。
211. ［日］最高裁昭和 48·4·5 判决，最高裁民集 27 卷 3 号 419 页。
212. ［日］最判昭和 48 年 4 月 5 日民集第 27 卷第 3 号。
213. ［日］最判昭和 54 年 4 月 13 日讼月第 24 卷第 6 号。
214. ［日］最判昭和 61 年 7 月 17 日（民集 40 卷 5 号 941 页，金法 1157 号 30 页）。
215. ［日］最判昭和 62 年 2 月 6 日判時 1232 号 100 页。

后 记

本书为教育部人文社会科学研究规划基金项目（17XJA820001）的阶段性成果之一，并受西南大学中央高校基本科研业务费专项资金项目（SWU1709624）资助。本书是我在原博士论文《部分请求研究》基础上经过修改、补充和完善而成。原本计划在博士毕业之后，花时间对在博士论文写作期间涌现出的一些创意灵感和思想火花，进行专门深入地研究，但由于转向做其他事务，这些想法就被搁置于案头。

民事诉讼部分请求是一个典型比较法研究问题。过去，德国、日本和我国台湾地区学术界对部分请求及其衍生问题研究得广泛又深入，他们对此展开了长达数十年的持续研究，硕果累累、汗牛充栋。在此影响下，近年学界对民事部分请求诉讼的研究也逐渐增多，研究分野也越来越呈细分化趋势。虽然主要精力他顾旁骛，但我一直也没有中止对民事诉讼部分请求问题的关注，经过数年的调研、思考和沉淀，本书在原有研究成果的基础上，新增一些判例实证和学说评析。

本书写作结束于雨水霏霏的重庆之秋，我惬意重庆的秋天，虽不似北京的秋高气爽，但绵绵巴山秋雨滋润的空气，总是让人手滑滑的，脸润润的，艳阳固不可少，雨季也别有一番风味，晴日纵让人心潮澎湃，雨天却叫人静谧安宁。此刻，轻风伴随着细雨正柔柔撒在书案前的落地窗上，涓涓汇集成流缓缓地一

后 记

行行弯弯曲曲淌下来。雨水，开始滴答起来，我起身悄悄关上了窗，惟恐弄出一丝声响。因为，此时心情就如我曾写过的一首题名为"旁观者"的小诗：

旁观者

如果可以，
真想体验一天听不到声音的世界。
就像走进一间无声电影院，
演员们很努力地在说，
我却微笑着什么也听不见。
这，
一定是一种玄妙的体验。
因为可以，静静地，
看着旭日跃出山岗，
看着秋虫的呢喃，
看着鸟儿的欢唱，
看着猎人的枪响，
看着摇滚歌手的舞蹈，
看着卑鄙者的演讲。
我还可以，
像看花火一般，
静静地看着没有声音的炫目雷光。
而，
我却像没有耳朵的旁观者一样，什么也听不见。

民事部分请求这一诉讼请求方式，在"土壤、温度、气候"的适宜时机自发生长，其"存在即合理"的背后却蕴藏着原告、被告等诉讼参与人和法院之间的多方角力。我，无心参与他们之间的角力，作为一个民事诉讼法学的研究者，更愿意用一个旁观者的清醒与冷静，观察和沉思民事部分请求这一场没有硝烟的"战争"……

2019 年 10 月 26 日於缙云山麓